하나의 진리,

도마복음

하나의 진리, 도마복음

2022년 11월 30일 초판 1쇄 발행

지 은 이 ㅣ 구자만
펴 낸 이 ㅣ 조성진
펴 낸 곳 ㅣ 도서출판 예술과영성
등   록 ㅣ 제2017-000147호(2017년 11월 13일)
주   소 ㅣ 서울시 중구 퇴계로 30길 29 4층 407
전   화 ㅣ (02) 921-2958
홈페이지 ㅣ www.artmin.org

ISBN 979-11-962443-8-5 03200

도마복음 연구 시리즈 1

하나의 진리,
도마복음

구자만 지음
도마복음연구회 기획

예술과영성

평신도 신학자, 칠순을 훌쩍 넘긴 장로께서 도마복음서를 읽고 자기 생각을 펼쳐냈다. 평생 보수 교회 장로로서 지내다 신학에 눈떠 기독교의 근원을 다시 알고 교회 울타리를 넘어 신앙의 자유를 얻은 기쁨을 증거한 책이다. 이로써 그는 도마복음 연구가로 널리 알려진 도올 김용옥, 오강남 교수 등과 이름을 같이하는 학자의 반열에 서게 되었다. 본인 스스로 많이 부족하다 했으나 앞선 책들과 견줘 장점도 없지 않다. 무엇보다 도마복음을 중국 선종의 경서 중 하나인 신심명信心銘의 사상으로 풀었던 까닭이다. 교조적 믿음보다 깨달음을 강조했던 도마복음과 불교적 깨달음의 요체를 적은 '신심명' 사상을 상호 교차시켜 주해했다. 신조나 교리가 성립되기 이전의 기독교와 깨달음을 강조하는 불교의 진리가 실상 다름없음을 논파한 것이다. 어느 항목의 경우 내용이 약술된 것 같아 아쉬움이 있지만, 전체적으로 진리의 하나 됨 혹은 불이성에 대한 논지를 시종일관 잘 적시했다.

주지하듯 도마복음서는 예수 어록을 중심한 기독교 초기 경전이다. 저자가 서문에서 밝혔듯이 부활, 승천, 재림에 대한 증언이 전혀 담기지 않았다. 앞서 본대로 믿음보다 깨달음이 강조되었다. 무엇보다 공관복음서의 원자료, 역시 예수 어록을 기록한 큐Q자료와 절반 가까운 내용을 공유하고 있다. 기독교 본질을 파악함에 있어 원초 자료(Originality)의 역할을 하는 셈이다. 하지만 기독교가 로마의 국교가 되는 과정에서 도마복음서는 정경에서 제외되었다. 여러 이유가 있겠으나 제국의 유지, 존속을 위해 획일적인 체계로서 기독교가 요구된 탓이다. 초기 기독교의 다양성을 제거시켜 하나의 제국을 위한 종교를 기대했던 것이다. 오늘 우리에게 도마복음서는 기독교의 배타성, 제국성, 획일성을 벗겨내고 아시아 종교들과의 공존을 돕는다. 만일 이 책이 여전히 묻힌 상태로 있었다면 기독교는 자신의 전통 속에 갇혀있을 뻔했다. 이 점에서 저자는 불교를 택해 초기 기독교와의 관계를 풀어냈고, 기독교의 앞날을 밝게 했다.

저자는 평생 기독교 장로로서 더구나 공과대학 출신의 기업인으로서 숱한 가치 충돌 내지 모순을 느끼며 소위 '처지 맨'으로 살다가 진리에 대한 목마름으로 신학에 입문했고 마침내 도마복음서의 저자가 되었다. 구자만 장로는 가족들과 신앙 후배들에게 성서를 다시 보게 하고 세상과 두루 소통을 바라며 이 책을 썼다. 자신의 생명을 바쳐 쓴 이 책은 결코 예사로울 수 없다. 삶과 죽음 역시 하나라는 확신이 있었기에 온 시간을 바쳐 도마복음을 풀어냈다고 생각한다. 이 점에서 필자 역시 저자에게 깊은 감사를 드리며 이 추천사를 쓴다. 이 책이 평신도 신학자 구자만 장로님의 생각처럼 그렇게 한국 교회를 위해 쓰임 받기를 기도한다. 오늘의 기독교가 나갈 방향을 제시하는 이 책을 독파할 경우 하나님, 예수님, 성경 그리고 자신을 달리 만날 수 있을 것이다. 많은 이들이 책 속에 담긴 뜻을 찾아 진리이신 하나님 앞에 정직하게 설 수 있기를 소망하며 장로님의 노고에 치하드린다.

부암동 현장아카데미에서

전(前) 감리교신학대학교 교수 이정배

  기독교는 경전의 종교입니다. 경전에서부터 출발하여 가르침을 펼치는 기독교로서는 어떤 문서 혹은 책들이 경전으로 인정받느냐 하는 문제는 핵심적입니다. 오랜 세월을 통하여 기독교는 자신의 경전을 결정했습니다. 구약은 기원후 90년대 그리고 신약은 기원후 4세기 말에 이르러 완성됩니다. 정경 형성의 역사는 기독교에서 경전이 차지하는 위치의 중요성을 보여주고 있습니다. 정경의 존재는 여러 면에서 유익합니다. 무엇보다도 정경이 기독교인들의 신앙의 길에 있어서 길라잡이 역할을 감당하고 있다는 사실은 매우 중요합니다. 그러나 또 다른 측면에서 정경의 존재는 우리에게 한계가 뚜렷한 신학적 사고를 하도록 강요한다는 점도 유의해 볼만한 면입니다. 그러므로 신앙적 그리고 신학적 사고의 지평을 넓히기 위해서 우리의 시각을 정경 너머로 넓힐 필요가 있습니다. 그중에서도 매우 중요한 문서임에도 여러 가지 이유 때문에 정경으로 채택되지 못한 문서에 관심을 기울여야 합니다.

  그런 의미에서 도마복음은 가장 핵심적인 문서임에 틀림없습니다. 1945년 발견된 나그함마디 문서에 포함되어 있는 도마복음은 기독교 신학에 가장 큰 반향을 일으킨 문서입니다. 그렇지만 도마복음은 일반 성도들이나 교회에서 환영을 받은 것은 아닙니다. 오히려 영지주의 문서라는 이름으로 배척을 받기도 하였습니다. 그럼에도 불구하고 도마복음은 신앙을 진지하게 생각하고자 하는 사람들과 신학자들에게 깊은 영감을 주었던 중요한 문서로 자리매김을 하였습니다. 도마복음은 우리에게 깊은 신앙의 세계와 예수님의 생애와 가르침을 깊이 이해하게 만들었습니다. 그런 까닭에 지금까지 한국 신학자들도 도마복음에 관심을 보이고, 한국어로도 번역하였습니다. 그리고 여러 학자가 도마복음 해설서를 집필하고 출간하였습니다.

이번에 출간되는 구자만 박사의 『도마복음』은 지금까지 발간된 그 어떤 도마복음 해설서와도 그 모습을 달리합니다. 구 박사는 도마 복음을 기독교의 문서로만 읽지 않습니다. 그가 머리말에서 밝힌 바처럼 그는 "불가분의 진리는 하나(ONE)로써 보편적이라는 것과 불교의 가르침인 신심명의 내용과 예수의 영적인 가르침이 본질적으로 같은 진리"라는 사실을 깨닫습니다. 그리고 마침내 "신심명信心銘을 통하여 도마복음에 숨겨져 있는 하나(ONE)인 진리"를 이해하기에 이릅니다. 그는 도마복음을 통하여 그리고 신심명을 통하여 하나(ONE)인 진리를 접하게 됩니다. 이 같은 이해와 깨달음을 바탕으로 그는 『신심명을 통한 성경과 도마복음의 새로운 풀이』를 저술하게 됩니다. 이러한 배경을 갖고 출간되는 구자만 박사의 『도마복음』은 우리 모두에게 새롭게 다가옵니다. 우리는 이 책을 통하여 깊고 넓은 그리고 다양한 영성의 세계를 경험하게 될 것입니다. 이 책을 통하여 우리는 성경의 가르침과 특히 예수님의 어록을 담고 있는 도마복음을 통하여 하나(ONE)의 진리를 향한 열정적인 마음이 더욱 깊어질 것입 니다. 도마복음을 통하여 열리는 새로운 영성의 세계에 접어들게 될 것입니다.

구자만 박사는 '도마복음'을 이해하고 해설하면서 아시아의 여러 영적 가르침을 소개합니다. 우리는 그가 소개하는 아시아의 영적 지혜에 놀라워하면서 아시아인이라는 것에 자부심을 갖게 됩니다.

아시아의 지혜로 우리는 성경과 예수의 가르침에 대한 이해를 더욱 풍성하게 만들어 갈 것입니다. 기독교 신앙의 깊이를 추구하는 이들은 물론 인생을 진지하게 생각하는 모든 사람에게 이 책을 추천합니다.

목사 홍인식
(새길교회/새길기독사회문화원 원장/
한국기독교교회협의회 인권센터이사장)

　도마복음은 제2차 세계대전이 끝난 지 약 3개월이 지난 1945년 12월, 이집트 나그함마디에서 농부 무함마드 알리에게 발견되었다. 인류사의 가장 처절하고 비참했던 전쟁을 막 끝낸 인류에게 하나님은 선물처럼 도마복음을 비롯한 약 50편이 넘는 영지주의 경전들을 선물처럼 안겨주셨다. 물질적 풍요를 향해 브레이크 없는 질주를 하던 지난날들을 멈추고, 새롭게 펼쳐질 21세기를 어떤 정신과 가치로 살아갈지를 안내하는 경전들이 우리에게 주어진 것이다.

　옥스퍼드대학 교수였던 앤드류 하비Andrew Harvey는 1945년에 발견된 이 '도마복음'을 같은 해 히로시마와 나가사키에 투하된 원자 폭탄에 버금가는 폭발력을 가진 문헌으로 소개하면서 도마복음의 중요성을 강조했다. 원자 폭탄이 전쟁을 끝내는 역할을 하였다면, 도마복음은 평화를 가져오는 역할을 위해 우리 마음 밭에 투하되었다. 인류가 지금까지 불행과 파멸을 향해 질주한 이유는 경건이나 예배가 부족해서 아니라 하나님을 아는 지식(Gnosticism)이 부재하였기 때문이다. 호세아 선지자의 외침(호 6:3)처럼 하나님은 우리를 만나시기 위해 새벽 여명처럼 또는 쏟아지는 가을비처럼 오시지만, 우리는 그분을 알려고 하지 않았다. 교회는 하나님을 예배와 숭배의 대상으로, 우리와는 본질적으로 다른 분으로 소개하지만, 하나님은 성경을 통해 끊임없이 우리에게 말을 거시고 다가오시는 분으로 자신을 낮추신다.

　하나님을 아는 지식은 대상의 지식을 말하는 것이 아니다. 그것은 함께 새벽 여명을 보면서 느끼는 황홀경이며, 퍼붓는 소낙비를 맞으며 느끼는 전율이다. 모든 성경이 하나님의 감동으로 되었다는 것도 성서 저자들이 하나님을 구체적으로 만나고, 느끼고, 깨달은 그들의 감탄사라는 표현이다. 114개의 단편 어록으로 구성된 도마복음은 예수의 영적 쌍둥이었던 도마가 우리에게 보낸 영적 감탄사로 수놓아진 편지들이다. 우리는 그 편지를 읽으며 때로는 감동하고 기뻐하며, 때로는 깊은 침묵과 고요에 젖어 들 것이다. 그리고 그분이 주시는 말할 수 없는 평화의 임재를 경험하게 될 것이다.

도마복음은 우리에게 말을 건다. "당신을 창조하신 분이 당신을 아들이라고 부르신다고, 하나님은 하나님이 아니라 당신처럼 사람이라고 그리고 당신은 사람의 아들이라고." 진정한 구원은 외부에서 오는 것이 아니라 내면에서 오는 것이다. 그것은 밖에서 찾을 수 있는 것이 아니라 안에서 이미 있는 것을 찾는 것이라고, 하여 구원은 미래형이 아니라 현재형이라고 도마복음은 살며시 미소를 건네며 우리에게 속삭인다.

현장에서 목회를 하며 하나님의 말씀을 교인들에게 전할 때 목회자가 가장 조심하고 신경 써야 할 부분이 하나님께서 교인들에게 속삭이는 그 속삭임을 목회자가 훼방꾼이 되어 방해하는 것이다. 설교자의 선포는 교인들에게 다가오시는 하나님의 임재를 더욱 선명하고 가깝게 느끼도록 해 주어야 함에도 오히려 목회자로 말미암아 하나님께 멀어지는 경우를 많이 본다. 달을 가리키는 손가락은 매우 중요한 역할을 부여 받았지만 달을 가리키는 자신의 역할에만 충실해야 한다. 강을 건네준 배를 이고 가지 않듯이 목회자의 숙명은 강가에 버려지는 것이다. 표월지標月指로서 손가락은 목회자가 영원히 가슴에

새길 진정한 이름이다.

이 책을 펴낸 구자만 장로님이 그런 분이시다. 그분은 평생 하나님을 알기 위해 살아오신 분이시다. 사업을 통해 교회 헌신을 통해 강연과 출판을 통해 자신이 만난 하나님을 소개하고 알리기에 주저하지 않으신다. 이 책은 그런 의미로 시사하는 바가 크다. 우리가 만난 수없는 책들은 저자와 독자를 이어주지만, 이 책은 하나님과 우리를 이어주는 책이기 때문이다. 책의 소임은 책은 사라지고 책이 가리키는 그것만을 남게 하는 것이다. 구 장로님께서 지은 도마복음을 통해 여러분은 하나님께서 초대하신 근사한 잔치에 앉아 있을 것이다.

지금여기교회

목사 장용기

머 리 말

　우연히 TV에서 일본 유학으로 철학과 신학을 공부한 고^故 청화
큰스님의 둘이 아닌 하나(One)의 진리와 종교 회통에 대한 법문을
시청하게 되었다. 그동안 신학자로서 나누어질 수 없는 불가분^{不可分}의
진리를 이해하지 못하고, 장로로서 성경의 진리를 이원적으로 나누어
서 해석한 무지(죄, 요 9:41)를 회개(막 1:15)하며 불교의 경전들을 읽기
시작하였다. 이러한 과정에서 진리의 보고^{寶庫}라고 알려졌으며, 분별
하는 망상만 쉬면 곧장 도^道(진리)가 드러난다는 승찬 스님의 '신심명^{信心}
^銘'을 접하게 되었다. 영적인 '불이^{不二}의 진리'(One)를 강조하는 이 책을
깊이 읽어 나가면서 나 자신이 잘 알고 있는 성경의 구절들과 예수의
순수한 어록^{語錄}으로 20세기 인류사에 있어서 하나님의 최대 축복
중의 하나로 알려진 도마복음의 구절들이 계속하여 연상^{聯想}되었다.
　서로 같은 의미를 연결해 가면서 메모하던 중에 시공을 초월한
진리는 '하나(One)로써 보편적이라는 것'과 불교의 가르침인 '신심명'
내용과 기독교 예수의 영적인 가르침이 본질적으로 같은 '불이^{不二}의
진리'(神性)라는 사실을 알고 놀라지 않을 수 없었다. 마침내 '신심명'을
통하여 성경과 도마복음에 숨겨진 '전체로서 하나인 진리'를 잘 이해
하게 되었다. 이러한 모양이 없는 신비한 진리의 영성^{靈性}을 공유하려
는 간절한 마음이 『신심명을 통한 성경과 도마복음의 새로운 풀이』를
출판하게 된 동기^{動機}이다. 이 책을 기독교인들이 이해하기 쉽게 조직
신학적으로 분류하여 설명한 책이 『하나의 진리, 예수의 가르침』이

다. 이번에 하나의 진리를 널리 전하기 위하여 도마복음만을 뽑아서 약간의 수정과 보완을 거처 출판하게 되었다.

예수의 제자인 도마가 기록한 매우 영적인 도마복음은 3세기까지 초대교회에서 성경으로 사용되었으나 정치적으로 소각당할 위험한 시기에 수도원의 수도사들에 의하여 항아리에 담겨 모래 속에 숨겨졌다. 1600년간 이집트의 나그함마디^{Nag Hammadi}에 파묻혀 있다가 성령의 오묘한 역사로 1945년에 무하마드 알리에 의해 비밀의 책인 '요한외경', '빌립복음', '마리아 복음' 등과 함께 발견되었다. 도마복음은 은밀하며, 신비로운 가르침의 원본으로 예수께서 행한 기적, 구약적 예언의 성취, 동정녀로부터의 탄생, 인류의 죄를 대속하기 위한 죽음과 부활, 승천, 재림 그리고 심판의 이야기가 없는 순수한 어록 복음서이다. 이 경전(요 21:25)은 교회 당국과 로마의 태양신을 섬기는 콘스탄티누스 황제가 그의 왕권을 약화시킨다는 이유로 파기 처분하라는 박해를 피하기 위하여 숨겨진 경전이다.

20세기 가장 중요한 고고학적^{考古學的}인 발견으로 기독교계와 학계에 강한 충격을 준 도마복음은 믿음을 넘어서 영적인 '신성(참나)의 깨달음'(막 8:17), 즉 하나의 진리를 강조한다. 번역된 문자적으로는 이원적 사유 구조인 유대 문화의 영향을 벗어나지 못한 공관복음서(마태·마가·누가)와는 차이가 있다. 도마복음은 동양적 비이원적인 부처의 말씀과 일치하는 점이 많으며, 현대 물리학에서 우주를 역동적이고 분리 불가능한 전체로서 파악하는 것과 아인슈타인의 상대성이론과도 맥을 같이하는 '하나인 진리'의 말씀이다. 따라서 오늘날 종교 간의 대화가 요청되는 이 시점에서 기독교와 불교의 공통점인 신비적 '하나의 진리'를 강조하는 도마복음은 인류 전체를 향하신 '하나님의 보편적인 구원'의 역사役事를 통전적으로 이해할 수 있는 소중한 경전이다. 또한 시대의 변화에 따라 한국 기독교가 새롭게 태어날 수 있는 4복음서의 뿌리로서, 우리를 좋은 크리스천이 아니라 영적인 그리스도(I AM)가 되게 한다.

기독교의 잘못된 교리는 희랍의 철학에 영향을 받아 전체성(All)을 보지 못한다. 뜨거운 사막만 계속되는 건조한 사막 문화와 뉴턴식 기계론적 세계관에 의해 '이것이냐 저것이냐'(either-or)로 서로 나누는 서구의 배타주의 방식의 틀 아래서 형성되었기 때문이다. 이렇게 분리를 강조하는 서구의 '상대적이며, 이원론적 세계관'은 하나님과 세상, 육체와 영혼, 선과 악을 분리한다. '이것도 저것도'(both-and)의 양자물리학(상보성 원리)과 동양 사상* 인 무無, 공空, 기氣 등의 비이원적인 유기체적 세계관과 다르다. "세상은 다만 에너지로 되어 있을 뿐이다"(에너지 일원론)는 과학적 증명은 이원성인 서구 세계관의 한계를 가져왔으며, 이에 대한 대안으로 비이원성인 동양의 세계관이 주목받고 있다. 따라서 이원론적 사유의 서구 신학은 시공간을 초월하는 둘이 아닌 하나(One)의 진리로 재해석하는 일원론적 동양 신학의 출현을 불가피하게 불러왔다.

---

* 이원론적 세계관인 기독교는 비이원론적인 현대 물리학과 동일하게 주장하는 '동양 사상'에 의하여 심각한 자기 정체성의 위기에 직면해 있다. 양자역학의 탄생에 크게 기여한 하이젠베르크는 "주체와 객체, 신과 인간, 육체와 영혼으로 나누는 것은 더 이상 적절하지 않다"고 하였고, 아인슈타인은 "물질은 에너지이며, 물질과 공간은 단일한 전체의 분리될 수 없는 상호 의존적인 면이다"고 증명하였다. 따라서 성경은 기존 이원적 서구식 문화를 배척하는 새로운 시대(New Age)와 신과학 시대에 따라 비이원적 동양 사상, 즉 "존재하는 것은 하나님(부처님)뿐이다"(막 12:32), "나는 모든 것이다"(도마복음 77)고 하는 '하나(One)의 진리(生命)'에 의하여 재해석되지 않으면 안 될 시점이다.

기독교는 "하나님은 한(One) 분이며 하나님(神性) 외에는 아무것도 없다"(막 12:32; 롬 1:20)고 말하며, 불교는 "부처님(佛性)은 온 우주에 충만하다"(佛身充滿於法界, 화엄경)라고 한다(No other being but Him). 오직 존재하는 것은 진리인 신(神, 부처)뿐이며(諸法實相), 그 외 모든 것은 현대 물리학이 '모든 것은 에너지다'로써 증명한 것과 같이 실재하지 않는 헛된 환幻이다(諸法空, 전 1:2). 이러한 동양의 불이일원론적不二一元論的 인 하나의 진리, 하나의 생명은 모든 종교의 가장 중요한 가르침이다. 따라서 이 책과 기존 출판된 도마복음 관련 책들과의 차이는 '존재하는 것은 유일한 진리(神)뿐이다'(막 12:32)라고 하는 '하나의 진리'로 해석하였다는 점이다.

루터Luther가 "본질로 돌아가자"고 말한 것처럼 지금 세계는 초종교적 영성 시대가 열리고 있다. 불안이 가득 찬 현대 사회는 믿음을 넘어 '하나의 진리'를 잘 이해하며 자각하여 성공과 실패, 삶과 죽음 등을 초월함으로 진정한 자유와 평안을 누리는 거듭남(깨달음)이 요청된다(요 8:32). 이러한 거듭남은 예수의 말씀을 불이不二인 동양적 문화로 해석함으로써 새로운 가치와 의미를 가지는 '새사람'(참나, 엡 4:24)이 되게 하며, 이원론적인 분별 시비를 초월한 자타일체自他一切의 사랑과 용서가 넘치게 한다.

전체(All)를 보는 영적 거듭남(覺)이 우리의 가치관을 변화시키는 것은 온 우주가 광명이 충만한 '한(One) 분이신 하나님의 덩어리'이며, '한(One) 분이신 예수 그리스도의 덩어리'인 신성神性뿐이기 때문이다 (마 23:9-10). 양자물리학은 우리 주변의 다양성과 상이점이 독자적인 정체성이나 자아가 없는 분별 불가능한 존재의 바다에서 생긴다고 한다. 따라서 우리의 감각과 지성이 지배하는 상대성을 초월하는

'하나의 진리'(生命)인 신성(참나)의 자각은 '보편적인 진리에 눈을 뜨게 하여'(靈眼, 눅 10:23) 인격의 완성과 더불어 자아(ego) 중심에서 실재(One) 중심으로 변화되게 한다. 즉, 이원성의 관점에서만 존재하는 고통과 불행에서 벗어나 비이원성의 절대 행복인 환희의 경지를 맛보게 한다(離苦得樂).

이 책이 많은 기독교인들로부터 비판을 받을 수 있다는 것을 예상하고 있지만, 나 자신이 하나님으로부터 받은 사명이라 여기며 책임감으로 여러 가지 난관을 극복하고자 한다. 예수께서 말씀하신 "비판을 받지 아니하려거든 비판하지 말라"(마 7:1)는 구절에 용기를 내어 문자를 벗어나 '하나의 진리인 동양의 일원론적인 사유'를 통한 도마복음의 영적 해석을 위하여 최선을 다하였다. 이러한 용기와 '하나님의 놀라운 은총'으로 말과 문자의 저편 세계인 '영적인 눈'(눅 10:23)을 매일 새벽 묵상을 통해 조금씩 깨울 수 있었다. 또한 동양 종교의 경전들과 많은 참고 문헌들을 숙독함으로써 신비로운 영적 직관의 도움을 받을 수 있었기에 가능한 일이었다. 그러나 내용 중에 도저히 인간의 글로 나타낼 수 없는 언어도단言語道斷의 오묘한 하나의 진리를 해석하고 표현하는 데 오류가 있었다면, 전적으로 나의 영적 능력 부족에 기인함이니 널리 양해와 가르침을 구한다.

종교 간의 회통을 주장하는 고故 청화淸華 큰스님은 "온 세상에는 부처님(하나님)밖에 없다"는 내용의 많은 법문을 통해 '하나(One)의 진리, 하나(One)의 생명'에 대한 가르침을 펼치셨다. 이 가르침을 통하여 진리에 대한 이해의 폭을 넓혔고, 본인의 졸고拙稿까지 세상에 빛을 볼 수 있었기에 감사드린다. "모든 것이 하나다"(All is One)라는 동양 사상을 주제로 하여 오랫동안 활발한 토론을 통해 나의 '이원론적인 사유'(죄, 요 8:24)를 벗어나게 해 준 불교학자인 친구 김동수에게 감사한다. 성경의 원어原語 해석을 도와준 원어신학원의 전前 간사였던 전장욱 선교사님과 매주每週 교회에서 불이不二의 진리에 대한 많은 대화를 통해 나를 문자주의적인 맹신에서 벗어나게 해 준 김의준 장로님에게 고마움을 전한다. 추천서를 보내 준 전前 감리교신학대학교 이정배 교수님, 새길교회 홍인식 목사님, 지금여기교회 장용기 목사님 그리고 이 책을 출판하도록 동기부여를 한 서울기독대학교 교수로서 도마복음연구회와 가나안교회를 이끌고 있는 손원영 목사님께 감사의 마음을 전한다.

시대를 너무나 앞서감으로 많은 비판을 받고 있는 남편의 '일원적 동양 신학'(One)을 이해하며 따뜻한 사랑과 기도로 내조하는 아내 주미순 권사와 매월每月 정기적인 독서 토론을 통하여 아버지에게 둘이 아닌 진리에 대한 지혜를 풍성하게 해 준 사랑하는 네 자녀 부부에게 고마움을 전한다. 이렇게 신학은 항상 시대의 변화에 따라 새로워질 수밖에 없다는 것을 이해해 준 가족과 친구들과의 폭넓은 토론의 기회가 있었기에 '우물 안 개구리'와 같은 나의 독선과 배타적인 자세가 사라지게 된 것이다.

어려운 환경 속에서도 편견을 버리고 신비한 도마복음의 해석을 잘 마무리 짓게 된 것은 오로지 성령의 인도하심과 하나님의 은총이기에 찬양과 감사를 드린다. 지금은 새로운 영성 시대(One)를 맞이하여 기존의 이원론적 사유(ego)의 비과학적인 고정관념과 교리에 대한 집착에서 벗어나야 할 때이다. 아인슈타인이 증명(E=mc²)한 것과 같이 온 우주에 존재하는 것은 오직 진리(하나님)뿐이다(막 12:32). 따라서 이 책은 하나(One)의 진리를 깨달아 지금 여기서 조화로운 천국의 참된 평화와 기쁨을 누리고자 하는 자를 위함이다(눅 17:21). 우리는 '있는 것'(실상)을 바로 보지 못하고, '없는 것'(허상)을 있는 것으로 보는 죄(하마르티아, 요 9:41)를 회개하여야 한다(막 1:15). 이와 같은 진리의 깨달음(거듭남)으로 천국의 광명(One)을 볼 수 있는 환희가 있기를 간절히 기도한다(요 3:3).

지은이 구자만

차 례

이것은 살아 계신 예수께서 말씀하시고 디두모Didymos라고 하는 유다 도마가 기록한 비밀의 말씀이다.

'살아계신 예수'라는 것은 시공時空과 생사生死를 초월하는 부활한 예수 그리스도(靈, 요 11:25) 즉, 진리(One)를 가리킨다. 누구나 내면의 살아계신 영(靈, Christ)이 깨어 있지 못한다면 그것은 죽은 삶이나 마찬가지이다(마 8:22). 그러나 믿음으로 깨어나면 죽은 자가 다시 살아나는 부활(영생)을 통하여 삶과 죽음의 경계를 초월하는 불생불멸不生不滅의 생명이 된다(無爲의 세계, 요 11:25).

디두모Didymos는 그리스어로, 도마Thomas는 아람어·시리아어로 쌍둥이(호몰로게오, 하나 됨)라는 의미이다(요 20:24). 따라서 '디두모Didymos라는 유다 도마'는 영적 쌍둥이, 즉 예수처럼 '하나(One)의 진리'*를

---

* 하나(One)의 진리는 철학자와 신학자 그리고 과학자들이 주장한다. 피타고라스는 "만물의 근원은 수數"라고, 파르메니데스는 "진리의 실체는 유일부동하며, 불생불멸이다"라고 하였다. 신학자인 에리우게나는 "신과 피조물을 별개로 생각해서는 안 되며 동일한 것으로 보아야 한다"고 하며, 영지주의와 신플리톤주의의 영향을 받은 엑카르트는 하느님이 전부이고 피조물은 무無이므로 하나님과의 합일을 강조하였다. 스피노자는 "신이 자연이고 신이 자연을 만든 것이 아니다"라고 하였으며, 플로티누스는 "만물은 완전한 일자(一者, 이데아)에서 나오고 또한 일자(One)로 돌아간다"고 하였다. 현대 물리학자들은 에

깨달은 유다라는 뜻이다. 깨달음(마 13:13)이란 몸과 마음을 자기와 동일시하던 에고(거짓 나)가 꿈과 그림자와 같은 허상이며, 영원한 참나(Christ)가 실상(진리)임을 자각하는 하나(the All) 됨이다(갈 2:20, 요 17:21). 따라서 도마복음의 가르침은 이원성인 거짓 나(ego)를 제거하면 하나인 참나(진리)를 회복하여(막 8:35) 온 세상에 충만한 신(神, 천국)을 체험할 수 있다는 것이다(막 12:32).

　"비밀의 말씀"은 하나(One)인 '궁극적 진리'*를 4복음서와 다른 영적 표현을 나타내는 것으로 개인적이며 은밀하게 말씀한 것을 나타내는 것이다. 즉, 눈으로 보지 못하고, 귀로 듣지 못하고, 사람의 마음으로 생각하지도 못한 진리를 가리킨다(고전 3:9). 성인聖人들의 가르침은 항상 일반인을 위한 공개된 가르침과 영적으로 준비된 사람을 위한 비밀의 가르침으로 구분되어왔다. 은밀한 구원의 지식(One)을 전해 주는 영적 스승(모범)으로서 예수의 가르침도 그 예외가 아니다.

너지 일원론(One)을 증명하고 있다.

* 모양이 없는 궁극적 진리(One)는 동·서양의 문화, 지역, 시대에 따라 "하나님, 부처, 無, 空, 道, 태극, 一者, 참나, 천국, Brahman, God, One" 등 다양한 언어로 표현해왔다. 인도의 베다서에서 "우리는 모양이 없는 진리를 여러 가지 이름으로 부르고 있지만, 신(佛)이 전체로서 하나(One)라는 것을 지혜로운 자는 잘 안다"고 하였다. 현대 물리학은 온 우주는 둘이 아닌 하나(One)의 에너지 파동임을 과학적으로 증명하였다. 모양이 없는 "영靈인 창조자"(요 4:24)는 독립적으로 존재하는 분리된 존재가 될 수 없으므로 창조자와 피조물은 전체로서 하나(One)인 순수 생명 에너지(빛)로 보아야 한다. 우주는 시간 속에서 창조되고 끝나는 것이 아니라 매 순간 창조되는 것은 신의 존재 그 자체이기 때문이다.

1장
죽음을 맛보지 않으리라

예수는 말씀하셨다. "이 말씀의 영적 의미를 발견하는 자는 결코 죽음을 맛보지 아니하리라."

말씀의 영적 의미(the inner meaning)를 발견하는 자, 즉 신성(神性, 참나)을 깨닫는 자는 하나가 되어 삶과 죽음의 이원성을 초월함으로 영원히 죽지 않는 생명(Life)을 발견한다(요 11:26). 탄생과 죽음의 이원성은 자기를 육체와 동일시하기 때문에 생기는 환영(幻影)이다. 만일 육체와 자기(ego)를 동일시하지 않고, 영(靈)인 참나(Christ, 갈 2:20)가 중심이 된다면 육체의 죽음과는 아무 관계가 없다. 즉, 처음부터 예수와 함께한 근본(arche)인 우리의 본래 성품은 생사(生死)가 없고, 시공을 초월한 영원한 생명(참나)이다(요 15:27).

'깨달은 자'(참나, 마 13:13)는 언어의 길이 끊어져 말이나 문자로 설명할 수 없는 불멸의 실재(One)에 대한 지혜를 획득한 자이다. 이렇게 거듭난 자는 보편적인 실재(참나, One)를 잊어버린 원죄(無知)로부터 기인한 모든 죄(個我)에서 자유하며, 육체와 정신의 이원성을 정복하였기에 최후의 원수인 죽음을 '이긴 자'(계 3:12)가 된다(고전 15:26).

그러므로 김흥호 목사는 "기독교의 죄에서 벗어나는 것은 불교의 생로병사를 벗어나는 것이다"라고 재해석하였다.

예수는 "나를 믿는 자는 내가 하는 일을 그도 할 것이요 또한 그보다 큰일도 하리니"(요 14:12)라고 말씀하셨다. 따라서 예수만이 유일한 독생자(참나)가 아니라 신神으로부터 발출되어 나온 우리도 진리를 깨닫게 되면 독생자(참나)이다(도마복음 3:2). 또한 이원성이 제거된 참나(생명)는 '하나 됨'과 동시에 이 세상에 빛을 발하는 그리스도가 되어 무한한 지혜와 능력을 소유한다. 탄허 스님은 범부도 수행을 통해서 시공時空이 끊어진 마음자리(참나, One)를 자각하면 '잠에서 깨어난 자'(覺者)인 부처와 예수처럼 된다고 한다.

화엄경은 믿음에 대하여 "신심信心은 도道의 근본이요 공덕의 어머니라, 일체의 선한 법(法, One)을 길러내느니라"고 하였다. 이러한 '중도中道의 진리'(One)*는 물질이 곧 에너지요, 에너지가 곧 물질이며, '하나가 전체요, 전체가 하나'(一卽一切, 신심명)인 경지, 즉 막힘이 없는 둘이 아닌 무애법계無碍法界의 자리(One)를 말한다. 믿음을 증장시키는 방편으로 불가佛家는 "삼보(佛·法·僧)를 공양하고 예배하며 경탄하고 기뻐하는 것이다"(대승기신론)라고 말한다.

---

* 중도의 진리(One)는 어디에도 치우치지 않고 모두가 다 포함된 자리인 무아無我로서 장자莊子의 망아忘我와도 통한다. 즉, 두 극단적인 견해를 피하여 어느 한쪽에 치우치지 않는 것이니 거문고, 가야금 줄이 너무 느슨하거나 너무 팽팽하면 올바른 소리가 나지 않는 이치와 같다. '나의 견해', '나의 옳음'에 집착하지 않고 '자신의 본래 면목'(true Self)을 깨달아 '육체라는 거짓 자기'(ego)를 벗어 버리면, 자연스럽게 종교의 목적인 '부처님(神)과 하나'(One)가 되는 세계이다. 존스톤 신부는 하나(One)의 진리를 통하여 "미래에 탄생할 새로운 기독교는 불교의 지대한 영향 속에 탄생될 '동양적 기독교'(One)이다"라고 주장하였다.

2 장
멈추지 말라

예수는 말씀하셨다. "찾는 사람은 발견할 때까지 찾는 것을 멈추지 말라. 발견하면 혼란스러워지고 그 혼란스러움은 경이로움으로 바뀔 것이다. 그 때 그는 모든 것을 다스릴 것이다."

우리의 정체성은 일시적이며 끊임없이 변화하는 몸과 마음이 아니라 영원히 불변하는 신성(神性, 참나)이다. 이러한 진리에 대한 무지를 제거하는 깨달음은 혼란-놀람-자유를 준다. '신과 하나 되어'(요 14:20) 선악善惡, 고락苦樂, 생사生死, 너와 나 등의 이원성을 초월한 진리(천국)로 채워지면, 삶과 운명을 다스리는 왕(天上天下唯我獨尊, One)으로 자유와 평화를 누린다(요 8:32). 인도의 성자聖者 마하르쉬는 운명을 극복하는 방법은 두 가지밖에 없다고 하였다. 즉, 하나는 운명이 누구에게 나타나는지를 탐구하여 운명의 영향을 받는 것은 이원성인 에고(ego, 거짓 나)뿐이고, 비이원성인 참나(Christ)는 그렇지 않으며(갈 2:20), 에고(ego, 個我)의 생명도 실제로는 존재하지 않는 안개라는 사실을 발견하는 방법이다(약 4:14). 다른 하나는 신神께 완전히 복종함으로써 이원성(ego)을 죽이는 방법이다(your will be done, 마 6: 10). 따라서 중보자 없이 스스로 '내면의 진리(참나)를 찾는 것'을 멈추지 말아야 한다.

진리(참나)로 거듭나서 상대적인 허상의 세계(ego)를 벗어나 환희의 실상 세계를 보면, 참 자유와 생명의 새로운 절대의 세계(One)가 열린다(요 3:3). 또한 여러 가지의 집착을 텅 비워버리면, 비로소 하나인 생명(천국)으로 가득 차게 된다(눅 18:29). 즉, 하나님과 하나(One) 된 주인공(요 17:21)이 되어 세상에 흔들리거나 휘둘리지 않는 '무아無我의 경지'*로서 모든 것을 지배하며, 마음이 원하는 것을 하여도 법도에 어긋나는 법이 없다(논어). 따라서 온 천지에 참나(신성) 외는 아무것도 없다.

힌두교의 요가는 개인의 자아(ego)와 우주적 자아(참나)가 하나(One)임을 체험케 한다. 석가는 "일체의 모든 상相을 떠난 자는 부처"라고 하는 말을 듣고도 놀라지 않고, 겁내지 않고, 두려워하지 않는 사람은 매우 드물다고 하였다(금강경). 노자도 진리에 대하여 "못난 사람은 도道를 듣고 크게 웃으며, 그가 웃지 않으면 족히 도道가 될 수 없다"(도덕경 41장)고 하였다.

---

* '무아無我의 경지'(true Self)는 이원론적인 사유의 마음(ego)인 집착과 욕망을 완전히 비워버린 상태이다. 이와 같이 자신의 삶을 온전히 진리(One)의 체현體現으로 만드는 일에 성공한 사람은 언제나 자족하기에 무엇이 이루어지기를 요구할 필요가 없는 원만구족圓滿具足한 삶을 누린다(마 6:33). '일체의 사물은 모두 오온(五蘊, 色受想行識)의 집합으로 생겨난 것'(物心一如)으로 일정한 본체가 없기 때문에 참나(靈)의 그림자이다. 따라서 내(ego)가 있다는 착각이 모든 두려움과 고통의 씨앗이며 또한 참나(神性)를 깨달은 자가 죽음의 두려움에서 벗어날 수 있는 것은 변화하는 '몸의 나'(ego)가 없다는 것을 자각하였기 때문이다.

3장
천국은 너희 안에 있느라

예수는 말씀하셨다. "만일 너희를 인도하는 자들이 너희에게 '보라 천국은 하늘에 있다'고 말한다면 공중의 새들이 너희보다 앞설 것이다. 만일 그들이 너희에게 '그 나라가 바다 속에 있다'고 말한다면 물고기들이 너희보다 앞설 것이다. 그러나 천국은 너희 안에 있고, 또 너희 밖에 있느니라."

    천국은 장소적 실제 개념이 아니라 내면의 깨달음을 통하여 체험하는 '신(靈)의 충만하심'(condition)으로 안과 밖, 어느 곳에나 존재한다(無所不在). 즉, 죽음 후의 어느 시간과 장소에 있지 않고, '마음 상태'(業識)에 따라서 천국과 지옥이 나타나게 된다(唯心所現). 아인슈타인은 "시간을 절대적인 것으로 생각하는 것은 우리의 착각이다"라고 증명하였다. 본질적인 시간은 과거와 미래가 없는 영원한 현재로서 "어제나 오늘이나 영원토록 동일하며"(히 13:8), "하루가 천 년 같고 천 년이 하루 같다"(벧후 3:8).

    천국이 시공의 한계를 초월하는 것은 우리의 참나(그리스도)인 신성도 마찬가지이다. 따라서 신성을 자각하기 위해서는 몸과 마음을 '나'라고 하는 '거짓된 나'(ego)가 있다는 믿음을 없애고, 주체와 객체,

선과 악, 정신과 육체 등 이원적 사유(ego)를 초월하여야 한다. 달마대사는 "마음(ego)을 사용하여 실체를 찾으려고 하는 것은 망상이다"라고 하였고, 예수는 '하나(One)인 진리'를 "내 살을 먹고 내 피를 마시는… 내 안에 거한다"(요 6:56)고 말씀하셨다.

구원(천국)은 외적 사건이 아니라, 내면의 참나(그리스도)를 자각한 삶(마 16:25)으로 '무위자연의 길'(One)이다. 진정한 자기 이해와 자기 실현으로 안과 밖의 전체를 새롭게 보는 조화로운 진리(One)의 실현이다(눅 17:21). 이러한 천국(神性)은 지금 여기 모든 곳에 있다. 바가바드 기따에서는 "브라흐만은 모든 존재들의 안에도 있고 또한 바깥에도 있다"고 하였으며, 영가 현각 스님은 "한 알의 둥글고 밝은 그 자리(佛性)는 안과 밖이 없다"고 하였다.

> **예수는 말씀하셨다. "너희가 너희 자신을 알게 될 때 너희는 알려질 것이다. 그리고 너희는 곧 살아 계신 아버지의 자녀라는 것을 깨닫게 될 것이다. 그러나 만일 너희가 너희 자신을 알지 못하면 너희는 빈곤하게 되고 너희 자신이 빈곤 그 자체가 될 것이다."**

소크라테스와 부처는 "너 자신을 알라"(know Yourself)고, 노자는 "자기를 아는 자는 깨달은 자이다"(自知者明, 도덕경 33장)라고 하였다. 구원이란 본래부터 있는 하나의 신성(참나)을 '아는 것 즉 깨닫는 것'(One)이며, 거짓 나(ego)는 존재하기를 멈추어 버린 것이다(요 17:21). 즉, 영원히 우리와 함께 있는 참나(진리의 靈, 요 14:16)를 위하여 자기 목숨(ego)을 잃는 것이다(마 10:39). "인간은 불생불멸하는 하나님의 자녀"이며(요 1:12), 예수 자신도 그중 하나이므로 유일하게 성육신成

^{肉身}*한 독생자가 아니다. 따라서 자신이 누구인지 아는 것이 바로 '구원'이며, 자신을 모르는 것 자체가 '빈곤과 결핍' 즉 온전함(One)에 이르는 것에 실패가 된다.

예수께서 "내 나라는 이 세상에 속한 것이 아니다"(요 18:36)라고 말씀하셨다. 상대적인 세상과 '몸과 마음'**은 안개처럼 일시적이지만 하나님의 나라인 참나(그리스도)는 영원하다. 최제우가 창시한 동학 東學은 "우리는 내면에 절대자인 천주(天主, 神性, One)를 모시고 있다"(侍天主, 人乃天)고 하였다. 힌두교의 베다서에서도 "그대는 불사不死인 진아 眞我(true Self)이다"라고 하였다. 현대 물리학도 물질을 분석하면 광명밖에 없는 텅 빈 공空이지만(析空觀), 충만한 신성(佛性)은 '장場 에너지인 진리'(生命, 빛)로서 실재한다는 것을 증명하고 있다.

예수는 "자신을 알지 못하는 자는 아무것도 알지 못하며"(싸우는 자 도마서), "내가 이런 말을 하는 것은 너희가 너희 자신을 알게 하려는

---

* 예수께서 육체를 입었다는 "성육신成肉身"은 하나님이 저 바깥에서 우리의 역사에 참여하셨다는 것이 아니라, 시공時空과 주객을 초월한 하나님의 현존現存으로 예수(true Self)가 되었다는 것이다. 그러므로 보편적인 예수는 "양으로 생명을 얻게 하고 더 풍성히 얻게 하려는 것"(요 10:10)이요, 세상에 생명을 주는 빵이며, 모든 자에게 내재하는 생명(One)이다. 초기 교회의 교부들은 "신神이 인간이 되셨으니 그것은 인간이 신(神, true Self)으로 되게 함이다"고 주장하였다. 예수가 "모든 인간은 육화肉化한 신神이다"(성약성서)고 말씀하신 것과 같이 우리가 이원성(ego)을 제거한다면 각자가 육화(肉化, true Self)되었다고 할 수 있다(요 14:20).

** 현대 물리학은 '몸과 마음'의 실제에 대하여 "본래 고유한 존재(물질)는 없으며 다만 전자기장電磁氣場의 움직임만이 존재한다"라고 한다. 불교에서도 "인연에 따라서 일어나는 것은 결국 모두가 다 비었으므로 공空한 현상만 있다"(諸法空)고 한다. 우리는 '나'라고 집착하고 있는 '다섯 가지의 망상'(色·受·想·行·識)이 모두 비어있음을 비추어 보고, 일체의 괴로움과 재앙에서 벗어날 수 있는 것이다(照見五蘊皆空 道一切苦厄, 반야심경). 몸과 마음을 해체하여 개간하는 것이 성경 전체의 주제이며 '창조하다'(바라, 창 1:1)의 의미는 '개간하다'이다. 따라서 예수는 "우주와 자기 자신의 요소를 알지 못하는 자는 누구나 파멸로 향한다"(구제주의 대화)라고 말씀하였다.

것이다"(야고보 비밀의 書 15)라고 말씀하셨다. 우리의 목표는 자기 자신이 '모든 상대가 끊어진 자리'(無我)인 신(부처)임을 깨달아 하나 되는 것이다(요 17:21). 따라서 구원은 오직 예수(대속주)에 대한 믿음으로 얻는 것이 아니라 내면의 신성(그리스도)을 찾는 것(갈 2:20), 즉 근원인 참나(One)를 자각하는 것이다(우파니샤드). 이때 요한복음의 상호 내재처럼 하나님과 예수와 인간이 하나로 합일된다(一昧平等, 요 14:20).

4장
생명의 자리가 되어야

예수는 말씀하셨다. "여러 날을 보낸 나이를 먹은 자도 태어난 지 7일이 된 갓난아기에게 생명의 자리가 어디 있는가 물어보기를 주저하지 말지니, 그리하면 그는 살 수 있으리라."

나이 먹은 자(ego)가 물어볼 7일이 된 순수한 갓난아이(근본)는 원죄라는 것을 가지고 있지 않으며, 가치가 전도된 생명의 자리이다. 갓난아이는 죄가 없기 때문에 예수가 인류의 죄를 대신하여 죽었다는 십자가의 대속, 죄와 용서의 교리는 의미를 상실함으로 재해석되어야 한다. 갓난아이와 같은 불교의 '무아無我의 자리'와 장자의 '무기無己의 자리'(참나)는 모든 종교의 결론이다. 모든 현상은 참나(神) 안에서 일어나는 불가분의 현현(顯現, manife- stations)이며 겉모습이다. 갓난 아이에게 통합된 존재를 물어보는 나이 먹은 자는 자신의 영원한 본성을 망각한 '죽은 자'(ego) 가운데서 '살아있는 자'(참나, One)가 되어 죽음에 대한 두려움이 일어나지 않는다.

갓난아기는 지극한 도道인 '둘이 아닌 하나'의 진리(천국)를 나타낸다. 또한 "나는 육체이다"라고 하는 거짓 믿음과 이원적 사유의 분별이 사라지고 영원한 신성(성령)인 '하나님의 성품만 남은 자'(참나)이다. 하나님의 성품이란 낡아지는 겉사람(ego)이 아니라 날로 새로워지는 비이원적인 속사람(One)이다(고후 4:16). 유혹의 욕심을 따라 썩어져 가는 구습을 따르는 옛사람(ego)이 아닌 둘이 아닌 진리의 거룩함으로 지으심을 받은 새사람(One)이다(엡 4:22-24). 따라서 우리는 하나님의 신성한 하나의 성품으로 바뀌는 자가 되어야 한다(벧후 1:4).

'진리(神性)와 하나 된 자'는 예수의 "비판하지 말라"(마 7:1)는 말씀대로 '옳고 그름, 주관과 객관, 삶과 죽음'을 가려서 선택하지 않는다. 왜냐하면 진리(法)는 상대의 대상이 없기 때문이다(유마경). 거짓 자아(집착)를 버리고, 참 자아(神性, true Self)인 순수한 갓난아기의 성품을 되찾아 '내일을 염려하지 않는 무위의 길'(마 6:34)을 가는 자는 구원을 얻게 된다(마 8:35). '삶을 있는 그대로 받아들이는 자'(無爲)는 하나의 생각에 불과한 죽음도 순수하게 받아들이는 자(One)이며, 자유자재自由自在*한 행복을 누리는 각자覺者이다.

노자老子는 "성인聖人이란 갓난아이의 마음을 가진 자이며, 덕德을 두텁게 머금은 자는 갓난아이와 비슷하며, 벌 · 전갈 · 독사가 쏘지 않고, 사나운 짐승이 덤비지 않으며, 사나운 새가 공격하지 않는다"(도

---

* 자유자재自由自在한 경지는 시 · 공이 융합하여 영적인 진리 세계(理)와 육적인 현상 세계(事)가 아무 장애가 없는 이사무애理事無碍한 세계이다(요 14:20). 이러한 진리(One)의 세계는 수파불이水波不二로 설명되어지며, 바닷물은 본질(理)이고 파도(波)는 현상(事)이기 때문에 둘은 떼어서 생각할 수 없고 또는 둘이 다르지 않는 하나(One)라는 뜻이다. 하나의 진리로 '있는 그대로'의 모든 것을 기쁜 마음으로 바라볼 뿐이며, 그저 내면에는 평화와 감사하는 마음이 충만하다. 이러한 상태를 인도의 힌두어로는 '따타따'라고 하며, '모든 것이 있는 그대로가 좋다'는 말이다. 따라서 하나의 진리를 깨달은 자에게 삶은 춤이요 축제가 아닐 수 없다.

덕경 55)고 하였다. 맹자孟子는 "대인은 갓난아이의 마음을 잃어버리지 않는 사람이다"라고 하였다. 당나라의 조주 스님은 "7살 어린아이라도 나보다 나으면 그에게 배울 것이며, 100세 노인이라도 나보다 못하면 내가 가르쳐 줄 것이다"고 하여 나이 먹은 존재라는 상相, 즉 나이에 집착하여 분별하는 수자상壽者相을 버릴 것을 강조하였다.

예수는 말씀하셨다. "먼저 된 많은 자가 나중이 될 것이나, 그들은 하나이면서 같은 것이 되리라."

신앙생활의 역전극逆轉劇을 암시하는 구절이 아니라, 전체로서 하나(One)인 진리(천국)는 처음과 끝, 먼저와 나중과 같은 시공간의 구별이 없는 절대 평등한 '생명의 자리'(천국)라는 것이다. 하나의 진리를 깨닫는 경지는 시공간과 양변兩邊을 여읜 것이기에 이원성의 분별이 없으며, 결국 어른과 아이, 죽음과 생명, 첫째와 꼴찌가 하나로 융합되어 분별이 사라진다. 파도가 그대로 물이고, 물이 그대로 파도인 진리의 세계에서는 "우는 자는 웃는 자"(눅 6:21)가 되듯이 모든 현상이 극極에 이르면 반대를 향하는 원圓이 된다(도덕경 7장).

'하나(One)가 된 자'는 자신의 모든 이원성의 무명(無知, ego)에서 벗어나 본래 신(부처)임을 깨닫고(요 10:34), '모든 존재와 합일合一한 자'(true Self)이다. 시공 속에는 시작과 끝, 처음과 나중이 있지만, 시공時空을 초월한 '절대의 차원'(융합)에서의 구별은 무의미할 뿐이다. 양자역학(입자 등을 다루는 현대 물리학의 기초 이론)의 비국소성 이론도 물체들은 공간과 시간의 제한된 영역에 국한될 수 없다고 증명한다. 예수는 주객을 나누는 구속주救贖主라기보다는 우리의 영성(神性)을 환기시키는 상기자(Reminder)이며, 둘이 아닌 진리, 즉 각자(覺者, One)이다(요 17:21).

과정신학過程神學*에서 "하나님은 시원적始原的이면서 결과적이며, 시작과 끝으로 세계와 분리되지 않는다"고 말한다. 역易신학도 선악善惡, 전후前後는 서로가 갈등하는 실재들이 아니라 상호 의존적인 하나라고 가르친다. 바울은 기독교인이 경험하는 역설적인 '음양陰陽의 법칙'(One)**을 "우리는 속이는 자 같으나 참되고… 아무것도 없는 자 같으나 모든 것을 가진 자로다"(고후 6:8-10)라고 표현하였다. 따라서 하나인 실상(천국)을 보지 못하고, 물속에 비친 달과 같은 허상(이원성)을 분별하여 보는 것, 즉 하나의 진리***를 깨닫지 못한 것이 바로 죄이다(요 9:41).

----

* 과정신학過程神學은 인간과 세계의 진화론적 성격을 강조하며 현대에 맞는 일원론적 신학을 형성하여 성서의 문자 우상숭배주의에 빠진 이원론의 근본주의(성서 문자주의) 신학을 극복하였다. 존재하는 모든 것은 항상 움직이고 있는 과정으로 보는 불교와 현대 과학의 발전은 이러한 우주적인 신학의 출현을 불가피하게 하였다. 에너지 일원론의 진리를 주장하는 동양 신학(易신학, 道신학)도 헬라의 이원론에 근거한 영靈과 육체, 창조주와 인간(자연)을 구분하는 서구 신학의 한계를 극복하였다. 유일신의 계시에 근거한 보수신학이 진리를 벗어난 신의 타자성을 강조하지만, 현대신학은 보편적인 신(진리)에 대한 인간의 경험과 이해에 근거하고 있다.

** 음양陰陽의 법칙(One)은 주역周易의 계사전繫辭傳에서 다음과 같이 설명한다: "해가 지면 달이 오르고, 달이 지면 해가 오른다… 이 둘의 변화는 한 해와 진보를 이루며, 빛과 그림자와 같이 음陰에는 양陽이 들어 있고, 양陽에는 음陰이 이미 들어 있으므로 음양陰陽은 상호 의존적인 관계이다." 이러한 조화와 통일을 강조하는 음양오행설陰陽五行說에서의 상생상극相生相剋은 노자의 유무상생(有無相生, 도덕경 2장)과 같은 진리이다. 마찬가지로 불교의 중도실상(佛性)도 이것과 저것의 중간이 아니라 온전하게 다 갖추고 있는 자리이며, 모든 것은 조건적·관계적·의존적이라고 설명하고 있다(草木國土 悉皆成佛, 열반경).

*** 하나의 진리에서 하나(One)는 지식으로는 포착할 수 없는 전체를 아우르는 의미로서 한 하나님, 한 그리스도, 하나의 법계(法界, 一眞如), 도道 등과 같은 불이不二의 생명이다. 시간을 초월한 진리(One)를 성취하려면 "돌 하나도 돌 위에 남지 않고 다 무너뜨려지리라"(마 24:2)와 같이 이원적인 집착에서 벗어나야 한다. 현대 양자물리학도 "양자의 속성 즉 만물의 속성은 음(-)과 양(+)이 같이 얽혀있고 절대 분리할 수 없다"(양자의 얽힘)라고

따라서 모든 종교가 생겨나고 거기서 수행법을 가르치는 이유는 사람들이 실재를 바로 보지 못하고, 실재하지 않는 것을 실재로 보는 것을 포기하도록 도와주기 위함일 뿐이다(顚倒夢想). 인도의 성자聖者 라마크리슈나는 "모든 것은 오직 똑같은 에너지이자 시작도 끝도 없는 하나의 실재로 이루어져 있다. 그 실재를 신이라고 부르든, 근원적 힘(氣)이라고 부르든 무슨 상관이 있겠는가, 다만 말에 지나지 않을 뿐인 것을! 명확하며 생생한 단일성(單一性, One), 그것이 모든 것의 본질이다"고 하였다(重重無碍法界海, 화엄경).

법화경法華經은 시간상 길고 짧음의 구분이 사라짐을 "처음과 끝이 바로 지금의 한 생각(現前一念)에서 벗어나지 않는다"라고 하였고 또한 화엄경華嚴經의 법성게는 "시간 개념에서의 길이는 부분과 전체가 연결된다"고 하였다. 노자老子는 하나의 도道란 "종일 보아도 보이지 않고(夷), 들어도 들리지 않고(希), 쥐어도 잡히지 않는(微) 통털어 하나이므로(混而爲一) 앞과 뒤는 서로 따라다닌다"(前後相隨, 도덕경 2장)라고 하였다. 장자莊子도 "만물일체이므로 죽음과 삶, 시작과 끝 등을 같은 것으로 여긴다"라고 하여 '나누어질 수 없는'(不可分) 하나의 진리를 강조하였다. 따라서 모두 유무상생有無相生의 원리와 같이 양극兩極이 하나인 진리를 설명하고 있다.

증명하고 있다. 따라서 혜능대사는 "현상계에 있는 삼독심(三毒心)인 욕심(貪), 성냄(瞋), 어리석음(痴)을 제거하고 나면 지옥이 사라지고 하나(One)의 진리인 극락(천국)과 다르지 않다"고 하였다.

5장
천국은 모든 곳에 있나니

예수는 말씀하셨다. "너의 눈앞에 있는 것을 주목하라. 그리하면 너희에게 감춰져 있던 것이 드러나리라. 또한 감춰진 것으로서 드러나지 않을 것은 아무것도 없도다."

"너의 눈앞에 있는 자를 주목하라"는 것은 지금 여기에 숨겨져 있는 예수(실상)를 깨달아야 한다는 뜻이며. 이때 진리의 신비가 삶 속에 계시된다. '하나(One)인 진리를 자각하는 경지'(平等不二)에서 천국의 감추어진 신비들은 모두 드러나게 된다. 창조주라고 하는 신이 그대로 피조물로서 둘이 아닌 진리이며, 천국은 미래의 사건이 아니라 현재의 사건이다. 모든 것이 신의 자기표현이며, 조화로운 천국은 지금 모든 곳이다(the Kingdom is everywhere now).

바울처럼 "겉사람의 눈에서 비늘(ego)이 벗겨져"(행 9:18) 광명을 찾게 된 자를 '영靈의 눈을 뜬 자'(참나, 눅 10:23)라 부르지만, 그렇지 않은 자를 소경(ego)이라고 부른다(마 15:14). '내면의 신성을 깨달은 눈'(靈眼)으로 이 세상을 볼 때 우리는 병과 고통이 사라진 '광명의 실재'(진리, 요12:46)만을 보게 된다. "형상이 있는 것은 모두 허망하니, 만약 일체의 형상이 형상 아님을 안다면 여래(진리)를 보게 된다"(凡所有相 皆是虛妄 若見諸相非相 卽見如來, 금강경).

우리가 미혹되면 영원한 '화막(screen)과 같은 진리(순수에너지)'를 변하는 화면(ego)처럼 여기지만, 영안靈眼으로는 화면(사물들, 번뇌들)이 신성(생명)으로 변한다. 불이 다 켜지면 모든 화면이 사라지는 것 같이 빛(神性)의 홍수 속에서 모든 대상이 사라진다. '진리(神性)를 깨달은 자'에게 이원성인 현상계는 영화의 화면처럼 '한 줄기 빛'(One)으로부터 나타났다가 사라지는 재미있는 영화인 것을 알기에 자유롭게 오락을 즐긴다.

노자老子는 "어미를 얻고 나서 그 자식을 알 수 있다"(도덕경 52장), 즉 어미로서, 존재의 근원으로서 충만한 도(One)를 알면 모든 현상을 꿰뚫어 알 수 있다고 하였고, 성리학(大學)의 격물치지格物致知는 사물의 이치를 구명하여 자기의 지식(One)을 확고하게 하는 것이다. 최수운의 동경대전에서는 "세상사가 처음에는 전부 부정적으로 보였지만, 시간이 흐른 뒤에 생각해보니, 이해 못할 것이 하나도 없다", 즉 "아니다, 그렇다"(不然其然)는 대긍정을 이야기한다(異而不二).

6 장
위선자가 되지 마라

예수의 제자들이 그에게 묻기를 "당신은 우리가 금식하기를 원하십니까? 어떻게 우리가 기도해야 합니까? 우리가 자비를 베풀어야 합니까? 음식을 어떻게 가려 먹어야 합니까?" 예수께서 이르시되, "거짓말을 하지 말라, 너희가 싫어하는 것을 하지 말라. 모든 것이 하늘 앞에서는 드러날 것이기 때문이니라. 결국 드러나지 않을 비밀도 없고, 나타나지 않을 숨김도 없느니라."

　　자타自他가 나뉘어 행하는 모든 일들, 즉 금식과 기도와 자선을 베푸는 것은 소용없는 일이다. 그런 일들은 결국 드러나게 되어 있다. 우리에게 필요한 것은 에고(ego, 개인성)의 행위가 아니라 참나(보편성)의 세미한 소리를 듣는 것이다. '하나님의 자녀'가 되기 위해 이기적인 에고ego로 뭔가를 할 필요가 없다. 하나님의 자녀인 자신의 신성(One)을 알아차리면 되는 것이다(요일 3:2). '나(ego)는 본래 없는 것'(無我)이므로 이원성의 좁은 견해를 따라 형식과 틀에 매달린 행동을 하지 않아야 지금 여기서 실상(참나)인 성령(神性)을 체험한다.

　　금식, 기도 그리고 자선은 이원론(ego)을 부추겨 종교적 인간을 만들며, 이렇게 포로가 된 자는 신성(생명, One)인 자신을 찾을 시간이 없다. 자선은 "타인과 동떨어진 '나'는 따로 없다"(自他一切)는 태도로 오른손이 하는 것을 왼손도 모르게 하는 무차별적 사랑을 실천하는 것이다(無心, 마 6:3). 형식보다는 침묵을 통해서 사랑 자체인 신성(참나)을 깨닫는 완전한 지혜가 있어야 한다(無爲自然). 구약 외전外典 중의 하나인 '솔로몬의 지혜'에서는 "모든 것이 평화와 침묵 속에 싸였을 때 당신의 전능한 말이 천상의 왕좌에서… 내려왔다"라고 말한다.

우리의 미래는 현재 행동에 따라 나타나고(因果律), 어둠에 '숨겨 있던 참나(생명)'는 마침내 빛으로 드러나지 않을 수 없다. 우리는 이때 온 우주가 사랑 자체인 신(One)의 광명으로 충만함을 체험하고, 천국의 환희를 누릴 수 있다(마 5:8). 공자孔子의 손자인 자사子思는 "속마음이 정성스러우면 밖으로 형체가 나타난다"(중용)고 하였으며, 대학에서는 "군자는 반드시 그 자신만 홀로 아는 자리(참나)를 진실하게 하는 것이다"고 하였다. 모든 것이 드러나는 하나(One)인 '신비주의 차원'(참나)을 통해 동양은 서양을 만나고, 서양은 동양을 만난다.

7 장
행복한 자

예수는 말씀하셨다. "사람에게 잡아먹히게 될 사자는 행복하도다. 이는 사자가 사람으로 되기 때문이다. 그러나 사자에게 잡아먹히는 그 사람은 화(禍)가 있다. 왜냐하면 그 사람이 사자가 되기 때문이다."

상대적이며 이원성의 사자(겉사람)를 소멸시키는 것은 '절대인 비이원성의 사람'(속사람)에게는 행복한 일이며, 모든 종교의 핵심이다. 그러나 이원적 대립구조인 사자(ego)에게 조종되는 사람에게 화(禍)가 있는 것은 본래 참나(One)인 사람이 사자(ego)의 행세를 하며, 어둠(ego)이 그 사람의 '신적인 영원한 빛'(One)을 가로막기 때문이다. 따라서 '거짓 나'인 사자(ego)가 '있는 그대로'의 영(靈)인 참나(One)에게 잡아먹히면 허상인 '나'(ego)라는 생각(惡)은 사라지고 신성(善, One)으로 부활하기 때문에 영원한 축제를 누린다.

감각 대상에서 오는 행복은 일시적인 것이지만 내면의 영적 변화에 의하여 '하나의 진리'(참나) 안에 안주하는 행복(至福, Ananda)은 완전하며 영원한 것이다. 마음을 외부 대상에서 거두어들여 내면으로 돌리는 순간, 진정한 평화를 맛보고 행복을 느끼게 된다. '음양陰陽의 조화'*를 파괴하는 사자는 집착과 탐욕 그리고 이원성으로 고통을 일으키는 겉사람(ego)이다. 우리는 억지로 함이 없는 무위자연無爲自然의 이치에 따른 행동으로 항상 근신하여 깨어있어야 한다. 마귀는 우는 사자(ego)같이 두루 다니며 삼킬 자를 찾고 있다(벧전 4:8). 이러한 이원적 사유(ego)인 마귀(사자)는 악惡으로 신과 대립되는 실체가 아니라 치유해야 할 일종의 병이며, 실수이다.

악은 둘이 아닌 진리를 가린 마음의 산물이다. 우주는 신의 한 덩어리이기에 선하신 신에게 악의 이유를 묻는 질문은 의미가 없다. '깨달은 자'(One)는 우주의 변화가 일정한 법칙에 따라 조화롭게 되어 있음을 알아 상대성을 극복하고, "항상 기뻐한다"(살전 5:16). 석가세존은 지금까지 물질로 보이던 산도, 개울도, 풀도, 나무도, 국토도 모두가 물질이 아니라 부처의 생명이라고 깨달은 것이다(山川草木國土悉皆成佛). 공자孔子는 "하늘을 원망하지 않고 사람을 허물하지 않는다"고 하였는데 만물에는 음양이 있고, '사물의 변화는 바로 음양의 상호 조화'(萬物負陰而抱陽 沖氣而爲和, 도덕경 42장)이기 때문이다. 현대 과학 역시 모든 것이 통일성(One)으로 그 주위 환경과 불가분적으로 연결되어 있다는 사실을 증명하고 있다.

---

* 음양陰陽의 조화는 "양이 그 절정에 도달하면 음을 위해서 물러나고, 음이 그 절정에 이르면 양을 위해 물러나는 것이다"(주역). 또한 성경의 "의를 위하여 박해를 받는 자는 천국이 그들의 것이다"(마 5:10)에서 굴복(陰)은 자기의 목표를 달성하는 해방(陽)을 성취하는 것이다. 이러한 '조화의 원리'(One)는 분리적인 서구 사상과 다르게 "우주는 대립되는 두 가지 개념인 음양의 조화에 의해 운행된다"는 동양 사상으로 현대 물리학의 양자 얽힘(同時性)이 증명하고 있다. 따라서 부조화가 악이며, 조화로움이 선(도덕경 42장)이므로 우리는 한쪽의 극단(ego)에 치우치지 말고, 하나(One)의 진리대로 균형이 잡힌 조화로운 삶을 즐겨야 한다.

8 장
지혜로운 어부

예수는 말씀하셨다. "영적인 사람은 자기 그물을 바다에 던져 바다에서 작은 물고기들을 잔뜩 잡아 올리는 지혜로운 어부와 같으니, 그 '지혜로운 어부'는 물고기들 중 좋고 큰 고기 한 마리를 찾아낸 후 다른 작은 고기들을 다 바다에 다시 되던져 넣고, 간단히(쉽게) 그 큰 물고기들을 골라낼 수 있었느니라. 누구든지 들을 귀 있는 이들은 잘 들을지어다."

마태는 천국을 '지혜로운 어부' 대신 '그물'(net)에 비유하여 "세상 끝에 천사들이 와서 의인 중에서 악인을 갈라내어 풀무 불에 던져 넣으리니 거기서 울며 이를 갈리라"는 구절을 추가하였다(13:47-50). 그러나 세상 끝(아이온 쉰텔레이아)은 시간의 종말이 아니라 거짓 나(ego)의 종말이며, 악인은 거짓 나(ego)이므로 내면의 일을 설명하고 있는 것이다. 아인슈타인의 상대성이론은 시간의 종말이란 없음을 증명하고 있다. 따라서 진리의 관점에서 모두는 하나(One)이며, 하나의 관념인 시간과 공간은 관찰자에 따라 달라지고, 지금이 바로 영원이다. 시간과 공간이란 마음이 만들어낸 관념에 지나지 않으며, 과거와 미래는 오직 마음속에만 존재할 뿐이다. 죽음과 고통은 마음이 만들어 낸 환상幻想이며, 개념이다. 이와 같이 마음이 모든 현상을 인식하는 만법의 주인공이므로 속박과 해탈을 하게 하는 것이다(一切諸法唯心所現).

진리(예수)인 "알파와 오메가요 처음과 마지막"(One, 계 21:6)의 관점에서 시간의 종말이란 있을 수 없다(히 13:8). 현대 물리학도 "과거와 현재와 미래의 구분은 착각일 뿐이다"라고 증명하고 있다. 동양적인 역易신학*은 "시작과 끝은 음양陰陽의 관계처럼 나뉠 수 없으며, 종말은 옛 세대의 끝이면서 새 세대의 시작, 즉 진리의 자각"이라 한다. 우리는 승천 후 종말에 심판하러 오시는 대상이 아니라, 지금 여기에 편재하고 계시는(골 3:11) "우주적 그리스도와 합하여 한(One) 영靈이 되는 영원한 구원을 이루어야 한다"(고전 6:17).

'지혜로운 어부'는 바다(무의식 세계)에서 내면의 '작은 고기'(ego)를 버리고 큰 물고기, 즉 영원한 생명(One)인 참나(진리)를 찾는 자이다. 우리는 무가치한 이원성의 작은 고기(ego)에 대한 집착을 버리고, 가치 있는 비이원성의 큰 물고기(참나)를 깨닫는 천국을 이루어야 한다.

예수는 잠자고 있는 죄인을 찾으시며 그 혼(푸쉬케, ego)의 잠을 깨워서 하나 되게 하신다. 진리를 깨닫기 위해서는 거짓 나(ego)를

---

* 역易의 신학은 신학박사인 이정용이 주장하며, 재수육再受肉, 즉 윤회輪廻의 가능성을 제안하고 있다. '역易의 원리'(陰陽의 변화)에 따르면 가장 작아진 순간 가장 큰 것에로 확장을 시작하며, 육체의 몸의 확장과 수축의 과정은 재수육再受肉의 과정이지만 전통 신학에서는 경시하였다는 것이다. 영국 감리교 신학자인 웨더헤드Whetherhead는 다음과 같이 주장하였다. "나는 재수육의 교리가 기독교의 교리에 모순되지 않는다고 생각한다. 예수가 활동하던 당시만 하더라도 재수육의 교리는 인정된 신앙 전통이었다. 그러나 533년 콘스탄티노플 회의에서 좁은 편견을 보인 다수에 의해서 재수육再受肉의 교리는 기각되었다."

참나(One)와 동일시하는 잘못을 제거해야 하고(爲道日損), '성전(ego)을 허는 것'(요 2:19)이 필요하다. 장자莊子도 "물고기를 얻고 나면 그물을 잊는다"(得魚忘筌)고 하였다.

9장

좋은 열매

예수는 말씀하셨다. "보라, 씨 뿌리는 사람이 밖에 나가 씨를 한줌 쥐고 뿌리는데, 더러는 길에 떨어져 새가 와서 쪼아 먹었고, 더러는 돌짝 밭에 떨어져 땅에 뿌리를 내리지 못함으로 결실을 내지 못하였고, 더러는 가시덤불에 떨어져 숨통이 막히고 벌레들에게 먹히었고, 그리고 다른 씨들은 좋은 땅에 좋은 열매를 맺으며, 그것은 60배, 120배의 크기가 된다."

씨를 뿌리는 사람이란 하나님이며, 자연(道)이다. 씨는 모든 곳에 심겨진 신성(천국)이다. 우리들의 내면에 본래 있는 신성(참나)은 영적인 눈과 귀로 보이고 들린다(마 13:13). 씨가 열매를 맺고 안 맺고는 어디까지나 뿌려진 씨를 받은 땅의 몫이다. 즉, 마음의 몫이다. 좋은 땅에 좋은 열매라는 것은 '일원성의 마음'에 좋은 열매를 많이 맺는 것이며, 내적으로 준비를 하는 사람만 깨달음의 열매(천국)를 맺는다. 이렇게 본성(참나)을 배양하는 것은 하나님을 섬기는 것이다(맹자). 그러나 주객과 자타를 이원적으로 분별하는 자는 본성을 잃어버려 악한 열매를 맺는다. 따라서 '하나(One)와 조화'* 내지 부조화가 실존적으로 선이냐 혹은 악이냐를 결정한다.

마태는 악한 자와 선한 자로(13:19), 누가는 하나님과 마귀로(8:12) 나누어 이원성의 대립 구조로 추가하여 설명하고 있다. 그러나 악한 자와 선한 자, 하나님과 마귀, 어둠과 빛은 한 에너지의 양면으로 하나(One)이다. 마귀는 마음이 분별(욕망)에 사로잡혀 있을 때 '업상념파業想念波'*를 인격적으로 표현한 것이다. 예수는 전체(하나)가 아닌 객관적인 대상의 신을 마귀요, 살인한 자요, 거짓말쟁이요, 거짓의 아비라고 말씀하였다(요 8:44). 따라서 인연에 따라 이루어진 이원성의 대상과 모든 것은 공空이다(因緣蘇生法 我說卽是空, 용수). 불교의 불성(신성), 즉 여래장如來藏은 이원성의 탐욕, 분노 그리고 어리석음이라는 탐진치貪瞋痴의 삼독三毒 때문에 가려져 있다.

---

* 하나(One)와 조화는 신앙과 이성, 주체와 객체의 합일인 신(One)을 전제로 하는 것이며, 그리스 교부教父인 오리게네스는 세계를 조화로움으로 보았다. 그는 맹목적인 신념에 의하여 신을 파악하려고 한 것이 아니라 '신앙과 이성의 합일'에 의하여 존재론적 원리로서의 신을 파악하고자 하였다. 따라서 구원이란 유한 상대적인 에고ego에 가려진 무한 절대인 내면의 영靈, 즉 참나(성령, 고전 3:16)를 회복하여 신과 하나(One)가 되는 것이며(막 8:35), 스스로가 주체와 객체의 합일인 신임을 자각하는 것이다(요 17:21). 또한 현대 물리학도 주체와 객체, 관찰자와 관찰되는 것은 서로 무관한 것이 아니며, 이 둘은 하나의 세계임을 증명하고 있다.

* 업상념파業想念波는 '식識인 상념파想念波'(業)가 돌고 도는 것이며(萬法唯識), 이것이 이원적인 마음(욕망)에 의하여 잘못 응결되면 마귀(악마)의 형태를 이룬다. 성경적으로 '마귀와 사탄'(지아볼로, 계 12:9)은 '나누는 자'를 의미하며, '하나님의 말씀'(One)이 임할 수 없도록 혼란하게 하는 마음(파괴적 에너지)이다. 또한 '독립적 존재'(힘)로 하나님과 대립되는 것이 아니라, 본질적으로 '하나(One)인 하나님'의 조화 안에 있는 '에너지의 어두운 한 면面'이다. 현대 양자역학은 이 세상의 모든 것은 환상幻想인 의식 덩어리이며(無我), 의식과 상관없이 저 혼자 독자적으로 존재하는 것은 있을 수 없다는 것을 증명하고 있다(唯識無境).

10장

세상에 불을 던졌노라

예수는 말씀하셨다. "나는 이 세상에 불을 던졌노니, 보라, 나는 그것이 불타 오를 때까지 잘 지키고 있느니라."

누가는 "내가 불을 땅에 던지러 왔노니 이 불이 이미 붙었으면 내가 무엇을 원하리요"(12:49)라고 기록하였다. 일반적으로 이 '불'을 이분법적으로 이해하여 십자가 사건을 통한 종말론적 심판으로 해석한다. 그러나 시공간을 초월하여 주와 객으로 나누어질 수 없는 예수(One)는 종말에 심판하는 분이 아니라, 지금 여기에 편재하시는 만유萬有이시며(골 3:11), 어디로 가거나 어디에서 오지도 않는 진리 자체, 사랑 자체이다(不去不來).

예수가 던진 내면의 불(참나)은 이원적 사유(ego)인 사탄(마 16:23)을 태우는 파괴적 힘(One)이다. 그는 이 세상에 가득 찬 분별심을 소멸시키는 불이 타오르도록 지키고 계신다. 예수는 섬김의 대상이 되는 구세주(他者)가 아니라 불(진리)을 이 땅에 던지러 온 성자聖子이며, 본질적으로 우리와 하나가 되시는 무시무종無始無終의 신성(참나)이며, 현존(One)이다. 따라서 우리는 자신 안에 있는 세상(몸과 마음, 코스모스)

죄를 지고 가야 할 잃어버린 내면의 예수(참나)를 찾아야 한다.

불이不二인 '내면의 불'(神性)은 도덕과 부도덕, 현자와 죄수 등 분별 (ego)의 삶(옛사람)에 깊이 잠든 인간과 세상을 깨워 영원한 생명(새사람)으로 새롭게 변화시킨다. 이 '영적인 불'(神性)은 모든 행위를 재로 만들어 우리를 불변하는 '영적 사람'(true Self)이 되게 한다(바가바드 기따). 영적 사람은 강력한 에너지(One)에 휩싸여 "나의 누이, 나의 신부야, 네가 내 마음을 빼앗았구나"(아가 4:9)와 같은 황홀한 노래를 부르고 다닌다.

현대 물리학자들은 모든 것이 에너지임을 증명하고 있지만(諸法 空), 에너지(우주의 氣)의 정체인 신비스러운 시간과 공간을 초월한 신성 (佛性)을 알지 못한다(眞空妙有). 신성은 과학적으로 증명이 될 수 없는 시공을 초월한 형이상학적인 궁극적 실재(순수 생명)이며, 성자聖者들은 신비적 직관으로 볼 수 있다(見性, 마 5:8). 우리가 보는 모든 외부적인 겉모습은 마야(maya, 幻)로서 신성의 현현顯現이며(諸法空), 영원한 실재 성을 가지지 않는다. 따라서 우리가 영원한 신성(참나)의 진리(One)를 발견하려면 자신의 내면에서 찾아야 한다.

11장
하늘도 사라질 것이다

예수는 말씀하셨다. "이 하늘은 사라지고, 그 위에 있는 하늘도 사라지리라. 죽은 자들은 살지 못하지만 살아있는 자들은 죽지 않으리라. 너희가 죽은 것을 먹는 날 너희는 그것을 살아나게 하노라. 너희가 빛 속에 거할 때 너희는 무엇을 하려느냐? 너희가 하나였던 그날에 너희가 둘이 되었도다. 그러나 너희가 둘이 되면 그때 너희는 무엇을 하려느냐?"

모든 것은 무상하다. 이처럼 꿈과 같은 현상을 '자각하지 못한 자'(ego)들은 살지 못한다. 하지만 '자각이 일어난 자'(One)는 죽은 자 가운데서 살아난 자이며 다시는 죽지 않는다. '죽은(ego) 것을 먹는 날 그것을 생명으로 살아나게 하는 것'은 옛사람이 죽고 새사람이 사는 것이다. 예수는 우리에게 빛(진리) 속에 거하라고 말씀하시며, 본래의 하나에서 분리되어 둘이 되었음에도 이것을 자각하지 못하고 이원성에 빠져 있으면 어떻게 하겠느냐고 물으신다.

우리는 이원성의 둘이 되었을 때 깨달음으로 하나님의 온전하심(마 5:48)과 같이 둘이 아닌 하나가 되어야 하며(全而歸之, 도덕경 22장),

이때 "온 천지에 충만한 진리의 기쁨을 누리면서"(諸法實相) 진리를 전해야 한다. 즉, 이원성의 상태일 때는 거짓 나(ego)를 제거하여 진리(참나)를 회복하는 구원을 이루어야 하며(막 8:35), '둘'(ego)이 된 비본래의 상태에서 본래의 근원(참나, One)으로 돌아가야 한다(原始返本). 그러므로 모든 경전은 가짜인 개체성(ego)으로부터 보편성인 참나(One)를 구하기 위하여 저술되었고, 노자老子는 "되돌아감이 도의 움직임이다"(反自道之動, 도덕경 40장)라고 하였다.

예수가 "성령을 받으라"(요 20:22)고 한 것은 내면의 성령(참나)을 자각하라는 말이며, 이때 전체와 하나(One) 되는 천국을 이룬다. 이렇게 이원성의 '죽은 자'(ego)로부터 '살아난 자'(참나)는 '집착과 아집'(ego)에서 벗어나 모든 생명의 본래 자리(성령)를 회복하여 빛으로 '구원을 얻은 자'(One)이다. 따라서 구원은 영원할 수 없는 몸의 부활이 아니라(生即滅) 어둠의 목숨(거짓 나)을 제거하고, 빛의 성령(참나, One)을 찾는 것이다(눅 9:24).

우리는 영적 깨달음으로 그림자와 환영幻影과 같은 개체적 거짓 나(ego)를 제거하고, 하나(One)인 '본래의 모습'(참나)을 회복하는 구원(천국)을 이루어야 한다(막 8:35). 헛된 분별(ego)을 버리고 이미 천국을 누리고 있음을 자각하여 전체로서 하나(One) 될 때 다른 종교와 화목(마 5:24)하게 되고, '광명이 두루 비추게 된다'(光明遍照). 이렇게 집착(ego)을 버리고 신(참나)과 하나(One) 되어 '영혼의 완성'(환희)을 이루는 것이 모든 종교의 구원관이다.

12장

의인 야고보에게 가거라

제자들이 예수께 말했다. "우리는 당신이 우리를 떠나려 하는 것을 압니다. 그러면 누가 우리들의 우두머리가 될까요?" 예수는 그들에게 말했다. "너희가 어디에 있든지, 의인 야고보에게 가라. 하늘과 땅에 관계되는 모든 것이 그의 영역이다."

오늘날 기독교인들은 제자들 중에 천국 열쇠를 받은 베드로를 그리스도교 공동체를 이끈 지도자로 안다. 그래서 천주교에서는 그를 초대 교황으로 삼는다. 그러나 예수는 공식 후계자로 조직체를 이끌 자는 베드로가 아니라 야고보(覺者)라고 말씀하신다. 그는 의인으로 하늘과 땅이 원활히 기능하도록 할 수 있는 하나(One)이기 때문이다. 야고보와 같이 '하나(One)가 된 자'(Self-realization)는 '내 속에 거하는 죄'(ego, 롬 7:20)를 제거하고, 영원한 천국(One)의 길인 성령(참나)을 자각한 자이다. 즉, 삼라만상을 껴안는 불생불멸의 실재와 하나(One) 된 경지이다.

참나(생명)와 하나가 된 야고보와 같이 '분별을 초월한 자'는 하나님과 하나(One) 되는 거듭남을 체험하여 주관과 객관을 나누는 이원성이 조금도 남아 있지 않다(天上天下唯我獨存). 본질인 '나'가 성립되기 전에는 '너'도 성립되지 않고, 만물도 성립되지 않으며, 하늘도 땅도 성립되지 않으므로 장자莊子는 "하늘과 땅이 나와 함께 생겨났다"고 하였다(요 15:27). 야고보와 같이 '근본인 하나가 되는 신의 자리'는 "천국이 지금 이 자리에 이미 임해 있음"(마 12:28)을 자각하는 경지로 고요함, 묵상, 참선參禪, 요가 등 여러 가지 수행 방법이 있다.

"너희는 가만히 있어 내가 하나님 됨을 알지어다"(시 46:10)의 구절은 진리(One)인 내면의 영적인 눈(神性, true Self)을 깨닫기 위해서는 명상의 방법이 필요하다는 것이다. 항상 존재하는 신은 마음이 동動하면 가려져 사라지고, 번뇌하는 마음(ego)이 끊어졌을 때, 즉 고요할 때 나타난다. 그러므로 "조용히 있어야 구원을 얻을 것이요 잠잠하고 신뢰하여야 힘을 얻게 된다"(사 30:15). 이렇게 조용히 자아의 근원(One)을 파고드는 탐구를 통해서 마음이 내면(바탕)으로 향해지면, "마음의 나쁜 습관인 원습原習"(ego)들은 저절로 소멸되어진다.

13장
나는 선생이 아니노라

예수께서 제자들에게 말씀하시기를 "너희는 나를 비교하여 내가 누구와 같은지 말해보아라." 베드로는 그에게 답하되, "당신은 의로운 천사와 같습니다." 마태가 예수께 말했다. "당신은 지혜로운 철인과 같습니다." 도마가 그에게 이르되, "선생님, 저의 입으로는 당신이 누구와 같은지 감히 말할 수가 없나이다"라고 하였다. 예수는 도마에게 이르시되, "나는 너의 선생이 아니라, 너는 내가 나누어준 거품이 끓어오르는 샘물을 마시고 취하였구나"라고 하셨다. 예수께서 도마를 데리고 물러가셔서 그에게 세 가지 말씀을 하셨더라. 도마가 자기 친구들에게 돌아오자 저들이 그에게 물어, "예수는 너에게 무슨 말씀을 하시더냐?" 도마가 말하길 "그분이 내게 하신 말씀 중 하나라도 너희에게 말하면 너희는 돌을 들어 나를 칠 것이요, 그 돌에서 불이 나와 너희를 태워 버릴 것이다"라고 하였다.

이 장과 유사한 공관복음의 구절들은 종말론과 기독론(메시아 사상)을 전제로 한 것이다. '마음의 광기'(ego)에 취해 있는 도덕가인 베드로는 도덕을 초월한 예수를, 지식을 추구하는 마태는 실재인 예수를 이해하지 못하였다. 도마는 신성모독으로 돌로 쳐 죽일지도 모르는 둘이 아닌 신비한 말씀(진리)을 듣고 깨달았지만, '내면의 눈'(마 13:16)이 아직 열리지 않은 다른 제자들은 진리를 이해할 수 없었다. '진리를 말한 자'(참나)는 무지한 사람들의 적(敵)이 되고, 돌을 던진 자는 그 돌에서 나오는 불에 의해 그 자신이 심판을 받게 된다.

이원적 사유를 초월한 '존재의 깊은 비밀을 깨달은 자'(One)들에게는 모두가 평등함으로 더 이상 선생의 상(相)이 필요 없다(一味平等). 도마는 진리에 취하였기에 '절대 평등한 생명'에 대하여 마음과 언어로 한계(ego)를 지어 말할 수 없었으며, 비웃음을 사지 않기 위하여 '침묵' 이외에는 대답할 방법이 없었다(言語道斷). 그는 유일한 실재는 신(부처)뿐이며, 나(ego)와 내가 가진 것들은 없다는 것을 깨달았다(五蘊皆空). 이때 온 세상이 부처(神)의 몸이며(佛身充滿於法界, 화엄경), 보이는 모든 것이 부처(神)이므로 서로 사랑하며, 환희심을 가지지 않을 수 없다.

'침묵'에 대하여 십자가의 성 요한은 "무(無) 안에 거함으로 나에게는 아무것도 부족한 것이 없음을 알았다"고 하였다. 존재하는 모든 것이 바로 자기(참나, One)이고, 자기의 것이다. 디오니시우스는 "진리는 긍정과 부정 너머에 있으며, 생각하는 것은 상상일 뿐이다… 그것은 묵상을 통해서만 알려질 수 있다"고 하였다. 예수가 침묵한 도마에게 한 말씀 중 하나는 아마 신성모독이며, 충격적인 "너는 하나님이다"(요 10:34)일 것이다. 불경(佛經)의 수심결(修心訣)에서도 귀종화상이 "무엇이 부처입니까?"라는 질문에 "그대가 바로 부처이다"라고 대답한다.

언어는 어떤 사실을 명확하게 하지만, 반대로 전체로서 하나인 진리(천국)를 가리기도 하며 또한 학문과 다르게 형이상학적인 종교에서는 문자를 쫓다가 영원한 생명을 놓치기 쉽다. '달을 보지 않고,

달을 가리키는 손가락만 보는 것'(指月)과 같이 진리(달)를 보지 않고 실체가 없는 문자(손가락)만 보면서 "교회 밖에는 구원이 없다"고 단정해서는 안 된다. 성경의 진리(One)는 문자적인 것을 초월하며, '비유'(갈 4:24)와 '본보기가 되는 상징'(고전 10:6)이다. 그러므로 바울은 "율법 조문(교리)은 죽이는 것이요 영靈은 살리는 것이니라"(不立文字, 고후 3:6)고 하였다.

14 장
그릇된 금식과 기도와 구제

예수는 제자들에게 말씀하셨다. "너희가 금식하면 너희는 너의 스스로에게
죄를 가져올 것이고, 너희가 기도하면 너희는 비난을 받을 것이다. 또한
너희가 구제하면 너희는 너의 영靈에 해를 끼치는 것이다."

　우리는 금식, 기도, 구제를 외면적 형식과 위선적인 유위(有爲, 죄)로
할 것이 아니라 집착이 사라진 자발적인 무위無爲, 즉 성령의 인도로
해야 한다. 우리는 개체(ego)가 있다는 자기 정체성의 이원론적 사유
를 넘어 전체성(One)의 세계를 자각하여 집착에 의한 금식과 기도가
아닌 마음의 금식, 즉 내면의 성령(One)에 따라야 한다. 스스로가
해야 할 일은 상대적인 세계(ego)가 아니라 자신을 절대적인 세계로
귀일(歸一, One)하는 것이다.
　문제는 '무엇을 하는가'가 아니라 '나는 누구인가'*를 통한 영적인

---

* "나는 누구인가?"를 깨닫는 것은 "내가 신(神, 부처)임을 자각하는 것"(요 10:34)이요 하나
님(예수)을 아는 것, 즉 하나 되는 것이며, 생명을 얻는 길이다(요 17:3). "너 자신을 아는 것이
곧 신神을 아는 것"(영지주의)으로, 너희의 아버지는 한 분이시니 곧 하늘(우라노이스, 속
사람)에 계신 분이며(마 23:9) 또한 우리의 근본(아르케)은 예수와 하나(One)이다"(요

존재(One), 즉 진리(참나)가 되는 것이다. 만일 하나(One)가 된 존재가 옳다면, 어떤 행위를 하든 자동적으로 옳은 것이 된다(從心所欲不不踰矩, 공자). 그러므로 엑카르트Eckhart는 "사람들은 무엇을 해야 할지 그렇게 걱정할 필요가 없으며, 오히려 어떤 존재의 사람인지를 걱정해야 한다"고 하였다. 그는 영원한 '존재의 뿌리'(true Self)에 근거하지 않는 종교와 교회의 어떤 인위적인 말이나 신앙 행위도 거부하였다.

"오른손이 하는 것을 왼손이 모르게"(마 6:3)하듯이 금식, 기도, 구제 등 모든 경건한 행동을 '비워진 마음(無爲, One)으로 하지 않고 분별하는 행위(ego)로 하면, 평안을 누리지 못한다. 기도는 대상의 신께 간구하는 것이 아니라 지금 여기에 이미 신(천국)이 실현되고 있음을 깨닫는 것이다. 따라서 우리는 뜻이 하늘에서 이루어진 것 같이 땅에서도 이루어지도록, 즉 하늘(내면의 신성)의 세계가 현상계에 실현되고 있음을 깨닫도록 기도를 하여야 한다(마 6:10). 구제 역시 하는 사람과 받는 사람도 없다는 '무집착'(요 8:46)의 자세가 필요하다. 따라서 "보살은 형상(相)에 집착함이 없이 보시를 행하여야 한다"(금강경).

예수는 "너희가 어느 마을이든지 그곳을 지나갈 때 그곳 사람들이 너희를 받아들이면 그들이 너희 앞에 차려주는 것을 먹고 그들 중 병든 자가 있으면 그들을 치료하라"고 말씀하셨다.

15:27). 부처는 중생이 그와 더불어 차이가 없음을 깨닫게 하기 위해 이 세상에 왔으며(人卽 是佛), 동방교회의 근본 교의도 인간의 신화神化이다. 따라서 진리(神)를 자각하면 "여자 (귀네, ego)는 교회(엑크레시아, 속사람)에서 잠잠하라"(고전 14:34)와 같이 겉사람(ego)은 저절로 소멸된다.

어떤 음식이라도 '앞에 차려주는 것을 먹을 수 있는 것'은 입으로 들어가는 것이 사람을 더럽게 하는 것이 아니라 입에서 나오는 그것이 사람을 더럽게 하기 때문에 가능하다(마 15:11). '병든 자가 있으면 치료하라'는 것은 유무, 주객으로 나누는 이원적 사유의 병을 둘이 아닌 진리로 아낌없이 치료하라는 것이다. 우리는 '마음의 병'(ego)을 고쳐서 더 높은 영적 수준인 신성(One)을 회복하여야 한다. 불교는 분별하는 마음을 잘 다스려 고통의 원인인 '마음의 병'(ego)에서 벗어나는 깨달음(참나)으로 영원한 즐거움(One)을 얻는 것에 목적을 두고 있다(離苦得樂, 법화경). 하늘이 푸르게 보인다고 해서 푸르름이 실재하는 것이 아닌 것처럼, 고통과 생사生死가 있는 것처럼 보일지라도 실재(참나)의 희열 속에는 고통(병)과 생사가 없으며, 다만 환상幻想일 뿐이다(五蘊幻身).

'치료하라'는 것은 이 세상에 휘말리지 않는 '자신을 지켜보는 자'(참나)가 되라는 뜻이다. 우리의 마음과 우주의 생명은 본질상 하나(One)이므로 영원한 참나(靈)의 그림자인 '마음의 병'(分別智)이 치료되면 자유자재의 능력을 발휘하게 된다. 따라서 '미워하거나 사랑하는' 이원성(ego)이 소멸되면 모든 고통과 불행의 원인인 어두운 마음은 사라진다. 그러므로 일어나는 모든 일을 '밝은 마음'(無爲)으로 하나님(One)에게 맡길 때 원만구족圓滿具足과 더불어 참된 자유와 기쁨을 누리게 된다(마 6:33).

성공과 실패, 행복과 불행의 이원성(ego)을 소멸하기 위해서는 조각한 코끼리 조각상에서 나무만을 보거나 물들인 천에서 실만을 보는 허상을 버리고 실상을 볼 수 있어야 한다. 예수가 이 세상에 오신 것은 허상만을 보는 죄를 회개하고, 실상(One)의 천국을 바로 보도록 하기 위함이다(막 1:15; 요 9:39). 이러한 내면의 변화(회개)를 위하여 동양 종교의 여러 가지 수행 방법(참선, 염송, 주문 등)을 참고할 필요가 있다.

예수는 "너희의 입으로 들어가는 것은 너희를 더럽히지 않지만 너희의 입으로부터 나오는 것이 너희를 더럽히는 것이다"고 말씀하셨다.

우리를 더럽히는 건 밖이 아니라 안에 있으며, 안으로 무엇을 들이느냐보다는 안으로부터 무엇을 내어놓느냐에 달려 있다. 왜냐하면 내어놓는 것이야말로 우리의 '본질과 존재의 향기'를 나타내기 때문이다. 우리가 참나(靈) 안에 중심을 올곧이 내린다면 무엇이든 변화시키고, 영원한 구원(One)을 이룰 수 있다. 즉, 이 세상으로 향하는 이원적인 거짓 나(옛사람)를 죽일 때 비이원적인 참나(새사람)를 통하여 참된 자유와 평화를 누릴 수 있다(막 8:35).

우리는 금기하는 음식을 먹는다고 더럽혀지는 것이 아니라 '마음에서 나오는 것'(악한 생각, 살인, 음란)들이 우리를 더럽힌다. 외부의 것들은 전체성인 진리를 더럽힐 수 없다. 영적인 사람은 언제나 전체를 보고, 세속적인 사람은 언제나 부분을 본다. 초기 불교의 경전인 숫따니빠따에서도 "분노, 교만, 완고, 적대, 사기, 질투, 거짓말, 저열한 이와의 교제, 이것이 비린 것이지 육식이 비린 것이 아니다"라고 한다.

마음속에서 생기는 이원론적 에고ego의 집착과 탐욕의 허상을 제거하고, '마음이 무심無心으로 청결해진 사람'(true Self)만이 전체성(All)인 영원한 하나님(實相)을 본다(마 5:8). 마음(ego)의 작용은 우리를 더럽힐 뿐만 아니라 또한 깨끗하게 한다. 나그함마디의 문서 중 하나인

"구세주와의 대화"에서는 "몸의 등불은 마음이며, 너희 내면에 있는 것이 제대로 보존되는 한, 너희 몸은 밝게 빛이 난다"라고 기록하고 있다.

예수는 "자기(ego)를 부인하고 날마다 제 십자가(ego)를 지고 나(One)를 따르라"(눅 9:23)고 말씀하셨다. '자신의 십자가'(ego)를 스스로 짊어져야만 한다. 자신을 대신하여 십자가를 짊어질 타자는 필요하지 않다. 그러나 이원성인 에고^{ego}의 죄를 해소하기 위해서는 반드시 하나의 진리를 깨닫는 회개가 필요하다. 또한 '죄(ego)의 결과'(因果應報, 갈 6:7)인 윤회_{輪廻}*는 사랑 자체인 신과 대척점에 있는 '영원한 지옥'**의 근본주의 흑백논리 모순을 해소한다.

_____

* 윤회輪廻와 영혼선재설(욥 3:13)은 니케아 공의회(325년)까지 기독교의 핵심 교리였으며, 우리는 "주에게로 돌아갈 때"(롬 11:36)까지는 지상에서 윤회한다(말 4:5-6; 마 17:10-13; 계 13:10). 야고보는 "온몸을 더럽히고 삶의 수레바퀴를 불사르나니"(약 3:6)라고 하여 불(퓌르, ego)이 온몸(소마)을 더럽히고 윤회한다고 하였다. 예수는 나그함마디 문서에서 "윤회를 벗어나지 못하는 인간을 도우려 이 세상에 왔으며"(마리아복음), "스스로 구원하는 지식에 이를 때까지 윤회한다"(요한 비밀의 서)고, 은폐된 성서인 탈무드 임마누엘에서는 "윤회는 영원히 변화하는 연속적인 강江의 법칙이다"라고 말씀하셨다. 동양 종교와 플라톤, 오리게네스 등을 비롯한 철학자, 신학자들도 긍정하였다.

** 신비주의 신학자 오리게네스는 '영원한 지옥'의 교리를 부정하고, "하나님의 사랑에 의하여 어떤 인간이라도 환생還生을 되풀이함으로써 궁극에는 구원을 받을 수 있다"고 주장하였다. 요한의 비밀서에서도 환생은 차꼬(수갑)를 차는 것이라고 하였으며, 플라톤은 환생할 때 필요한 인간의 몸뚱이를 일종의 감옥으로 보았다. 예수의 "한 푼이라도 남김이 없이(마지막까지, 에스카토스) 갚지 아니하고서는 결코 거기서(감옥) 나오지 못하리라"(눅 12:59)는 말씀은 에고ego를 없애지 않으면 환생한다는 것을 의미한다. 그러나 영가 현각대사가 "깨달은 뒤에는 천지가 비어 있다"고 한 것 같이 깨닫게 되면 업신業身인 몸의 환생과 현상계는 소멸된다.

15장
여자에게서 태어나지 않은 자

예수는 말씀하셨다. "너희가 여자가 낳지 아니한 자를 보거든 엎드려 경배하라. 그가 바로 너희 아버지임이라."

'여자가 낳지 아니한 자'는 우주가 생기기도 전에 존재한 만물의 근원(One)인 참나(그리스도)이며(요 8:58), 불경(佛經)은 "부모의 몸을 빌려 태어나기 이전의 나"(父母未生前 本來面目)라고 한다. 이러한 신성(佛性)을 자각한 자, 즉 영적으로 거듭난 자를 보거든 경배하여야 한다. 그가 바로 우리의 아버지임과 동시에 하나이기 때문이다. 즉, 본질적으로 역사적 예수뿐만 아니라 나와 우리 주위의 모든 사람들도 여자의 몸을 통해 나지 않은 자들이다(一味平等, 요 15:27).

신에게 경배하는 것은 불완전한 인간이 완전한 '신과 하나(One)' 되는 깨달음이지만, "깨닫는 자도 없고 하나님을 찾는 자도 없다"(롬 3:11). 구원이란 구름(veil)에 가려진 '사망의 혼'(ego)을 제거하고, 하나(One)인 '생명의 근본'(神性)을 찾는 것이다(막 8:35). 예수는 아담 이후 타락한 인류를 위한 대속물代贖物*이 되기 위해서가 아니라 둘이 아닌 진리(One)를 증언(마르튀레오)하기 위해서, 즉 진리를 위하여 목숨을 바치기 위해서 이 세상에 오셨다(요 18:37). 불생불멸^{不生不滅}인 우리의 참모습(참나)이 하나님의 권속이라는 진리(One)를 가르치기 위해 오신 것이다.

바울은 그리스도가 그를 통해서 역사하기에(롬 15:18) '여자가 낳지 아니한 자'(참나), 즉 '불임^{不姙}인 여자의 아들'(그리스도)의 내재적 활동을 자각하고 있음을 고백하였다(골 1:29). 불교의 불성(참나)은 인생과 우주의 근본 도리로 상보^{相補}하는 유기적 관계를 가지며, 이러한 연기적 실재관은 양자역학^{量子力學}*의 주장과 동일하다. 이러한 불생불멸의 한 물건(참나)은 본래 밝고 신령한 것이기에 생겨난 적도 없으며, 죽을 수도 없다(禪家龜鑑). 또한 "그는 나지도 않고 죽지도 않으며 온 적이 없으니 사라지지도 않을 것이다"(바가바드 기따).

우리가 내면의 참나(그리스도)에 대한 망각 때문에 자신을 하나의

---

* 예수는 "인자가 온 것은… 대속물로 주려 함이다"(마 20:28, 막 10:45)라고 말씀하셨다. 대속물(뤼트론)은 이원성(죄)을 소멸하고 하나 되기 위하여 한 몸을 희생하는 것을 의미한다(上善若水). 예수의 십자가의 고난(피 흘림)은 만민의 원죄를 대신하여 속죄한 대속代贖이 아니라, 겉사람(ego)을 죽이고 속사람(참나)으로 태어나는 진리를 전하기 위함이다(요 18:37). 또한 화목제물(힐라스테리온, 롬 3:25)도 겉사람이 속사람에게 제물이 되는 것이다. 유목민들은 자신의 죄가 있으면 다른 동물의 생명을 신神에게 바침으로써 자신의 죄가 사해진다고 생각하였다. 유대교에는 속죄양이라는 잔인하고 미신적인 신에 대한 의식이 있다.

* 양자역학量子力學은 전자와 같은 소립자의 입자들이 파동처럼 움직이고, 상호 의존하는 연기적緣起的임을 증명하고 있으며, 관찰 결과는 관찰 행위에 따라 나타난다고 한다. 원인과 조건에 의한 연기緣起의 일시적인 현상을 법(法, dharma)이라고 하며, 우주는 서로 연관되어 있는 '하나(One)의 유기체'(空)로서 마음(energy)의 창조물이며 투사물(projection)이다(三界唯心, 화엄경). 즉, 현상계는 꿈속의 대상들처럼 실재하지 않으므로 창조되지 않았고, 상호의존성을 통해 그 존재와 속성을 얻으므로 진리(神)는 일원론적 하나(One)이다. 우리는 본체적으로 아무 차이가 없지만 현상적으로만 차이가 날 뿐이며, 무로부터의 창조가 아니라 '신(One)으로부터 나온 완전한 인간(神性)'(롬 11:36)이다.

유한한 개인적 영혼(ego)으로 생각함으로써 다른 두 허상인 세계와 대상의 신을 창조하는 자가 된다. 우리가 하나의 개인적 영혼(ego)이라고 여기게 될 때 이원성과 3요소(보는 자, 보는 행위, 보이는 대상)가 모두 외관상 생겨난다. 자기가 대상과 다르다고 하는 무지가 불태워져서 삶의 불순물(ego)들이 소멸될 때 자기가 진정 신성(참나)으로서 남게 되며, 영원한 구원(해탈)이 이루어진다.

16장
진리와 하나 되게 하리라

예수는 말씀하셨다. "아마도 사람들은 내가 세상에 평화(화평)를 주러 왔다고 생각하고 있을 것이다. 저들은 내가 이 땅에 불, 칼 그리고 투쟁을 주러 왔음을 모르고 있느니라. 다섯 식구가 집에 셋이 둘에게 맞서고, 둘이 셋에게 맞서고, 아버지가 아들에게 맞서고, 아들이 아버지에게 맞서니, 그런 후에 그들은 홀로된 자로써 담대하게 서리라."

예수가 세상(몸과 마음) 안에 온 것은 '불, 칼 그리고 투쟁'(진리의 靈)을 주어 이원성인 에고^{ego}의 집착에서 벗어나 진리와 하나 되도록 함이며, 에고^{ego}를 넘어선 '홀로된 자'(天上天下唯我獨尊, One)로서 외부의 환경에 영향을 받지 않는 평화를 누리는 것이다. 우리는 지금 여기서 내면의 성소(골방, 마 6:6)에 들어가 욕망이 사라진 침묵 속에서만 진리에 도달할 수 있다(無念). 이와 같이 무욕無慾으로 신에게 구걸하는 세속적 삶을 벗어난 자가 생명의 전체성을 성취한 '홀로된 자'(독생자)이다. 그에게는 어디에 있든 영원하고 순수한 평화로운 삶이 빛난다.
　참나(靈)인 자신의 정체를 깨달아 아무것도 의지하지 않고 홀로 일어서서 '하나(One)가 된 자'가 '홀로된 자'이다. 이러한 하나인 본래의 생명(神性)을 회복한 자는 신의 뜻에 모든 것을 맡기고, 공중의 새, 들의 백합화와 같이 모든 염려로부터 벗어난 평화로운 자이다(마 6:26, 28). 이 세상에서 평화라고 말하는 다툼과 갈등이 없는 '현상적인 상태'(ego)는 진정한 평화가 아니다. 다만 내면의 참나(神性)에서 비롯된 '본질적인 상태'(One)가 참된 평화이다.

'일체의 소리와 모양(名相)의 양변兩邊이 다 떨어진'(증도가) '고독한 홀로된 자'(참나)는 영원한 생명인 내면의 실상(One)을 깨닫고, 잠깐 있다가 없어지는 안개와 같은 대상(ego)에 사로잡히지 않는 '전체와 하나 된 자'(獨生子)이다. 다른 사람들과의 완전한 분리가 아니라 '개체적인 나'(ego)를 넘어 '두 번째가 없는 하나'(One without second, 참나)가 된 자이며, 어떠한 환경에서도 '무한한 사랑(빛)으로 세상 사람들과 함께하는 자'(和光同塵, 도덕경 4장)이다. 모두의 안에 있는 참나(진리)를 보면서 모든 존재를 평등하게 사랑하는 것이 참된 사랑이다(自他一如).

17장
비밀의 가르침을 주겠노라

예수는 말씀하셨다. "나는 너희에게 지금까지 눈으로 보지도 못했고, 어떤 귀로 들어보지도 못했고, 손으로 만져보지도 못했으며, 마음으로 생각하지도 못했던 것을 주겠노라."

'마음으로 생각하지도 못했던 것'은 오직 묵상 기도, 참선, 요가 등과 같은 직관의 체험으로 드러나는 '신(神性), 그리스도 그리고 참나(靈)'이다. 이러한 경지는 신비주의자인 엑카르트와 성聖 프란시스* 등 성자聖者들이 체험한 진리이며, 노자가 설명하는 하나(一)로서(混而爲一, 도덕경 14장) 모든 대상은 사라진다. "하나님이 우리와 변함없이 함께 하신다"(마 1:23)는 체험은 보이는 것, 듣는 것 등의 분별을 버리고

---

* 성聖 프란시스는 '모든 것이 한 근원에서 나오며, 신성(佛性)이 모든 만물에 임재함으로서로 화목하여야 하며(草木國土 悉皆成佛, 마 5:24), 태양과 달을 형제와 자매라고 불렀다. 양자역학도 보는 자와 보이는 대상, 즉 주객은 둘이 아닌 하나이며, '너'와 '나'의 구별된 공간이 없다는 것을 증명하고 있다. 이와 같이 '만물과 하나가 된 경지'를 이사야(11:6-8)는 "이리가 어린 양과 함께 살며…"라고 하였고, 노자는 "호랑이의 발톱이 해칠 곳이 없다"(도덕경 50장)고 하였다. 엑카르트는 "신을 깨달은 자에게는 만물에 신의 맛이 나고, 만물에서 신의 모습을 본다"고 하였으며, 아미타경에서는 "물줄기, 새들, 나무들이 모두 부처님(진리)을 노래하네"라고 한다.

영靈으로 하나 되는 자리이다. 그러나 오늘날 한국 기독교의 가장 큰 문제는 '보이는 것'에만 집착하는 것이다.

바울은 "보이는 것은 잠깐이요 보이지 않는 것은 영원함이라"(고후 4:18)고 하였다. 예수는 비실재(空)와 실재를 자각하지 못한 채 외적 현상만을 고집하는 제자들에게 "왜 너희가 눈이 있어도 보지 못하며 귀가 있어도 듣지 못하느냐"(막8:18)고 꾸중하셨다. 서구의 이분법적인 종교는 인간이 인식할 수 없는 신(One)을 독선적으로 개념화(상대화)하여 전쟁과 불행을 자초하고 있다. 따라서 모양이 없는 하나님의 존재에 대한 유무, 존재 증명 그리고 사랑의 신에 대한 고통과 부조리의 이유를 묻는 신정론神正論*은 진리(One)에서 벗어난 것이다.

'마음으로 생각하지도 못했던 것'인 신(道, 천국)에 대하여 노자老子는 "보려고 해도 보이지 않으니 이(夷, 평평함)라 하고, 들으려고 해도 들리지 않으니 희(希, 희미함)라 하고, 잡으려고 해도 잡히지 않으니 미(微, 미세함)"라고 하였다. 장자莊子는 "팔다리와 몸뚱이를 잊고, 총명함을 버리고, 형체를 떠나고, 앎을 떠나서 크게 통함에 하나가 되는 것, 이것이 좌망坐忘이다"고 하였다. 또한 공자孔子는 "하나님의 덕은 성대하구나. 보고자 하여도 보이지 않으며 들으려 하여도 들리지 않되, 사물의 본체가 되어 빠뜨릴 수 없다"고 하였다.

---

* 신정론神正論은 신이 전능하고 선하다면 왜 이 세상에 악이 존재하는가를 설명하는 것으로 '자유의지 신정론, 보상 신정론' 등이 있다. 이러한 이론은 신과 인간, 선과 악을 나누는 이원성을 전제함으로, 나누어질 수 없는, 즉 둘이 아닌 신(One, 막 12:32)과는 아무 관계가 없다. 사실 신에 대한 이론인 신학은 있을 수 없는 것은 신은 이론이 아니기 때문이다. 신을 알려면 예수와 부처의 경지와 같이 에고ego를 소멸하고 우주와 하나가 되는 무한한 참나(생명)의 깨달음(거듭남) 외의 학문적인 증명으로 가능하지 않는 것이다. 따라서 마하르쉬는 "외부의 신, 악, 고통은 진리의 깨달음으로 꿈과 같이 사라지며 행위의 열매는 신의 법칙에 따라 거두어진다"고 하였다.

18장

시작과 종말은 같나니

제자들이 예수께 묻기를 "저희에게 말씀해 주십시오. 우리의 종말이 어떻게 임할 것입니까?" 예수께서 이르되 "너희는 시초를 알고 종말을 찾느냐? 시초가 있는 곳에 종말이 있느니라. '시초에 담대하게 서는 자'는 행복하나니, 저는 종말을 알 것이요 죽음을 경험하지 않을 것임이라."

　　이 장과 관련된 공관복음서의 자료는 마가복음 13장 3-4절, 마태복음 24장 3절, 누가복음 21장 7절에 나온다. 마태는 "우리에게 이르소서 어느 때에 이런 일이 있겠사오며 또 주의 임하심과 세상 끝에는 무슨 징조가 있사오리이까"라고 기록하고 있다. 그는 재림뿐만 아니라 '공관복음서의 계시록'이라고 부르는 종말에 대한 경고를 "많은 사람이 내 이름으로 와서"라고 덧붙였다. 그러나 종말이란 시간의 끝이 아니라 시공간을 초월한 개인의 내면에서 일어나는 새것(참나)의 시작이요, 옛것(ego)의 끝인 성령의 거듭남이며, 진리의 깨달음(無我)이다.

　　시초는 만물의 근원이신 분에게서 비롯됨이요, 종말은 근원이신 분에게로 돌아감이다(萬法歸一). 또한 '둘이 아닌 한 분'(One, 마 23:9)인 영원한 하나님(진리)에게는 태초, 종말, 먼저, 나중 등 시간이란 의미가 없으며(無始無終), 시초가 곧 종말이요, 종말이 곧 시초이다. "시초가 있는 곳에 종말이 있다"는 건 시초(출생)와 종말(죽음)의 이원성이 하나(One)라는 '영원한 현재'*를 설명하며, 과거와 미래가 현재에 흡수되어 있다는 뜻이다(一切唯心造). '시초에 담대하게 서는 자'(empty)는 시작(창조)과 끝(종말), '먼저와 나중'(마 20:16)을 분별하는 이원성을 제거하고, 시공을 초월한 진리(참나)의 자각으로 깨어서 살아감으로 영원히 행복하며, 시공 안의 육체의 죽음은 의미가 없다(沒身不殆, 도덕경 16장). 따라서 예수의 말씀은 슬픔에 빠진 진리(One) 안에서 죽은 자의 가족들을 위로하게 된다.

예수가 "나는 처음과 마지막인 하나(One) 된 자"(계 22:13)라고 말씀하심은 "모든 것이 나에게서 나오고, 모든 것이 나에게로 돌아온다"는 의미이며, 노자는 이를 두고 "결국 도道로 돌아간다"(各復歸其根, 도덕경 16장)고 하였다. 직선이 아닌 원(圓, 진리)에서는 처음과 끝이 만나는 것이므로 이원론적인 사유(ego)를 마땅히 제거해야 한다. 하나(One)의 진리인 '어디로 가는지 알지 못하는 성령으로 난 자'(요 3:8)는 '모든 곳에 있으나 그 어디에도 구애받지 않는 자'(事事無碍)이다. 따라서 지금 여기에서의 그리스도의 현존이 곧 제자들이 문제를 삼는 종말의

---

* 영원한 현재(One)는 초시간적인 의식 경험이며, 하나의 진리인 '관조하는 자'(참나)는 이원성의 거짓 나(ego)를 떠나 현재의 의식 속에서 영원을 경험한다. 시간은 즐거움과 고통의 흐름이 결정함으로 물리적 현상이 아니라 항상 변화하는 심리적 현상으로서 실재하지 않는다. 현대 과학이 화석으로 8억 5,000만 년 전에는 1년이 435일이며, 하루가 20.3시간에 불과하다는 것을 발견한 것 같이 절대시간은 존재하지 않는다. 변하는 현상계(이원성)에는 과거와 미래가 분리되지만, 영원불변으로 하나인 하나님(참나)에게는 과거와 미래가 없으므로 '영원한 현재'만 있다(마 22:32). 따라서 '관조하는 자'(참나)는 이 세상의 일체 현상은 변하고 사라지며 또한 마음의 움직임이 곧 고통임을 꿰뚫어 알아보는 자이다(大乘起信論).

실현이다.

　요한이 기록한 "주 하나님이 이르시되 나는 알파와 오메가"(계 1:8)라는 뜻은 '나누어질 수 없는 진리'(不可分)로서 온 세상에 충만한 신성(참나)에 대한 설명이며, '모든 것 중의 모든 것'이신 하나님(엡 4:6)과 '만유시요 만유 안에 계신 예수 그리스도'(골 3:11)는 '궁극적 근원'인 신성으로, 즉 시작과 끝이 없는 진리(One)이다(一始無始一 一終無終一, 천부경). 태고보우太古普愚 스님은 궁극적 근원으로 영원한 나의 현존 인 불성(참나)을 "한 물건이 허공을 모두 삼키고, 하늘 땅 모두 덮었으 며, 소리-빛깔을 모두 덮었다"(太古集)고 설명하고 있다.

19장
존재하기 전에 존재했던 자

예수는 말씀하셨다. "자신이 존재하기 전에 존재했던 자는 행복하도다. 만약 그대들이 나의 제자들이 되고, 나의 말들에 주의를 기울인다면, 이 돌들도 그대들을 섬길 것이다. 그대들을 위해 준비된 낙원에는 다섯 그루의 나무가 있는데 그것들은 여름이나 겨울에 변하지 않으며, 그것들의 잎사귀들은 떨어지지 않는다. 그들을 아는 자는 누구든지 죽음을 맛보지 않을 것이다."

우리의 근원인 신성(참나)을 깨닫고 '하나 된 자'(One)는 시공을 초월하여 부모의 몸을 빌려 태어나기 전의 경지(本來面目)로서 돌들에게도 섬김을 받을 만큼 위대하며, 내면의 행복을 누린다. 존재의 바탕인 낙원에 있는 다섯 나무(시공을 초월한 에덴)를 얻은 자, 즉 '신성(靈)을 회복한 자'는 누구든지 '삶과 죽음이 하나(One)'*인 영원한 환희의

---

* 삶과 죽음이 하나(One)라는 것은 '내가 사는 것이 그리스도니 죽는 것도 유익함이라'(빌 1:21)로 설명된다. 바울은 진리(One) 안에서는 삶과 죽음이 하나(One)가 되므로 '살든지 죽든지'라고 하였고, 시공을 초월한 근원(One)에서는 삶과 죽음이 하나이므로 죽음의 두려움이 사라지지 않을 수가 없다. 죽음이란 불생불명의 실상인 '영적 차원'(참나)에서는 없으며, 다만 꿈과 같은 허상인 '육체의 차원'에만 있을 뿐이다(마 8:22). 즉, 보이는 것(허상)은 잠깐이요, 보이지 않는 것(실상)은 영원하다(고후 4:18). 따라서 혜능대사는 임종 때 "자성(自性, 靈)은 본래 남(生)도 없고 없어짐(滅)도 없으며, 감(去)도 없고 옴(來)도 없다"(육조단

삶으로 시공 안의 죽음은 아무런 의미가 없다(요 6:63).

시공간이 부인되는 진리(참나)를 예수는 "아브라함이 태어나기 전부터 내가 있다"(Before Abraham was bone, I AM, 요 8:58)고 하였고, 솔로몬은 "여호와께서 태초에 일하시기 전에 '나'를 가지셨다"(잠 8:22)고 하였으며, 부처는 "내가 성불成佛한 것은 백천만억아승기겁(무한의 시간) 전부터의 일이다"(법화경)고 하였다. 요한은 자신을 포함한 모든 자들에게 로고스(참나)가 있음을 선언하였고(1:1), 노자는 '도(道)가 나를 비롯한 만물을 낳았다'(道生萬物, 도덕경 42장)고 하였으며, 송나라 때 유학자인 소강절(邵康節)은 '천지가 나로 말미암아 생겨났다'(天地自我生)고 하였다(요 17:21).

예수는 "사람이 내 말을 지키면 영원히 죽음을 보지 아니하리라"(요 8:51)고 말씀하셨다. 육신의 죽음(幻)이란 실체가 있는 것이 아니라 무지無知로 인해서 생겨난 인식의 전도몽상顚倒夢想이며, 이러한 무지無知를 깨뜨릴 때 죽음이란 본래 없음을 알게 된다. 그러므로 당나라 때의 영가현각永嘉玄覺 스님은 "깨달아 알고 보니 한 물건도 없구나"(本來無一物)라고 노래하였다.

인간의 본성은 타락의 죄책과 병이 없는 무량무변한 신성(참나)이므로 예수는 "네 자리를 들고 걸어가라"(요 5:8)고 하여 '잘못된 생각의 파동'(죄)을 제거함으로 병(ego)을 치유하셨다. 불경佛經에서는 본래면목本來面目인 불성(참나, One)을 중요시하여 "스스로에게 어떤 것이 부모가 낳기 전의 본래 모습인가?"(太古集)라고 물어보아야 한다고 했다.

___

경)고 하였다.

20장
천국은 겨자씨와 같도다

제자들이 예수께 이르기를, "하나님 나라는 어떠할지 저희에게 말씀해주소서" 하니 예수께서 이르시되, "그것은 겨자씨와 같으니 모든 씨들 중 지극히 작은 것이다. 그러나 살아 움직이는 땅에 떨어질 때, 그것은 큰 나무를 만들며 하늘의 새들을 위한 보금자리가 된다."

'가장 작은 겨자씨가 큰 나무로 자라는 것'(一卽一切)같이 겨자씨와 같은 내면의 신성(참나)으로 거듭난 자(One)는 많은 사람들에게 안식을 제공하는 천국의 삶을 누리게 된다. 천국이 겨자씨처럼 작다는 것은 겉사람에 의해 가려져 있으면서 미묘하게 존재하는 불가사의한 신성(생명)의 존재를 말하며, 이것을 깨닫게 되면 무한한 능력과 지혜 그리고 천국이 드러나게 된다. 우리가 '내면의 겨자씨'(One)를 자각함으로 '장자의 붕새'*처럼 자유와 천국을 이루는 것은 고苦와 락樂, 정신

---

* 붕새(鵬)는 장자莊子의 소요유 편에 나오는 상상 속의 새이다. 북쪽 깊은 바다에 작은 물고기 알 하나가 있었는데, 그것이 물고기(곤)가 되고 크기가 몇천 리인지 알 수 없는 큰 물고기로 변하고 또 그것이 다시 등 길이가 몇천 리인지 알 수 없을 정도로 큰 붕새로 바뀌어 하늘로 힘차게 날아올라 남쪽 하늘 못으로 가는 이야기이다. 우리 속에 있는 조그마한 가능성의 씨알이 엄청난 현실로 바뀔 수 있다는 것이다. 또한 세속의 삶(곤)에서 벗어나 영적인

20장 _ 천국은 겨자씨와 같도다 | 77

과 육체, 신과 자연 등을 분별하는 이원성(ego)이 소멸됐기 때문이다. 서로 다르게 보이지만 근본은 둘이 아닌 것을 자각한 것이다(異而不二).

본래 상태인 천국의 회복은 너와 나의 이원적 분별심(ego)을 초월한 사랑이 넘치는 새로운 생명(참나), 즉 다시 태어남인 부활(One)을 가리킨다. 이렇게 하나(One)인 '새로운 생명'으로 부활한 예수는 "내가 온 것은 물질을 위해서가 아니라, 생명을 얻게 하고 더 풍성히 얻게 하려는 것이라"(요 10:10)고 말씀하셨다. 부처는 "온갖 나쁜 일을 하지 말고 모든 착한 일을 두루하며, 스스로 자기의 마음(참나)을 깨끗이 닦아야 한다"(圓覺經)고 하셨고, 맹자는 "마음은 사람의 신명(神明, 참나)이니 모든 원리를 갖추고 온갖 일에 대응한다"(孟子集註)고 하였다.

힌두교의 경전인 우파니샤드에서는 "내 속에 있는 영魂인 아트만은 쌀알보다도, 보리알보다도… 작으며 또한 땅보다, 대공大空보다, 천상보다 혹은 이 모든 것을 합한 것보다 더 크다"고 하였다. 하나(One)인 아트만(참나)이 아닌 것, 즉 이원성은 실재하지 않는다. 노자老子는 "세상 사람들은 방이 쓸모있는 줄은 알지만, 문과 창의 가운데가 비어 있어서 방이 유용하게 된 줄 모른다"(도덕경 11장)고 하였다. 천지가 형태를 가지고 있어 사람들은 천지의 유용함을 알지만, 모양이 없는 도道로 말미암아 천지의 쓰임새가 있게 된 줄은 모른다(有無相生). 이와 같이 도(道, One)는 영욕榮辱, 미추美醜 등의 분별없이 모든 것을 수용하는 진리이며, 중생이 현상을 나누어 보는 까닭에 분별 망상(ego)이 생긴다(대승기신론).

깨달음을 얻은 상태(붕)로 거듭나서 하늘나라(남쪽 바다)로 가려고 하는 인간을 비유한다. 붕새는 어디에도 얽매이지 않고 자유로운 정신세계를 마음껏 누리는 위대한 존재의 비유이다.

21장
깨어 있으라

마리아가 예수께 이르되, "당신의 제자들은 무엇과 같습니까?" 하니 예수께서 이르시되, "저들은 자기 땅이 아닌 땅에서 노는 어린아이들과 같도다." 땅 주인들이 와서 이르되, "우리 땅을 되돌려 달라" 하니, 그 어린아이들은 땅 주인 있는 데서 자기 옷을 벗고 땅을 주인에게 되돌려 주느니라.

예수의 제자들은 땅 주인(神性, 道)이 와서 자신에게 속한 것들을 달라고 하면 기꺼이 내어준다(해탈). 물과 성령으로 거듭남(깨어남)으로 '아무것에도 집착하지 않는 자'(無我)만이 참나(One)를 회복한다. 따라서 구원은 개인적인 구제가 아니라 자아 초월, 즉 어린아이들이 '자기 옷'(ego)을 벗어 던지고, 땅 주인에게 땅을 되돌려 주듯이 '몸과 마음'(거짓나)의 소멸로 내면의 빛(참나)이 드러나는 현재적 사건이다. 누구나 삶과 죽음, 선과 악의 이원성으로 상징되는 겉사람의 옷(ego)을 벗어던지는 순간 천국(One)의 환희를 체험한다.

마태(24:5-8), 마가(13:30), 누가(21:8)는 문자적으로 세상의 종말을 묘사하고 있지만, 도마는 이러한 종말에 관한 구절이 일체 없다. 무한한 하나님과 초시간적 '하나(One)인 진리'의 관점에서 시간의 종말은 존재하지 않는다. 새 생명을 얻게 되는 구원(One)은 지금 여기에서 이루어지며(고후 6:2), 하나님과 자기가 본래 하나임을 깨닫고(요 17:21) 일체의 고통을 일으키는 거짓 나(겉사람)에서 벗어나 하나인 참나(속사람)를 찾는 경지이다(마 16:25). 중생이 열반(천국, 해탈)에 드는 것은 하나님과 하나 되는 것이며, 해탈의 경지인 열반에는 미래의 끝이 없다(대승기신론).

엑카르트는 내면의 신적인 불꽃의 체험을 '돌파'라 하며, "내 자신 속에 번뜩이는 무언가 하나 있는 것 같은데 그것이 무엇일까? '바로 이것'(神性)이라고 꼬집어 말할 수가 없다"고 하였다. 마음의 본체인 신성(참나)의 깨달음은 '나는 누구인가'에서 시작되며, '나'는 몸과 마음이 아니라 신(靈)과 하나(One)라는 것이다(요 10:30). 내면의 '참나'가 신(One)이라는 자각은 고통을 사라지게 하며, 이러한 고통을 일으키는 이원성(ego)은 가상(假象)일 뿐이다. 따라서 영원한 행복을 위하여 '둘로 보는 견해'에 머물지 말고, 삼가 좇아가 찾지 말아야 한다(二見不住 愼莫追尋, 신심명).

예수는 말씀하셨다. "내가 이르노니, 만약 집 주인이 도둑이 올 것을 알면 그 주인은 도둑이 오기 전에 경계하여 그 도둑이 집에 들어와 소유물을 훔쳐가지 못하게 하리라. 그러므로 너희는 세상에 대해 깨어 있어라! 강도들이 너희에게 오는 길을 찾지 못하도록 강한 힘으로 무장하라. 이는 너희가 예상하는 재난이 올 것이기 때문이다. 너희 중에 깨닫는 자가 되도록 하라. 곡식이 익었을 때 추수할 자가 손에 낫을 가지고 속히 와서 그것을 추수하였다. 들을 귀 있는 자는 들어라."

재림(종말)과 관련하여 해석되고 있는 구절이다(마 24:43-44, 눅 12:39-40). 그러나 재림(파루시아)의 의미는 시간 개념이 사라진 지금 여기서 일어나는 '속사람과 하나 됨'이며, '시공을 초월한 한 분이신 그리스도'(마 23:9; 골 3:11)는 둘이 아닌 진리이다. 즉, 모양이 없는 그리스도는 '가고 오고가 없으며'(不去不來, 요 8:58) 각자 안에서 이미 참나(속사람)로 임하여 계시므로 발견만 하면 된다(갈 2:20).

참나(One) 수행을 하는 사람(집주인)이 도적인 이원성(ego)의 욕망이 생기려 하면 깨어 일어나서 도둑이 오기 전에 방비를 시작하여야 한다. 이러한 번뇌(ego)의 소멸을 통하여 소유물(神性)을 훔치지 못하게 하면, 하나인 천국에 대한 올바른 믿음의 힘이 강하게 된다. 강한 힘으로 무장된 신성(집주인)은 '끊임없이 변화하는 이 세계'(ego)가 실재하는 것으로 믿는 허상(그림자)을 사라지게 한다. 진리와 하나(One) 되면 자신 안의 신성(천국)을 자각하고, '자신이 본래 신(참나)이라는 것'(本來是佛, 요 10:34)을 체험하게 된다. 그러므로 주자(朱子)는 "깨어 있으면 진리가 항상 밝아서 인욕(人慾, 비양심)이 억제되어 사라질 것이다"(朱子語類)라고 하였다. 곡식이 익었을 때 추수를 한다는 것은 멈추지 않는 수행으로 참나(One)의 깨달음을 성취하여 천국의 환희를 체험하는 경지이다(頓悟漸修). 중보자나 종교(교회)의 도움이 아닌 스스로의 추구만이 깨달음을 가능케 하며, 이러한 하나의 경지에 올라보면 자연스럽게 알게 된다고 한다.

22장
있는 그대로 보라

예수께서 젖을 먹고 있는 아이들을 보시고 그의 제자들에게 이르시되, "이 젖 먹는 어린아이들이 하나님 나라에 들어가는 이들과 같도다." 제자들이 그에게 말하기를, "그러면 우리가 어린아이들처럼 왕국에 들어가겠습니까?" 예수가 그들에게 이르시되, "너희가 둘을 하나로 만들고, 안을 바깥처럼 만들고, 바깥을 안처럼 만들고, 위를 아래처럼 만들고, 그리고 남자와 여자를 하나로 만들어 남자는 더 이상 남자가 아니고 여자는 더 이상 여자가 아니게 만들 때, 그리고 눈이 있는 자리에 눈을, 손이 있는 자리에 손을, 발이 있는 자리에 발을, 모습이 있는 자리에 모습을 만들 때, 그때 그대들은 천국에 들어가리라."

기독교의 교리는 '모든 인간은 아담의 원죄를 지닌 채 태어난다. 인간 스스로의 힘으로서는 구원을 이루지 못하며, 오직 하나님의 은혜 곧 예수의 대속적 죽음으로서만 그 원죄를 해결할 수 있다'고 한다. 그러나 예수는 젖을 먹는 아이와 어린아이를 비유하여 원죄를 부정하고 있다(막 10:14). 우리는 젖을 먹는 아이와 같이 '안과 바깥,

위와 아래, 남성과 여성'의 이원성(ego)을 하나(One)로 합일하며(창 6:19), 허상인 눈, 손, 발 그리고 모습이 영적인 실상으로 될 때 영원한 구원(천국)을 체험한다(요 14:20). 이러한 천국은 거룩과 세속, 영원과 시간, 삶과 죽음 등 모든 대립을 초월하는 이원성 너머에 있으므로 분별을 극복한 참나(神性)가 드러나는 원融의 경지이다(事事無碍). 음과 양은 도의 경지에서 끊임없이 분화와 융합의 과정을 거치며, 이러한 양극의 조화는 태극, 유대교의 다윗 별, 불교의 만卍 등과 같이 종교의 가장 중요한 개념이다.

빌립은 "세상 만물에 주어진 이름은 참으로 기만적이다"(빌립복음 10)고 하여 개념에 매이지 말고, 넘어서라고 기록하고 있다. 따라서 순진한 어린아이와 같이 모든 것을 영적(One)으로 보는 순간에 마음(ego)에 의한 신과 인간(세상), 천국과 지옥, 남자와 여자 등의 이원적 구별은 사라진다(一眞法界, 갈 3:28). 물리학자 슈뢰딩거가 "주체와 객체는 하나(One)일 뿐이며, 그 장벽은 애초에 존재하지 않았다"고 증명하듯이 시공간을 초월한 신은 주主와 객客으로 나누어지는 타자他者인 창조주가 아니라 '과정過程 속의 창조성, 즉 하나(One)의 신'(과정신학)이다. 현대 과학자들은 모든 것이 빛과 소리에서 나왔다는 데 동의하고 있다(요 1:1).

천국은 해탈이 현실 생활 중에 있듯이 미래에 도래하지 않으며, 파도를 일으키는 바람(ego)을 죽이고, 본래 상태인 바다(참나)를 회복하는 조화로운 '하나의 경지'이다. 기독교는 "목숨(거짓 나)을 잃으면 하나(One)인 구원(참나)을 얻게 된다"(막 8:35)고 말하고, 불교는 "크게 죽어야 다시 새롭게 태어난다"(大死一番 絶後蘇生)고 한다.

또한 장자莊子는 "삶을 죽이는 자는 죽지 않고, 삶을 살려는 자는 살지 못한다"고 말한다. 가장 오래된 중국의 의학서인『황제내경』에서도 "수명이 하늘·땅과 같아서 결코 죽는 법이 없는 것은 진리(道)와 하나 되어 살기 때문이다"(上古天眞論篇)라고 영원한 참나(靈)를 설명하고 있다. 도(道)와 하나 되는 삶을 노자는 "암컷(雌)와 수컷(雄), 흑(黑)과 백(白), 영(榮)과 욕(辱) 등을 나누지 않고 하나(不二)로 보는 안목이다"(도덕경 28장)고, 공자는 "군자는 형태가 고정된 그릇과 같지 않다"(君子不器)고 하였다.

23장

'하나 된 자'(독생자)가 되어라

예수는 "나는 너희를 1천 명 가운데 하나, 2천 명 가운데 둘을 선택할 것이다. 그리고 그들은 모두 하나 된 자로서 서 있게 되리라"고 말씀하셨다.

예정론을 설명하는 본문이 아니라, 신의 은총으로 하나(One) 되는 것은 많은 사람들 가운데서 나온 소수라는 뜻이다. 바가바드 기따에서는 "수천 명의 사람들 가운데 한 명 정도만이 완전함에 이르기 위해 노력할 것이다"고 한다. 비록 이렇게 어려운 일이지만 하나인 진리의 말씀을 듣고 찾으려고 노력한 자는 거짓 나(ego)를 벗어나 모든 대립을 초월하고, 고독한 실존으로 '하나(One) 된 자, 홀로 된 자, 거듭난 자'로서 참나(천국)의 환희를 누린다.

신성(참나)을 회복한 '하나 된 자'(獨生子)는 진리를 깨달은 신비한 하나님의 자녀로 노자는 '크게 비웃음을 당할 수밖에 없는 도道'(不笑不足以爲道, 도덕경 41장)라고 하였다. 이원성인 비춤(ego)을 버리고 나눌 수 없는 근본(참나)을 획득한 소수의 그들에게는 모든 것이 하나(One)이며, 유기적有機的 통일체(One)이다. 하나(One) 되는 영원한 절대 경지

(見成悟道)는 지극히 커도 작은 것과 동일하며, 그 가장자리를 볼 수 없는 '둘이면서 둘이 아닌 세계'(二而不二)이다.

예수가 "담대하라 내가 세상을 이기었노라"(요 16:33)고 말씀하신 것은 영원한 진리와 하나가 되어 주객을 나누는 모든 이원적 분별이 사라져 자유롭게 되었음을 나타낸다. 이러한 '은혜와 진리가 충만한'(요 1:14) 자유는 부처가 진리를 깨달아 해탈(Liberation)하여 이룬 열반(Nirvana)과 자이나교의 창시자인 마하비라가 내면의 성령인 참나(One)를 깨닫고 성취한 해방된 상태와 같으며, 평화와 행복으로 나아가는 진리(神)의 체험이다(見性悟道).

힌두교에서는 구원에 이르는 길을 '깨달음의 길, 신애(信愛)의 길 그리고 행함의 길'의 세 가지로 나눈다. '깨달음의 길'이란 우주의 신비로운 실재를 꿰뚫어 보는 통찰과 직관을 통해 해방과 자유에 이른다는 뜻이다. 신학자 칼 라너는 "21세기 그리스도교는 신비주의적으로 변하지 않으면 아무것도 아닌 것이 될 것이다"라고 주장하였다. 여기서 신비주의적이라는 말은 깨달음을 의미한다. 따라서 기독교도 이제 믿음을 넘어 하나(One)가 되는 신비적 깨달음에 목표를 두어야 한다(요 17:21). 무지한 사람들은 모든 종교의 저변에 있는 공통의 진리(참나)를 이해하지 못하기 때문에 자기 종교에 대한 집착으로 인해 종교적 광신주의에 사로잡혀 있다. 또한 타 종교인들을 비난하면서 그들을 자신의 종교로 개종시키려 한다.

24 장
그대는 빛이노라

제자들이 예수께 이르되, "당신이 어느 곳에 계신지 그곳을 저희에게 보여주소서. 이는 저희가 그곳을 찾아야 하기 때문입니다." 그가 이르되, "두 귀가 있는 자는 들어라. 빛은 빛의 사람 속에 존재하고 그 빛이 온 세상을 비추노라. 그 빛이 비추지 않으면 어둠이 있으리라."

예수(One)의 거처는 밖이 아니라, 온 세상을 밝히는 '충만한 빛'(無量光佛, 마 6:22)이다. 일체를 하나(One)로 보는 진리(無爲)를 스스로 깨닫지 못하면 취하고 버리는 분별의 마음(거짓 나, ego)을 벗어나지 못하기에 '죽은 자'(마 8:22)이다. '예수가 계신 곳'(참나)을 덮고 있는 이원성의 거짓 나(어둠)를 소멸하고, 참나(One)인 빛(천국)을 회복하는 것이 구원이다(막 8:35).

우리는 예수(빛)를 밖에서 구하는 것을 중지하여야 한다. 왜냐하면 예수는 우리의 내면에 있으므로 영※인 진리(One)를 깨닫게 될 때 계신 곳을 알 수가 있기 때문이다. 따라서 우리는 내면으로 주의를 돌려서 진리(참나)를 체험해야 한다. 수행 방법으로는 번뇌와 망상을 일으키는 이원성의 거짓 나(ego)를 소멸하고, 내면(진리)을 자각하기 위한 고요함이 요구된다(시 46:10).

'빛의 사람'(요 1:9)은 인간 그 자체를 생명의 빛으로 규정하는 표현이다. 맹자가 인간의 본래적 성품이 선善하다는 것을 입증하려고 노력하였다면, 예수 또한 인간의 본래 성품이 빛이라는 것을 말하고 있으므로 원죄의 교리는 성립되지 않는다. 따라서 예수의 말씀에는 하나님, 예수, 인간의 동일성이 자리 잡고 있다(心佛及衆生 是三無差別, 요 14:20).

우리는 죄인이 아니라 예수처럼 영원한 '빛의 사람'(참나)이다(요 15:27). 따라서 무지의 굴레인 어둠을 벗어나 내면의 변화인 회개, 즉 '번개가 치듯 깨달음을 체험함으로'(눅 17:24) 지금 여기에 편재하는 천국(빛)을 볼 수 있다. 그러므로 예수는 "하나님 나라가 권능으로 임하는 것을 볼 자들도 있다"(막 9:1)고 하셨다. 즉, 이미 내면에 천국이 임한 것을 자각한 자들이 있다는 것이다.

'하나님 나라를 볼 수 있다'는 것은 회개를 통하여 사물을 보는 시각을 만물의 근원인 '하나님의 시각'(無爲)으로 보는 것이며, 이러한 전체로서 하나(道, One)로 보는 관점(靈眼)은 취하고 버리며, 나와 너의 분별심(ego)을 사라지게 한다(至道無難 唯嫌揀擇, 신심명). 그러므로 예수는 십자가에 못 박히실 때 '자기들이 하는 것을 알지 못하고 분별 시비하는 자'(ego)를 용서해 달라고 기도하셨다(눅 23:34).

25장
네 형제들을 네 영혼처럼 사랑하라

예수는 "네 형제들을 네 영혼처럼 사랑하고 네 눈동자처럼 보호하라"고 말씀하셨다.

우리는 삶의 본성(참나)이 보편적 사랑(自他不二)이므로 다른 사람을 자신의 영혼처럼 사랑하여야 한다(同體大慈悲, 마 12:50). 모든 사물의 입자들은 상호 간에 그물망처럼 얽혀져 있는 하나(One)이며(양자물리학), 일체의 생명은 동일률(同一律)이다. 따라서 이 세상을 버리거나 미워하지 않고, 형제를 자기 자신과 같이 사랑하여야 한다(惻隱之心, 맹자).

엑카르트는 "하나님의 근거와 인간 영혼의 근거는 같다"고 하였다. 우리는 '개체적 영靈(허상)'에서 벗어나 하나님의 영靈인 참나(神性)를 회복하도록 하여야 한다. 왜냐하면 모든 사람이 가지고 있는 영靈의 본래적인 성품은 '전체이며 사랑'(요일 4:8)이기 때문이다. 가장 위대한 사랑의 행위는 '나와 너'의 구별(ego)을 멈추게 하며, 하나(One)로서 절대 자유와 기쁨을 누리게 한다.

종교는 분리가 아닌 합일로 사랑 자체인 신에 도달하게 한다. 이때 신(One)은 다른 곳에 존재하지 않으며, 전체로서 하나인 진리이다. 또한 '있는 그대로의 모든 것'이 거룩하며, 좋은 것이다(롬 1:20). 따라서 자신이 본래 신™임을 자각하게 되면(요 10:34) 탄생과 죽음의 분별(거짓 나)을 넘어서며, 모든 사람도 본래 불생불멸하는 신(참나)으로서 구원 받고 있음을 알게 된다.

예수는 "만일 네 오른 눈이 너로 실족케 하거든 빼어… 온몸이 지옥에 던져지지 않는 것이 유익하며, 만일 네 오른손이 너로 실족 케… 하나가 없어지고 온몸이 지옥에 던져지지 않는 것이 유익하니 라"(마 5:29-30)고 말씀하셨다. '거짓 나'(ego)의 눈을 빼어버리면 참나 (One)의 눈이 나타나며, 거짓 나(ego)의 손을 찍어 버리면 참나(One)의 손이 나타난다.

26장
네 눈의 들보부터 빼내어라

예수는 말씀하셨다. "형제의 눈 속에 있는 티끌을 보고 네 눈 속에 있는 들보는 보지 못하는도다. 먼저 네 눈 속에서 들보를 빼낼 때 그 후에야 밝히 보고 네 형제의 눈 속의 티끌을 제거해 줄 수 있을 만큼 잘 볼 수 있게 될 것이다."

세상을 변화시키기 원한다면 먼저 자신을 변화시키지 않고서는 불가능하다. 또한 '자신의 허구'(들보, ego)를 깨닫게 될 때만 상대를 진실하게 볼 수 있다(正見). 분별을 일으키는 '율법적인 나'(ego)를 제거하고, '사물을 평등하게 보는 빛'(神性)인 하나(One)의 참나(靈)를 깨달을 때 "자신을 용서하는 마음으로 남을 용서하게 된다"(명심보감).

우리가 이 세상을 변화시키기 위해서는 우리 자신이 먼저 '어린아이와 같은 밝은 눈'(진리의 눈)으로 변화되어야 한다. 이러한 순수함, 용서, 사랑은 불이(不二)의 진리를 깨닫기 위한 본질적 요소이다. 일반적으로 이해할 수 없는 세상의 부조리한 일도 '큰 지혜'(One)로 보면 '신의 오묘한 뜻'인 우주 법칙(成住壞空)*이 작동하기에 "비판하지 말아야 한다"(마 7:1).

예수는 "내가 곧 길이요 진리요 생명이다"(요 14:6)라고 말씀하셨다. 여기서 '나'는 상대적인 나(거짓 나)가 아니라 절대적인 나(참나)이다. 이러한 나뉠 수 없는 진리(One)인 우주적 예수를 알지 못할 때 예수에 관한 헛된 이론으로 독선과 배타성*을 만들어낸다. 따라서 역사적인 육신의 그리스도를 통해서만 구원받을 수 있다는 것은 보편적 진리를 벗어난 것이다(고후 5:16). 특히 베드로가 "구원(영생)을 받으라"(행 2:40)고 한 의미는 진리를 자각하라는 것이다.

타인에게 구원의 관심을 보이는 것은 정당하지만, 그 대전제는 '자기 눈의 들보'를 볼 줄 아는 자각이다. 이것을 공자孔子는 '신독愼獨'이라 표현하였다. 중용中庸은 "활쏘기는 군자의 덕성에 비유될 만하며, 활을 쏘아 정곡에서 빗나갔으면, 항상 그 오류를 되돌이켜 자기 몸에서 찾는다"고 하였다. 이와 같이 동서고금의 사상은 하나로 통한다.

---

* 우주 법칙(成住壞空)은 영원히 되풀이되는 영겁회귀(永劫廻歸, 니체)로 세계가 성립되는 긴 기간인 성겁成劫, 존속하는 주겁住劫, 파괴되어 가는 괴겁壞劫, 아무것도 없는 공의 상태로 지속되는 공겁空劫을 말하며, 공은 에너지의 장場이라 할 수 있다. 진리 차원에서 공(One)이라는 의미는 텅 빈 것이 아니라, 생명(神性)으로 가득 차 있는 것이므로 '텅 빈 충만'이라는 표현을 사용하기도 한다(眞空妙有). 따라서 '영혼의 잠을 깬 자'는 모든 현상은 '순수 생명 에너지'(神性, 佛性)의 '다양한 표현'(神의 나타남)임을 자각하며(롬 1:20), 우리가 하나(One)의 진리인 하나님(부처님)을 항상 생각하면, 모든 곳이 극락세계이다(念念菩提心 處處安樂國).

* 자기 종교만 진리라고 주장하는 배타성은 진리에 대한 무지에서 나온 것이다. 진리(예수)는 시공간을 초월하며 보편적(전체적)이기 때문에 둘이나 셋으로 나누어질 수 없는 하나이다(요 8:58). 온 우주에는 진리인 하나님(부처)뿐이며, 예수뿐이며, 참나(靈)뿐이다(막 12:32). 현대 물리학은 하나의 진리, 하나의 생명을 "물질은 에너지 파동으로 텅 빈 공(空)이며, 온 우주에는 에너지뿐이다"(에너지 일원론)로서 증명한다. 동양의 성현들은 그들이 진리(道, 空, 無, 虛)를 언급할 때 무한히 창조적인 가능성을 지닌 하나(One)를 뜻한다. 중국의 장재張載는 '태허가 기氣로 가득 차 있다는 것을 알 때 물질은 존재하지 않는다는 것을 깨닫게 된다'(氣一元論)고 하였다

27장
참된 안식일

예수는 말씀하셨다. "너희가 이 세상적인 것에 대하여 금식하지 않으면 하나님 나라를 찾을 수 없으리라. 너희가 참된 안식으로 안식일을 지키지 않으면 너희는 아버지를 볼 수 없으리라."

안식일(샵바트)은 종교 행위를 위하여 교회에 모이는 것이 아니다. 세상적인 집착(ego)을 멈추고 양식(진리, One)을 먹으며, 내면의 아버지(천국)를 경배하는 영적인 날이다. 즉, 하나인 신성(참나)을 깨닫기 위하여 이원성(ego)을 끊어야 한다는 것이다(心齋, 장자). 분별 시비로 가득 찬 '세속적인 나'(妄我)를 제거하고, '나는 누구인가?'를 자각하여 '신과 하나(One)인 우주적 존재가 되는 것'(眞我)이다. 클레멘트는 "모든 가르침 중에 가장 위대한 것은 너 자신을 알라는 것이며, 자신(神性)을 알 때, 당신은 신을 알게 되기 때문이다"라고 하였다.

자기의 신성(천국)을 자각한 자는 우주와 하나(One)가 되어 "아무것도 없는 자 같으나 모든 것을 가진 자이다"(고후 6:10). 유위적 행위(ego)가 완전히 씻겨나가면, 즉 무위적 행위(자연의 도리)를 한다면 그의 비어있음을 통해 신의 순수에너지가 회복되어 전체로서 하나(One)인 신적 존재(속사람)가 된다. 과학은 '하나가 곧 모두'(一卽多, One)임을 나비효과(butterfly effect)*로 설명한다. 바울은 하나의 진리를 "한 사람(겉사람)이 순종하지 아니함으로 많은… 한 사람(속사람)이 순종하심으로 많은 사람이 의인이 되리라"(롬 5:19)고 하였다.

모든 종교의 목표인 "나는 신과 하나(One)이다"(요 17:21)는 진리의 체험은 지금 여기서 하나(One)인 생명이 되어 내면에서 샘물처럼 솟아오르는 기쁨과 즐거움을 맛볼 수 있다. 현대 물리학은 전체와 부분, 영靈과 육체가 관계 속에서 상호 의존한다는 연기(緣起, 空), 즉 하나(One)의 진리를 증명하고 있다. 동학의 사상인 '사람이 곧 하늘'(人乃天)과 신인일체神人一切인 만물일체의 원리는 통전적統全的 세계관인 '이것도 저것도'(both-and)이다. 이는 서구의 양자택일적兩者擇一的 세계관인 '이것이냐 저것이냐'(either-or)와는 상반된다.

---

* 나비효과(butterfly effect)는 남미 브라질에서 한 나비의 날갯짓이 미국 텍사스에서는 돌풍을 일으킬 수 있다는 이론으로 인과因果 관계를 합리적으로 설명하는 혼돈이론(chaos theory)이다. 즉, "일월성신日月星辰과 풍운우로상설風雲雨露霜雪이 모두 한 기운, 한 이치이므로 하나도 영험하지 않는 바가 없는 것이다"(원불교 교전). '하나가 곧 모두'(고전 12:12, 一卽多)인 '일미평등一味平等한 불성神性의 생명'(One)을 깨닫게 되면 감각과 생각을 다스리게 되며 또한 말하는 언어나 행동하는 몸짓이나 윤리 도덕에 조금도 어긋날 수가 없다. 왜냐하면 도덕률의 본체가 바로 '우주의 도리(법칙)'인 불성神性이기 때문이다.

28장

목말라 하지 않는 사람들

예수는 말씀하셨다. "나는 이 세상 한가운데 서 있었고 그들에게 육신으로 나 자신을 나타내었다. 나는 그들이 모두 취해 있음을 보았고 그들 가운데 누구 하나 목말라 하는 자가 없음을 보았다. 나의 영혼(true Self)이 인자(사람의 자녀)들로 마음 아파하는 것은 그들은 마음의 눈이 멀어 자신들이 이 세상에 빈손(無我, empty)으로 왔다가 다시 빈손으로 세상을 떠남을 알지 못하기 때문이다. 지금은 취해 있지만 저들이 술에서 깨어나면 의식이 돌아올 것이다."

예수가 이 세상에 육신(참나, 사르크스)의 몸을 입고 온 것은 세상(몸과 마음, 코스모스) 죄(하마르티아)를 지고 가기 위함이다. 또한 사람들이 꿈같은 현상 세계의 허상(거짓 나)에 취하여 실상(참나)에 목말라 하지 않기 때문이다. 그들은 마음 아파하는 예수를 알아보지 못하고 이원성에 취해 있다. '마음의 눈'(마 6:22)이 멀어 자신들이 이 세상에 빈손(無我, empty)으로 왔다가 다시 빈손으로 세상을 떠나야 한다는 것을 알지 못하고 있다. 스스로 이원성의 취함(죄, maya)에서 깨어나면 편재하고 있는 광명의 세계를 자각하는 의식의 변화(회개)가 일어난다.

'이원성의 술 취함'(죄, ego)에서 깨어나 마음을 텅 비우는 회개는 여러 가지의 고통을 치유하게 한다. 깨달음으로 고통의 창조물인 마음(거짓 나, ego)이 사라질 때 "나는 스스로 있는 자이다"(I AM THAT I AM, 출 3:14)와 "나는 브라흐만이다"(Aham Brahmasmi)로서 비이원성 (無心)인 참나(진리)가 된다. 내면의 참나(I AM)를 깨달은 사람(眞人)은 거짓된 겉모습(고통, 죽음 등)에 의해 영향을 받지 않고 행복한 상태로 남는다. 항아리가 깨어져도 깨지지 않는 항아리 속 공간처럼 이 육체 가 죽어도 그 속의 참나(성령)는 죽지 않는 영원한 본래적 성품으로 남는다. 반면에 거짓된 사람, 곧 무지한 사람은 불행하다. 죄는 모양이 없는 평등한 실상(천국)을 바로 보지 못하고 꿈과 같은 허상을 분별하 여 보는 무지(ego)이다(요 8:34, 9:41). 따라서 예수가 이 세상에 오신 것은 우리의 원죄(대속) 때문이 아니라, 술 취함(分別智)에서 깨어나 사물을 '있는 그대로'(One) 보게 함이며(요 9:39) 또한 나의 '생명의 실상'*은 "안개와 같은 육체가 아니라 신성이다"(Immanuel, 마 1:23)**

---

* 생명의 실상(true Self)은 바로 우리 내면의 영원한 신성(佛性)이며, 일본의 다니꾸지 마사
하루(谷口雅春)는 이 진리(One)를 세계에 전파하였다. 그는 "질병, 불행, 죽음이라는 것은
마음이 만든 그림자의 세계(현상, ego)에는 있지만, 영적 세계(실상, One)에서는 없으며, 육
체는 마음의 그림자이기에 마음에서 생각하는 대로 육체에 나타나는 것이다"고 주장한
다. 즉, 우리가 이 세상에 태어나서 늙고 죽는 존재라고 생각하는 것은 생명의 실상에 대한
무지 때문이다. 따라서 우리가 긍정적인 '말의 힘'과 스스로가 무한한 능력을 가진 생명의
실상(神性)임을 자각하여 신의 은총을 감사하는 마음이 넘칠 때, 모든 질병과 고통이 치유
된다(離苦得樂).

** 임마누엘Immanuel의 의미는 현대 과학자들이 물질의 근원은 '텅 빈 공(空)'이라고 한 것
같이 우리의 몸은 하나의 '텅 빈 공의 무더기'(假爲空聚)이지만, 신이 우리와 함께 하고 있
다는 것, 즉 "참나(靈)와 하나님이 하나라는 것이다"(打成一片). 이와 같이 '신이 나와 같이
있다는 진리'(神性)를 깨닫게 되면 걸림이 없고 집착할 것이 아무것도 없기 때문에 괴로움
에서 벗어나 자유롭게 된다(요 8:32). 예수가 "너희는 세상의 빛이다"(마 5:13)고 한 것 같이
'내면의 빛(神性)의 깨달음에 의하여 고통과 불행은 사라지게 된다. 또한 자신은 병이 난
몸(ego)이 아니라 병이 건드릴 수 없는 순수한 신성(One)이라는 자각만으로도 모든 질병이

라는 진리를 증언하기 위함이다(요 18:37).

예수가 "아버지의 말씀을 그들에게 주었다"(요 17:14)에서 '아버지의 말씀'은 "우주에는 오직 하나(One)인 하나님뿐이며"(막 12:32) "천하는 신령스러운 그릇이다"(天下神器, 도덕경 29장)는 不二의 진리이다. 이것은 '유기체적 통합성, 대립의 화해 그리고 모순 속의 통일성'의 하나인 진리를 의미한다(萬法歸一). 따라서 우리가 이 세상에 '술 취함'(ego)을 제거하는 방법은 모든 것을 신에게 맡기는 초연한 삶(無慾)과 오직 하나의 진리를 자각하는 '마음의 눈'(心眼)을 여는 것이다. 마찬가지로 불교에서도 부처가 이 세상에 출현한 위대한 목적도 '중생들에게 부처의 안목(心眼)을 열어 청정함을 얻게 하려 함이다'(一大事因緣, 법화경).

치유된다.

29장
영이 육체에 존재함은
신비 중의 신비이다

예수는 말씀하셨다. "만약 육체가 영靈 때문에 존재하게 되었다면, 그것은 하나의 신비이다. 그러나 만일 영靈이 육체 때문에 존재하게 되었다면 그것은 신비 중의 신비이다. 나는 어떻게 이 영적인 진리의 큰 부요함이 이와 같은 궁핍(육체) 속에 있는가를 놀라워하노라."

만약 유한한 육체가 무한한 영靈 때문에 존재한다면 하나의 신비이다. 그러나 영靈이 천국을 깨닫도록 돕는 육체 때문에 존재한다는 것을 깨닫게 되면 신비 중의 신비이다. 풍요로운 진리의 영(靈, 참나)이 빈곤한 육체에 자리하게 되었는지는 매우 놀라운 일이다. 하나인 진리의 깨달음으로 영靈과 육체, 신과 인간을 나누는 이원성을 소멸하고, 비이원성의 부요한 내면의 영(靈, 참나)을 회복함이 바로 천국의 구원을 이루는 것이다(막 8:35).

구원(거듭남)은 믿음과 행동(信解行證)을 통하여 번뇌의 오염을 다스림으로 하나님과 하나 되는 영적 체험이며(요 17:21), 청정한 내면의 진리(참나)가 드러나 본래의 자유로움을 자각하는 경지이다(요 8:32).

이러한 '영적인 진리'(無爲)가 꿈과 그림자와 같은 육적 가난(ego)에 가려서 분별되는 것이 바로 '마음의 병'(ego)이다(마 7:1). 그러므로 노자는 "기운을 하나로 모아 부드럽게 하여 갓난아이가 될 수 있겠는가?"(專氣致柔 能如嬰兒乎, 도덕경 10장)라고 묻고 있다.

갓난아이는 "나는 육체이다"라는 거짓 나(ego)의 이원론적 사유를 벗어나 "모두가 하나이다"라는 참나(One)의 비이원적 사유로 지극히 평안한 상태를 유지한다. 이러한 경지는 나누어질 수 없는 하나의 진리를 자각하고, 마음이 청결하게 되어 내면의 눈으로 신을 볼 수 있는 환희의 축복을 누릴 수 있게 한다(마 5:8). 나그함마디 문서인 빌립복음에서는 "그리스도께서 태초부터 있던 분리를 고치시고 그 둘을 다시 하나(One)되게 하시기 위해 오셨도다"라고 하였다. 그러므로 예수는 너희가 하나의 진리(그리스도) 안에 거하지 아니하면, 즉 간음*하면 죄 가운데 죽으리라(요 8:24)고 말씀하셨다.

---

* 예수는 "무릇 자기 아내를 버리고 다른 데 장가드는 자도 간음함이요 무릇 버림당한 여자에게 장가드는 자도 간음함이니라"(눅 16:18)고 말씀하셨다. 일반적으로 '아내(남편)를 버리고 다른 여자(남자)와 결혼하는 것은 간음이다'고 해석한다. 그러나 예수는 변하는 '도덕적인 것'(ego)이 아니라 '불변의 진리'를 설명하고 있으며, 결혼은 육적 결혼이 아니라 영적 결혼에 대한 비유이다. 내면의 '자기 아내'(예수, One)를 버리고 밖의 이원성인 '다른 데'(에테로스) 장가드는 자는 '진리(One)에 대한 간음'이다. 왜냐하면 진리는 둘이 아닌 하나(One)이기 때문이며, 우리는 주객, 자타를 나누는 이원성에 집착함으로써 죄(고통)에 빠진다.

30장
둘 또는 하나가 있는 곳에

예수는 말씀하셨다. "하나님이 셋 있는 곳에서 그들은 하나님들이다. 둘 또는 하나가 있는 곳에서, 나는 그들과 함께 있다."

자신 안에 성령(참나)이 계시며, 자신은 신의 자녀임을 자각하고, 거룩한 삶을 살아가는 자, 즉 '근원을 깨달은 자'(神)들이 셋이 모이면 그 자리는 신으로 빛나게 된다(시 82:6). 하나인 예수 그리스도는 진리를 깨달은 자와 함께하고, 둘이라면 더욱 기쁘게 그들과 함께 영원한 진리의 빛을 비춘다. 우리는 예수처럼 이원성의 허상(ego)을 벗어나 하나님과 하나(One)임을 깨달을 때 본래 내 안에 하나님이 거하시는 성전(참나)이 세워져 있다는 것과 천지만물과 '나'(그리스도)는 같은 하나의 뿌리임을 알게 된다(요 15:27, 天地與我同根, 장자).

옛사람(ego)을 벗어 버리고 새 사람인 진리(神性)를 입으면 '새롭게 하심을 입은 자'(One)가 된다. 헬라인이나 유대인이나, 종이나 자유인이나, 기독교인이나 불교인이나 차별이 있을 수 없는 것은 "오직 그리스도는 만유(萬有)시요 만유 안에 계시기 때문이다"(골 3:11, 無明眞如無異境界, 원각경). 힌두교는 "모든 사람이 살아있는 하나님이며, 모든 것이 하나님이고, 하나님 외에는 실재하는 것이 없다"고 한다. 따라서 '하나님과 참나'(靈, One)는 무소부재하시며, 지고至高의 브라흐만(아트만)이자 또한 '만물 가운데 충만한 진리'이다.

　죽음을 비롯한 고통(슬픔)은 자신을 유한한 형상을 가진 존재로 생각하는 한에서만 존재한다. 그 형상을 초월하면 오직 하나의 하나님(참나)만이 영원히 존재한다는 것을 알게 된다. 항상 존재하는 참나(One)를 깨닫기 위해서는 어떤 노력도 필요 없다. 다만 환幻인 거짓 나(ego)를 고요히 제거하기만 하면 된다(시 46:10). 이원성의 거짓 나(허상)가 십자가에 못 박혀 죽을 때 영원한 비이원성의 실재(참나)가 찬란하게 드러난다. 이 영광된 살아남음을 부활이라고 한다(요 11:25). 따라서 예수의 십자가 죽음은 '하나 됨'을 위한 상징이라 할 수 있다. 모든 종교의 목표인 구원은 '나는 몸이다'고 하는 '거짓 나(ego)의 목숨'(我相, 個我, 無知)을 제거하는 하나(One) 됨이며(막 8:35; 요 17:21), 해탈(moksha)이다.

　노자는 "무사無私로 성사成私된다"(도덕경 7장)고 하였다. 즉, 이 세상에서 이원론적 사유로 내 것이라는 이기적인 애착愛着의 에고(ego)를 비우면 종국에는 영원한 전체성이며, 내외內外가 없는 아트만(Atman, 성령, One)을 회복한다(우파니샤드). 노자는 도(진리)와 하나 되기 위해서는 마음의 소산인 '분별적인 지식과 생각'(거짓 나)을 버리고, 몸은 분주하지만 마음은 고요한 물처럼 '함이 없이 하는'(無爲而作) 도인道人의 자세(참나)

---

* 만물이 하나님에게서 나오고(롬 11:36) 산출되는 사물은 그것을 산출하는 사물과 같다. 예를 들어 물이 얼음으로 변해도 그것은 여전히 물이다. 피상적으로만 보면 물은 흐르는 성질이 있으나 얼음은 고체이다. 물에는 형태가 없고 얼음은 형태가 있다. 그러나 그 실체를 알면 둘 다 동일한 물이라는 것을 안다. 따라서 세계와 하나님(브라흐만)은 본질적으로 동일하다는 것을 알 수 있다. 이것이 베다의 가르침이다.

를 가져야 한다고 하였다. 그러므로 "학문은 하루하루 더해가는 것이고. 도는 하루하루 덜어내는 것이다"(爲學日益 爲道日損, 도덕경 48장). 진리인 하나님(참나)만이 홀로 존재한다는 것을 제외한 이원성의 모든 지식을 버려야 한다. 모든 종교가 만나는 하나의 지점은 "신이 모든 것이며, 모든 것이 신이다"(도마복음 77)고 하는 하나(One)의 진리를 깨닫는 것이다.

31장
예언자는 고향에서 영접을
받지 못하노라

예수는 말씀하셨다. "예언자는 자기 고향에서 영접을 받지 못하며, 의사는 자기를 아는 자들을 치료하지 않느니라."

도마복음은 마태(13:57), 마가(6:4), 누가(4:23-24) 그리고 요한(4: 43-45)과 비교해 볼 때 가장 간결하다. 그러므로 학자들 중에는 도마복음이 원형이거나 상당 부분이 다른 복음서보다 더 오래된 전승이라고 본다. 마태, 마가, 누가는 예수가 고향에서 배척당한 역사적 사실을 배경으로 하지만, 요한은 '선지자가 고향에서 환영을 받지 못한다'는 통념에 대한 반대로 갈릴리인들이 예수를 영접한 것으로 기록하였다. 이와 같이 요한은 예수의 고향은 갈릴리이며, 다윗의 혈통과 관련된 베들레헴 탄생의 사실을 정면으로 거부한다(요 7:42).

일반적으로 예언자나 의사가 고향이나 아는 자들로부터 존경을 받지 못하는 것은 과거에 알고 있던 선입관을 새로 찾아온 자에게 투영하기 때문이다. 특히 충만한 진리(실상)를 보지 못하고 허상만을 보는 고향 사람들은 시공을 초월한 진리(실상)를 바로 보는 '깨달은 자'(One)를 이해할 수 없다. 그러므로 예수는 하나(One)인 진리를 보지 못하는 자들을 보게 하기 위하여 내면의 세상에 온 것이다(요 9:39). '존재하는 것은 진리(神, 참나)뿐이다'고 하는 '하나의 진리'*를 현대 물리학(양자역학)은 물질 자체가 에너지의 다른 형태이며, '에너지 불변의 법칙, 불확실성의 원리(하이젠베르크)' 등으로 증명하고 있다. 이와 같이 최근 서구의 과학자들은 인도의 철학자들이 수천 년 전부터 알고 있던 진실, 즉 "온 우주는 하나의 에너지로 이루어져 있다는 것"(空)을 깨닫기 시작하였다. 영靈을 연구하는 과학자들이었던 고대 철학자들은 그 에너지를 순수 의식 혹은 신(신성, 불성)이라고 불렀다. 이 지고至高의 순수 의식은 외부 물질을 사용하지 않고 그 자신의 존재로부터 온 우주를 창조하였다. 우리 모두는 이 의식으로 된 우주의 일부분이다. 우리는 서로 다르지 않으며 또한 신과 다르지 않다(一切衆生悉有佛性, 열반경).

---

* 모든 존재가 오직 '하나의 진리, 하나의 생명 그리고 하나의 도리'(One)라는 형이상학적인 일원론적 진리관은 이원론적인 서구와 다른 동양의 중심 사상이다. 불교는 "우주 만법은 하나로 돌아간다"(萬法歸一)고, 유교는 "오로지 한결같이 하여 중용中庸의 도를 지킨다"(精一執中)고, 도교는 "하나를 얻을 것 같으면 만사는 끝난다"(得一而萬事畢)고 가르치고 있다. 또한 기원전 6세기에 그리스의 철학자 헤라클레이토스는 로고스 logos로, 파르메니데스는 '일자一者'로, 플라톤은 '이데아 idea'로 설명하였다. 신학자로서는 에리우게나, 니콜라스 쿠자누스, 엑카르트, 브루노, 슐라이어마허 등이 있으며 아인슈타인은 에너지 일원론으로 증명하였다.

32장

진리는 무너질 수 없도다

예수는 "높은 산 위에 세워진 잘 요새화된 도시는 무너질 수도 없고 숨길 수도 없다"고 말씀하셨다.

골짜기는 '이 세상의 인연을 쫓는 물질적 삶'(ego)을 의미하는 일시적 어둠이다. 무너질 수 없는 '높은 산의 도시'(진리)는 깨달음으로 '하나(One)가 된 삶'(참나)을 의미하는 영원한 빛이다. 그러므로 시공을 초월한 '하나의 진리'(참나)는 자각할수록 더욱 높이 올라 조화로운 전체성(All)을 통해 더 넓은 영적 시야를 갖게 되어 어떠한 난관에도 견디며 빛을 발한다.

'통전적인 시각'을 가지기 위해선 완전히 깨어 있는 의식이 필요하며, 이때 시공간을 초월하여 '삶의 전체'(All)를 본다. 이 세간世間의 인연과 출세간出世間의 공空함을 초월한 '전체적인 삶'을 살아갈 때 비로소 삶은 하나의 조화와 환희로 충만하다. 이렇게 '높은 경지에 도달하는 자'(true Self)는 무너질 수도, 숨겨질 수도 없는 하나(One)이다.

예수는 "여기 있다 저기 있다고도 못하리니 하나님의 나라는 너희 안에 있느니라"(눅 17:21)고 말씀하셨다. 즉, 하나님(천국)이 내 안에 있다는 것은 하나님과 내가 하나라는 것이다. 자신의 내면에 있는 참나(神性)에 충실한 도(진리)의 삶이 하나님 나라를 이루며, 어떤 제약이나 의도된 계산 없이 환경과 함께 흘러가라는 것이다. 그러므로 장자莊子는 "자연의 도(진리, One)를 잃으면 행동 하나하나가 재난을 부른다"고 하였다.

궁극적 실재(진리)는 우주 속에 편만하게 깃들어 있지만, 그럼에도 불구하고 밖에서는 만날 수 없다. 예수가 "하나님의 나라는 너희 안에 있느니라"(눅 17:21)고 말씀하신 것과 같이 진리(One)인 하나님의 나라, 즉 신神은 내면을 통해서만 만날 수 있으며, 스스로의 성품이 곧 참나(아미타불)이다(唯心淨土 自性彌陀). 만물에 분명히 보여 알려진 전체로서 하나인 진리(신성)는 평등무차별하다(롬 1:20). 비록 우리의 무지로 인해 희미해져 있어도 우리 내면에서는 보편적인 신의 빛(참나)이 비치고 있으므로 타인의 종교도 존경하는 마음을 가져야 한다.

우파니샤드는 내면의 참나(신성)를 찾는 방법으로 모든 사고의 부정인 "이것도 아니고, 저것도 아니다"(neti, neti)로, 독일의 추기경인 쿠자누스는 "다른 것이 아닌 것"(一者, One)*으로 방편을 사용한다. 맹자孟子는 "본성(참나)이란 본래 갖추어진 것일 뿐"이라 하였고, 본래 자리(참나)를 떠나지 않는 사람은 "영생하는 자"이다. '바가바드 기따'

---

* "다른 것이 아닌 것"(一者, One)은 하나님(참나)의 통일성으로서 '물질과 정신, 창조주와 피조물, 음과 양'의 "대립의 일치와 조화"라는 것이다. 이 세상의 모든 대립은 유한 상대적인 인간의 사유에 의한 개념들로서, 절대적인 하나님 안에서는 사라지게 된다(마 19:30). 예수의 가르침인 하나의 진리(신)를 중세 신학자인 에리우게나는 "초월과 내재의 하나님", 엑카르트는 "하나님과 인간의 일치", 샤르댕은 "창조자와 피조물의 상호보완성", 화이트헤드에 의한 과정신학過程神學은 "모든 실재의 통일체인 하나님"으로 설명하였다(마 23:9). 이러한 불이不二의 진리는 도마복음을 비롯한 모든 동양 종교들이 강조하고 있는 비이원성(단일성)의 사상이다(不二一元論).

의 궁극적인 지향점도 진리(참나)를 위하여 핏줄로 얽힌 감정적 무지의 주관주의(ego)에서 벗어나는 것이다.

33장
진리를 전하라

예수는 말씀하셨다. "너희는 너희의 두 귀로 들은 것들을 지붕 꼭대기에서 다른 사람의 귀에 전하라. 왜냐하면 아무도 등잔을 켜서 바구니 안에 두지 않으며 감추어진 곳에 그것을 두지도 않기 때문이다. 오히려 들어가고 나오는 모든 이가 그 빛을 보도록 그것을 등잔 받침대 위에 둘 것이다."

겉사람(ego)의 귀가 속사람(One)의 귀로 바뀐 자는 지붕 꼭대기를 뜻하는 '하나(One) 된 자'(빛의 자녀)로서 반드시 진리를 전하여야 한다. 또한 내면의 빛을 깨닫고 고통을 벗어나 '자유롭게 된 자'는 영원한 진리인 복된 소식을 선포하지 않을 수 없다. 따라서 '내면의 광명(참나)을 자각한 자'는 사람들을 비추어 주는 밝은 등불이 되어 밝게 비추어야 한다(마 5:15).

우리는 세상 사람들에게 영원한 생명인 '하나의 빛'이 되라고 전파하여야 한다. 즉, 법보시法布施로 진리를 나누어야 한다. 영원한 하나인 생명에서 보면 이 세상 모든 것이 진리 아닌 것이 없고, 텅 비고 밝아 항상 비추고 있다. 이렇게 온 우주가 광명으로 빛나고 있는 '진리의 세계'(One)에서는 이원성의 집착으로 인한 어떤 어둠의 죄도 존재하지 않는다. 그러므로 나그함마디의 문서인 '진리의 복음'에서는 실재하는 "아버지 한 분 외에 누가 존재한단 말인가? 온 우주는 그분의 방사이니라"고 하였다.

고통을 일으키는 번뇌는 바구니 안에 등불을 두려는 이원성의 어두운 마음이다. 이러한 '분별하는 마음'(ego)은 어둠을 밝히는 광명(참나)을 숨긴다. "회개하지 않는 자는 망하리라"(눅 13:3)는 구절은 "무명無明의 어리석은 사람은 자신의 마음을 깊이 들여다보지 않아 반석이 아닌 모래 위에 지은 집(ego)처럼 무너지지 않을 수 없다"(마 7:25-27)는 뜻이다.

우리 모두는 하나(One)인 진리(참나)* 의 무한한 빛을 볼 수 있도록 자각하여야 한다(光明遍照). 유교의 서경書經에서는 "황극(참나)이 펼친 말은 떳떳한 법도이며 가르침이니, 바로 천제(天帝, 하나님)의 가르침이다"라고 하였고, 맹자는 "군자가 본성(참나, One)으로 여기는 것은 인의예지仁義禮智가 마음속에 뿌리내려 그것이 드러나 환하고 깨끗하게 얼굴에 나타난 것이다"라고 하였다.

---

* 하나(One)인 진리는 창조주와 피조물, 이 세상과 저 세상, 마음(靈)과 물질 등의 이원적 분별은 모두 유기적 관계의 하나 속으로 사라지게 한다. 또한 만물이 주(One)에게서 나왔으므로(道生萬物, 롬 11:36) 신神, 예수 그리고 인간의 근본은 하나이며(요 17:21), 마음(근본), 부처 그리고 중생이 아무 차별이 없다(心佛及衆生 是三無差別, 화엄경). 현대물리학은 물질을 형성하는 원자는 텅 빈 공간으로 구성되어 있으며, 모든 것은 에너지의 상호변화로 근본은 하나라고 증명하고 있다(心物一元, 퇴계).

34장
눈먼 인도자들이여!

예수는 말씀하셨다. "만일 눈먼 사람이 눈먼 사람을 인도한다면 두 사람 모두 구덩이에 빠질 것이다."

하나의 진리로 깨어나지 않은 '눈먼 자'(ego)가 눈먼 사람을 인도한다면 두 사람 모두 구덩이(재앙)에 빠지게 되므로 아무나 따라가서는 안 된다. '눈먼 자'(ego)가 '영안靈眼이 열린 자'의 '절대적인 말'(One)을 이해하지 못하는 것은 집착의 어둠 때문이다. 구원은 '진리에 눈멂'(ego)에서 진리(One)를 찾고, 눈을 뜨는 영적 체험(믿음)이다(마 16:25).

좋아함과 싫어함의 분별 속에 살아가는 '눈먼 자'(ego)들의 흑백논리로는 천국을 체험할 수 없다. 천국은 지리적인 장소의 개념이 아니라 나누어질 수 없는 의식의 차원이며, 우주에 충만한 생명(One)이다. 따라서 내면의 눈(靈眼)인 '보는 것을 보는 눈'(눅 10:23)이 열린 '진리의 사람'(참나)이 인도할 때는 결코 구덩이에 빠지지 않는다.

'종교적인 사람'이란 살아 있는 동안 자신을 성찰하고, 삶의 허구성을 깨달아 자기 자신을 매 순간 지켜보는 사람이다. 자신을 내면을 변화시키는 회개(막 1:15)*를 하지 않고는 어떤 변화도 있을 수 없기에 회개하지 않은 사람은 '눈먼 사람'이다. 그러므로 예수는 "먼저 네 눈 속에서 들보를 빼낼 때 그 후에야 밝히 본다"(도마복음 26)고 말씀하셨다.

같은 물 안에서 다르게 보이는 파도, 거품, 소용돌이 등을 조사해 보면 모두 물일 뿐이며 또한 항아리, 단지, 물동이들은 진흙일 뿐이다. 그와 마찬가지로 무지로 나타난 육체, 감관, 기운, 마음, 에고 같은 별개의 부가물들은 같은 진리 안에 있을 뿐이다. 따라서 무지한 자들은 꿈과 그림자와 같은 것(相)을 '나', '너', '그것' 따위로 보지만, 그러나 상(相)을 여의고 일체를 하나로 보는 지혜의 눈을 뜬 사람은 불가분不可分한 전체로서 빛나는 보편적 진리(如來)를 본다(若見諸相非相 卽見如來, 금강경).

---

* 예수는 "때가 찼고 하나님 나라가 가까이 왔으니 회개하고 복음을 믿으라"(막 1:15)고 말씀하셨다. '가까이 왔으니'(엥기켄)는 '원래부터 내 안에 이미 와서 있다'는 의미이다. 회개의 그리스어인 *metanoia*는 변화 혹은 초월을 의미하는 *meta*와 내면을 의미하는 *noia*의 합성어로써 '죄를 뉘우치는 것'이 아니라 '내면(마음)의 변화'(깨달음)와 '눈을 뜨는 것'을 의미한다. 허상을 실상으로 보는 겉사람의 이원성(죄, 요 9:41)을 버리고, 속사람(참나, One)을 깨닫게 되면 본래부터 지금 이곳에 펼쳐져 있는 조화로운 천국을 보게 된다. 따라서 복음은 육(肉, ego)의 세계에서 영靈의 세계, 즉 참나(神性)의 천국으로 들어가는 다리이다.

35장
강한 사람의 손을 묶어야

예수는 말씀하셨다. "누구든지 강한 사람의 손을 묶지 않으면 그 강한 사람의
집에 들어가서 강제로 모든 것을 빼앗을 수 없다. 그의 손을 묶고 나서야
그의 집을 털어 갈 수가 있다."

이 구절은 마태(12:29)와 마가(3:27)가 기록한 것처럼 사탄(귀신)*
의 능력을 파괴하는 것이 아니라 '진리의 영'(참나)을 위해 강한 사람인
이원성의 에고(ego, 거짓 나)의 집을 없애야 한다는 의미이다. 이렇게
극기와 자기 수련으로 진리를 깨닫는 데 방해되는 희로애락과 흥망성
쇠의 분별을 제거하여 어린아이와 같이 순수한 무심이 되면 '영원한
생명'(光明)이 드러나는 구원(천국)을 이루게 된다(막 8:35). 따라서 영생

---

* 사탄(귀신)은 분리시키는 것을 의미하며, 우리의 마음이 만들어 내는 장애이다. 예수가
"사탄(귀신)아 물러가라"(마 4:10)고 말씀하신 것은 고통의 원인인 허망하고 무상한 형상
에 집착하는 무명無明과 분별하는 이원적인 어두운 마음(ego)의 장막을 거두라는 것이다.
상대적인 겉모양만을 보는 이원적인 시각으로는 신과 사탄은 구별되지만, '절대적인 본
바탕'(One)을 보는 일원주의一元主義, 즉 보편적 진리의 관점으로는 모두가 '차별이 없는
한 맛'(一味平等)인 순수 생명(神性)이다. 따라서 중생의 맑고 깨끗한 본마음(One)에 사탄
(無明)의 바람이 불어 파도가 일어나며, 마음과 무명은 둘 다 형상이 없고 떨어져 있지 않은
것이다(大乘起信論).

의 길은 성령으로 고통과 불행의 원인인 이원성(ego)을 제압하고 하나님과 하나 되는 '본래의 강한 사람'(참나)을 회복하는 것이다.

구원(깨어남)이란 밖에서 오는 것이 아니라, "이원성(겉모습)을 제거하고 내면의 신성(참나)인 그리스도(One)를 자각하는 것"(갈 2:20)이며, "신성은 만물에 분명히 보여 알게 되는 보편적인 진리이다"(롬 1:20). 그러므로 달마대사는 "모든 겉모습이 겉모습이 아님을 알 때 그대는 여래(참나)를 안다", 즉 영원한 구원을 이룬다고 하였다. 따라서 보편적인 구원(One)에 대하여 세계교회협의회(W.C.C)에서는 "타 종교의 공동체 안에도 구원이 있을 수 있다"고 하였다. 신학자 한스 큉Hans Küng도 요한 바울 2세처럼 "구원이 교회 밖에서도 그리고 그리스도를 떠나서도 일어날 수 있다"고 하였다.

장자莊子가 제물론齊物論에서 "나는 나(ego)를 잃어버렸다"(吾喪我)고 한 것은 '원래의 나(吾)가 만들어진 나(我, ego)를 버리는 것'(눅 9:24)이며, 사망(ego)에서 불생불멸不生不滅인 참 생명(靈)을 자각하는 '하나(One)의 경지'이다(요 5:24). 따라서 '육적인 나'(小我)에 의한 '이원성의 고정관념'(揀擇心, 憎愛心)을 죽일 때 신성(One)인 '영적인 나'(大我)로 부활하며, 고통을 벗어난 참 자유와 환희의 경지가 된다. 따라서 번뇌 망상하는 이원적인 마음(거짓 나, ego)이 사라지는 순간 '신성한 어떤 것'(참나, One)이 바로 나타나게 된다.

36장
무엇을 입을까 염려하지 말라

예수는 말씀하셨다. "아침부터 저녁까지, 또 저녁부터 아침까지 무엇을 입을 까 염려하지 말라."

    천국(영적세계, One)을 찾지 않고 헛된 물질세계(겉옷)를 먼저 찾으 니 분별에 의한 두려움이 생긴다. 즉, 영원한 평화와 신뢰로써 삶의 흐름을 '있는 그대로' 진리(참나)로써 받아들이는 믿음이 사라졌기 때문이다. 진정한 자기(참나)를 실재하지 않는 육신(거짓 나)과 동일시 하는 것이 바로 속박이다. 따라서 자신의 본질은 거짓 나(육신)가 아니 라 참나(靈)라는 것을 깨닫고, 하나의 생명이 되어 염려를 벗어나 참된 자유와 평안을 누려야 한다(無爲自然).

    '눈앞의 차별 경계가 원래 있지 않음을 깨달아'(大乘起信論) 신에게 전적으로 맡기는 믿음으로 분별에 의한 염려와 번뇌는 사라진다(역효 과의 법칙). 대부분의 종교는 개체적인 자아(ego)를 초월하기 위해서는 신(One)에게 무조건 헌신해야 한다고 가르치고 있다. 만일 모든 것을 신에게 맡기지 않고 기쁘게 해달라고 신께 요청한다면 헌신이 아니라 명령이다.

예레미야(렘 18:6)의 '토기장이(하나님)와 장자^{莊子}의 대장장이(조물주)'* 비유(대종사 5장)는 둘이 아닌 진리(One)를 설명하고 있다. 두 비유의 공통점은 모든 것은 '하나님의 오묘한 뜻과 조화'(One) 안에 있기에 이원성의 염려와 번뇌를 맡기고, 삶이나 죽음, 좋은 것이나 좋지 않은 것 등 모든 것을 있는 그대로 받아들이라는 '자유의 경지'를 말하고 있다.

---

* 토기장이 비유는 다음과 같다: "여호와의 말씀이니라, 이스라엘 족속아 이 토기장이가 하는 것 같이 내가 능히 너희에게 행하지 못하겠느냐 이스라엘 족속아 진흙이 토기장이의 손에 있음 같이 너희가 내 손에 있느니라." 대장장이 비유는 문병을 간 노나라의 현인인 자려가 자래에게 다음에 무엇으로 태어날 것인가를 묻자 "천지를 큰 용광로로 여기고 조물주를 훌륭한 대장장이로 생각한다면, 어디로 간들 상관이 있겠는가?"라고 대답한 것이다. 장자莊子가 말하는 진인眞人은 삶과 죽음을 구분하지 않는 존재이며, 삶과 죽음을 그저 자연의 이치로 여길 뿐이다. 따라서 걱정 자체가 사물을 이원적으로 분별하는 마음(ego)에서 나온다는 것이다.

37장
예수의 본 모습을 보려면
에고를 버려라

예수의 제자들이 말했다. "당신은 언제 우리에게 드러나게 되고, 우리는 언제 당신을 보게 되오리이까?" 예수께서 이르시되, "너희가 어린아이들처럼 부끄럼 없이 옷을 벗어 그 옷을 발아래 던지고 그것을 발로 짓밟을 때, 너희는 살아 있는 자의 아들을 보게 될 것이다. 그때 너희는 두려워하지 않게 되리라."

제자들은 예수에게 구세주와 메시아로서의 참된 실체를 언제 드러낼 것인지를 묻고 있다. 그러나 예수는 지금 여기서 어린아이들과 같이 부끄럼 없이 겉옷(ego)을 벗을 때, 즉 깨달음으로 거짓 나(ego)를 소멸할 때 '살아있는 자의 아들'(참나, One)이 드러난다고 말씀하신다. 집착을 제거하고, 지혜롭게 있는 그대로 '텅 빈 무소유'(無我)로 살아갈 때 무한한 광명의 예수(참나)를 보게 되며, 어둠인 에고(ego)가 사라진다. 이렇게 시간이 사라지고, '하나인 자신의 본질을 회복한 자는 두려움이 사라짐'(사 43:5)과 동시에 하나의 생명으로 환희의 삶을 누린다.
부끄럼 없이 이기적인 '이원성의 옷'(ego)을 벗어 던지는 순수한

'어린아이의 원초성'(One)은 '하나님의 모양'(창 5:1)과 에덴동산에서 선악을 분별하는 타락 이전의 실상(true Self)을 회복하게 한다. '거할 곳이 많은 내 아버지 집'(요 14:2)은 인연에 따라 오관五官과 육감六感으로 느껴지거나 상념想念의 그림자가 만들어내는 헛되고 헛된 가상 세계 (ego)가 아니라 조화로운 실상 세계(One)이다. 신학자 폴 틸리히Paul Tillich는 구약의 타락 이야기는 역사적 사건에 대한 서술이 아니라, 인간의 실존 상태에 대한 상징이라고 한다.

예수는 큰 광풍 비유를 통해 두려워하는 마음을 가진 제자들에게 "잠잠하라 고요하라"(막 4:39)라고 말씀하셨고, 부처는 이원적인 두려움을 없애기 위하여 "누구라도 자기의 모습(참나)을 보고, 목소리를 듣는 이는 부처를 보는 것이다"(능엄경)라고 하였다. 두려움은 어둠 속에서 밧줄(ego)을 뱀(One)으로 보는 분별심으로 조화로운 실상의 진리를 보지 못한 결과이다. 노자는 "있는 것과 없는 것, 쉬움과 어려움은 서로 말미암아 있고 없고, 쉽고 어려움이 이루어진다"(有無相生 難易相成, 도덕경 2장)고 하면서 어둠(불행)이 없으면 빛(행복)도 없다는 전체성인 상보 사상을 강조하였다.

38장
예수의 비밀 가르침

예수는 말씀하셨다. "너희는 여러 번 내가 말하는 이 말을 듣고 싶었다. 그러나 누구에게도 이러한 가르침을 들을 수 없었을 것이다. 너희가 나를 찾아도 나를 발견하지 못할 날이 올 것이다."

지금 살아있는 예수 그리스도(One)와 그의 살아있는 생명의 말씀, 즉 둘이 아닌 진리(참나)는 지금 이 순간만 보고, 듣고, 깨달을 수 있다. 예수를 발견하지 못할 날은 진리로 거듭나서 서로 하나 된 영적인 경지이다(佛佛不相見). 이기적 자아(ego)*를 소멸하고 마음의 눈이 열린 '거듭난 자'(참나)는 분별이 사라지고 언어의 길이 끊어져 '우주적인 그리스도'(요 8:58)를 영적으로 보고 들을 수 있기에 복된 것이다.

바울은 그리스도(神)를 '만물을 움직이는 능력'(energy)으로 묘사한

---

* 유교, 불교, 도교는 다 같이 이 세상에 집착하는 "이기적 자아(ego)를 소멸하고" 하늘이 내린 천성(인간의 본성)인 참나(靈, One)로 돌아가기를 가르치고 있다. 유교의 본질을 "자기를 극복하고 예로 돌아간다"(克己復禮)는 데서 찾고, 불교의 본질을 "일심의 근원으로 돌아가는 것"(歸一心之源)에서 찾으며, 도교의 본질을 "사심 없이 자연의 법도를 순응한다"(無爲自然)는 데서 찾을 수 있다는 것이다. 유동식 신학 교수는 "그리스도의 복음이 우리 조상들에게는 불교와 유교를 통해 하나님께서 말씀하셨다"(엡 4:6; 히 1:1-2)고 주장하였다.

다(골 1:29). 신비주의자인 질레지우스는 "예수가 오늘날 내 안에 태어나지 않는다면, 오래전에 베들레헴에서 태어난 것이 무슨 소용이 있느냐? 내일 오시는 것이 무슨 소용이 있으냐?"고 묻고 있다. 즉, 예수의 수난-부활-재림의 의미를 부정하고 있으며, 지금이 바로 구원의 날이다(고후 6:2).

재림再臨은 미래에 예수의 육체가 다시 우리에게 나타나는 것이 아니라, 존재의 본질인 신성을 자각하는 개인의 거듭남(覺)이다. 스스로 생명의 실상을 가리는 허상(ego)이 사라지면 지금 여기서 '내면의 그리스도'(참나)가 회복된다(갈 2:20). 예수는 '시공을 초월한 우주적이며 보편적인 신'(요 14:9)으로 '가거나 오는 것이 없는 참나(One)이다'(不去不來). 그러므로 "지극히 적은 자 하나에게 한 것이 곧 내게 한 것이니라"(마 25:40)고 말씀하셨다(色卽是空).

보편적 진리는 어렵지 않으니 이원적으로 분별함(ego)으로써 자꾸만 헤아리지 않는 것이며(至道無難 唯嫌揀擇, 신심명) 또한 '궁극적 진리(不二)로서 모든 것을 껴안는 둘이 아닌 하나(One)이다(포도나무와 가지, 요 15장). 예수와 부처의 가르침이란 온 우주에는 하나의 진리(생명)로 충만하며(諸法實相), 그 외 아무것도 없는 텅 빈 공이라는 것이다(諸法空, 막 12:32). 즉, 모든 것이 하나님(부처님)이다. 따라서 마음이 청결하여 형상에 집착하지 않을 때 하나인 하나님(부처님)을 보는 구원을 이룬다(마 5:8, 금강경).

3 9 장
지혜롭고 순수하라

예수는 말씀하셨다. "바리새인들과 서기관들이 '지식의 열쇠'들을 가져갔고 그것들을 숨겨놓았다. 그들은 그들 자신이 들어가지 않았고 들어가기를 원하는 자들이 들어가려 하는 것을 허락하지도 않았다. 그러나 너희는 뱀같이 지혜롭고 비둘기같이 순수하라."

바리새인들이 숨겨놓은 '지식의 열쇠'는 이원론적 대립 구도를 벗어난 전일성全一性의 깨달음을 위한 영적 지식(靈知, One)이다. 몸과 마음의 겉사람(ego)은 육적 허상이지만, '영원한 생명'인 속사람(true Self)은 영적 실상實相의 지식이다. 예수는 영적인 신비의 지혜(One)를 깨닫지 못한 자(ego)들에게 "눈이 있어도 보지 못하느냐"(막 8:18)고 물었으며, 천국(實相, One)을 보지 못하는 자들을 보게 하려고 이 세상에 오셨다(요 9:39).

바리새인들은 율법에 순종하면 복福을 받고, 그렇지 않으면 벌罰을 받는다는 '이원성의 기복적인 교리'(ego)를 가르쳤다. 그러나 예수는 "너희는 뱀같이 지혜롭고 비둘기같이 순결하라"(마 10:16)고 말씀하셨다. 우리는 아집(ego)을 벗어나 뱀같이 지혜롭고, 비둘기같이 순수함으로 진리와 하나 되는 삶(自利利他), 즉 땅(뱀)과 하늘(비둘기)의 '반대되는 것의 통합'인 하나의 진리, 즉 하나님(참나)을 자각하여야 하며, 동양적 수행 방법에 관심을 가져야 한다.

하나님*은 영원히 살아계신 불이不二로서 모든 것 속에 깃든 전부이다(행 17:28). 어떠한 이름으로도 부를 수 없으며 지금 여기에 현존하는 "스스로 있는 자이다"(絶對性, 출 3:14)이며 자연(自然, 힘)이다. 시공을 초월한 진리(One)로서 우리와 함께 계신 영원한 생명이다(Immanuel). 아퀴나스는 "생명이신 하나님이 아닌 것은 존재하지 않는다"(막 12:32)고 하였으며, 우주가 신(佛)의 한 덩어리이므로 '내가 곧 신(佛)'이라고 할 수 있다(重重無碍法界海, 화엄경).

내면에 계신 영원한 그리스도, 즉 하나님(true Self)의 자각을 위하여 예수는 "네 마음을 다하며 목숨을 다하며 힘을 다하며 뜻을 다하여 주 너의 하나님을 사랑하라"(눅 10:27)고 말씀하셨다. 하나님에 대한 사랑은 존재하는 모든 것에 대한 사랑을 의미한다. 왜냐하면 모든 존재들은 서로 의존적 관계이며, 전체(One)로 서로 떨어져 있지 않기 때문이다. 사랑은 이기적인 자아(ego)의 죽음과 이타적인 영적 자아(참나)의 무차별적인 사랑이다.

---

* 무소부재無所不在하신 하나님은 '우리가 그를 힘입어 살며 기동하며 존재하고 있다'(행 17:28)고 설명된다. 우리는 '내면의 변화'(회개)를 통해 흐리던 눈이 밝아질 때 하나(One)인 하나님을 자각할 수 있다(막 1:15). 절대인 하나님을 상대적으로 대상화한 교리는 하나님에 대한 인간의 왜곡된 개념이다. 하나님은 하늘에서 복과 벌을 내리는 절대 군주의 '인간과 같은 속성'(神人同形論, 시 50:21)으로 세상일에 개입하는 타자가 아니다. 현대 물리학이 증명하고 있는 우주에 충만한 '역동적인 장場 에너지'(One)가 하나님(부처님)이라고 할 수 있다. 따라서 모든 것이 하나님이며, 모든 것이 결국 좋은 것이다(롬 8:28).

40장
뿌리가 뽑혀 죽을 것이니라

예수는 말씀하셨다. "한 포도나무가 아버지의 포도밭 바깥에 심어졌다. 그것은 강하지 않기 때문에 뿌리가 뽑혀 죽을 것이다."

　　예수는 우리에게 뿌리(진리, One)의 중요성을 설명하고 있다. 아버지의 포도밭인 진리(참나)를 벗어나서 심겨진 포도나무는 그림자처럼 무의미한 이원적인 에고(ego, 거짓 나)로 뿌리가 뽑혀 죽는다. 그러나 진리(神) 안에 심겨진 하나인 포도나무(참나)는 뿌리가 강하며, 주객의 분별이 없는 큰 열매를 맺는다(시 1:3). '영원한 행복'(至福)을 위한 영적 생명(One)이 없는 형식적·외형적 종교는 이원적인 분별(ego)로 튼튼하지 못하여 살아가지 못한다.

　　우리는 죽음 후의 최후심판과 죄를 대속한 예수에 대한 믿음이 아니라 믿음을 넘어서 예수처럼 하나님과 하나임을 깨닫고(요 10:30), 내면의 강한 뿌리(참나)로 구원의 열매를 맺어야 한다. 마하르쉬는 "만일 그대가 사물들의 뿌리로 들어가서 진리(신성)를 알게 되면 일체가 신의 은사물(은총)이라는 것을 발견할 것이다"고 하였다. 이렇게 '신성(佛性)과 하나'되는 자각으로 지금 여기서 시공을 초월한 영원한 천국(극락)을 누릴 수 있다(見性成佛, 요 17:21). 따라서 경전의 문자적 해석을 떠나 하나(One)인 영적 해석으로 같은 산(진리)을 오르는 기독교와 불교는 서로가 대화를 하지 않을 수 없다(不立文字, 고후 3:6).

진리의 깨달음인 구원(영생)은 스스로의 자력에 의한 것이므로(마 7:21) 예수는 "내가 목숨을 버리는 것은 그것을 내가 다시 얻기 위함이며… 스스로 버리노라"(요 10:17-18)고 말씀하셨다. 즉, 자기 부정(ego)을 통해서 자기 긍정(참나)을 얻는 것이다(和其光 同其塵, 도덕경 4장). 환영幻影인 목숨(거짓 나)을 버림으로써 뿌리인 본래의 참나(진리)를 얻게 되었다는 것이다. 자기 부정을 통해서 엄청난 자기 긍정을 얻는 것이며, 그 날카로움을 무디게 하신 것이다(挫其銳, 도덕경 4장). 예수의 십자가의 죽음은 우리가 '하나 됨'(기노마이)을 믿도록 스스로 준비한 것이며(요 13:19), 1970년도에 발견된 유다복음(예수와 유다의 밀약)에서와 같이 가룟 유다의 배반도 계획된 것이다. 따라서 남의 죄를 대신할 타자他者가 있을 수 없는 것은 우주 법칙의 진리이다.

41장
가진 자가 더 가지리라

예수가 말씀하셨다. "그의 손안에 어떤 것을 가진 자는 더 받을 것이며, 가지지 않은 자는 그가 가진 작은 것까지 빼앗기리라."

    손안에 어떤 것을 가진 자, 즉 신적인 영(靈, 참나)을 깨달은 자는 그의 지혜(無爲)로 말미암아 영적으로 더욱 풍성해지고, 육체를 '나'라고 하는 자는 그의 분별심으로 더욱 궁핍(無智)에 빠지게 된다(因緣果). '신성을 깨닫는 자'는 영적 진리(One)로 모든 것을 더하는 천국을 누리지만, '깨닫지 못한 자'는 가지고 있는 것마저 잃고 '고통스러운 삶'* 이된다. 지혜로운 자는 감사하면 더욱 많은 감사가, 사랑하면 더 많은 사랑이 다가오고 있음을 안다.

---

* 고통스러운 삶의 원인을 부처는 이원론적인 집착이나 번뇌(ego)로 보았으며, 이것을 멸滅하는 길로서 사성제(四聖諦, 苦集滅道)와 또한 분별과 망상(ego)을 없애고 행복해지는 구체적인 수행법으로는 8정도(八正道: 正見, 正思惟, 正語, 正業, 正命, 正精進, 正念, 正定)의 중도中道를 말씀하셨다. 수행은 허망한 생사의 세계를 일으키고 있는 무명과 분별심(ego)을 소멸하여 자신이 본래 생사가 없는 부처(true Self)임을 자각하기 위해서 행하는 것이다(本來成佛). 따라서 우리는 태양이 어둠을 몰아내는 것같이 환영幻影인 어둠의 '거짓된 세계'(ego)를 소멸하고, 광명의 '진실 세계'(true Self)인 열반涅槃의 지복至福을 성취하여야한다.

바울이 "내게 능력 주시는 자 안에서 내가 모든 것을 할 수 있느니라"(빌 4:13)고 한 고백은 예수 그리스도의 능력(無爲)으로 몸된 성전을 세우는 일을 할 수 있다는 것이다(無爲而無不爲). '이원론적인 집착과 상대적인 것'(ego, 有爲)을 배제하는 것이 일원성인 절대적 삶으로 애쓰지 않고도 모든 것이 저절로 이루어지는 것이다. 노자ᵇᶠ는 본질적인 인간의 속성인 무위無爲에 대하여 "자연의 이치에 순응하면 되지 않는 일이 없다"(常道無爲 而無不爲, 도덕경 37장)고 하였다.

이원성을 배제하면 모든 것이 하나이므로 예수는 부족함이 없이 저절로 이루어지는 하나(One)의 진리를 "나는 포도나무요 너희는 가지라"(요 15:1-5)는 비유로 설명하고 있다. 예수와 제자들은 포도나무와 가지로서 한 성품을 공유하며, 서로 연결되어 한 몸을 이루고 있다. 양자물리학과 동양의 신비주의는 모든 사물은 근본적으로 전체로서 하나이며, 서로 의존적이고 상호 관계를 맺고 있는 '인드라 망'이라고 한다.

42장

참 자기가 되어라

예수는 말씀하셨다. "너의 에고ego를 버림으로써 참 자기(true Self)가 되어라."

  우리는 몸과 마음이 '나'(ego)라고 하는 이원성의 '거짓 나'(aham-kara)는 잠깐 보이다가 없어지는 안개와 같은 허상이라는 것을 자각하고(약 4:14), 하나(One)인 내면의 참나(실상)가 드러나게 하여야 한다 (Become your true Self). "물질은 에너지로 환원된다"는 과학 법칙처럼 물질은 마음의 산물이며, 고통과 슬픔 등 모든 것은 지나가는 구름처럼 헛되다(諸法無常). 따라서 집착(ego)을 버리고 무위자연적인 흘러가는 삶(One)으로 "이기는 자(깨달은 자)가… 그가 성전을 다시 나가지 않을 때"(계 3:12) 윤회하는 '업業의 법칙'*은 존재하지 않는다.

---

* 업業의 법칙에 의한 윤회는 육신이 죽고 나서 업신業身의 영혼이 법신(法身, 神)과 하나가 될 때까지 계속된다는 것이다. 우리들의 말과 생각은 하나의 사건으로 무의식에 저장되어 업과 운명이 되며, '업의 흐름'(삶의 수레바퀴, 약 3:6)은 반복되므로 사후에도 작용한다(마 11:14). '심는 대로 거두는'(마 25:26, 갈 6:7) 하나님(業)의 법칙은 모든 존재는 한 몸이라는 연기법에 의한 것이며, 여러 사람이 같이 짓는 공업共業은 국가와 사회에 영향을 미친다. 불교의 육도윤회는 '천상·인간·아수라·축생·아귀·지옥'이며, 니체의 영겁회귀 사상과 통한다. 윤회(환생)는 영혼이 성장하게끔 많은 기회를 부여하여 결국 천국에 이르게 한다.

우리는 일시적인 나그네이지만 본래의 고향은 천국인 참나(One)의 자리이다. 이러한 본성인 참나(진리)를 찾는 행위가 "온전한 십일조(데카토오)를 창고에 들여야 한다"(말 3:10)는 의미이다. 사실상 '텅 빈'(空) 모든 현상은 마음(ego)의 그림자로서 다만 마음에서 일어났다가 마음에서 없어진다. 그러나 무한한 생명인 본성에 충실한 '무위의 삶'(順天, 눅 22:42)은 '연기적緣起的으로 볼 때 텅 비었지만, 없는 것 같으면서 있는 '무한한 힘'인 공(神性)이다(眞空妙有).

물리학자인 어윈 슈뢰딩거는 "우리가 인지하는 다양성은 겉모습일 뿐이며, 결코 실재하는 것이 아니다"고 증명하였다. 장자莊子는 꿈에 나비가 되는 '나비의 꿈'(胡蝶之夢)*을 통해 '겉모습의 마음'(허상, ego)을 초월하면 거기에는 아무런 차별도 없게 된다는 실상을 설명한다. 즉, 겉모습만을 보는 분별의 마음이 없어지면 '실상의 세계'(One)가 되며, '모든 사물이 한결같게'(One) 여겨질 때 자연과 완전히 조화를 이루는 자유와 환희를 누린다.

---

* 나비의 꿈(胡蝶之夢)은 장자莊子가 꿈에 나비가 되어 즐겁게 놀았다는 것으로 '나'와 사물은 결국 하나라는 뜻이다(物我一體). 만물이 하나로 된 경지에는 인간인 장자가 곧 나비일 수 있고, 나비가 곧 장자일 수도 있으며, 꿈과 현실의 구별이 없다. 우리가 눈으로 보고 생각으로 느끼고 하는 것은 만물의 변화에 불과한 꿈이다. 예수는 "내 나라는 이 세상에 속한 것이 아니다"(요 18:36)라고 말씀하셨다. 즉, 내면(참나)의 탐구를 통한 영적인 삶(One)은 꿈과 같은 상대적인 사물의 획득과는 아무런 상관이 없다는 것이다. 따라서 우리의 고통과 불행은 다만 '변화무쌍한 상대적인 것'(꿈)이므로 스스로 절대화하여 절망감에 빠져서는 안 된다.

43장
당신은 누구시나이까

예수의 제자들이 그분에게 이르되, "이런 일을 저희에게 말씀하시는 당신은 누구시나이까?"라고 하였다. "너희는 내가 너희에게 하는 말을 듣고도 내가 누구인지 알지 못하는 것이구나. 너희는 오히려 유대인들과 같이 되었은즉, 저들은 나무를 좋아하나 그 열매를 싫어하고, 열매를 좋아하나 그 나무를 싫어하는구나."

예수는 "당신은 누구시나이까?"라고 묻는 제자들의 질문에 대한 답으로 "나는 분별 시비(ego)를 초월한 우주적인 참나(靈)이고, 진리(One)이다"라고 대답한다. 유대인과 같이 나무를 좋아하나 그 열매는 싫어하고, 열매는 좋아하나 그 나무를 싫어하는 '이원론적 사유의 취사심取捨心'으로는 진리(생명)이신 예수를 알 수 없다. 즉, 유대인은 나무와 열매가 하나로서 인과관계(眞如緣起)임을 인식하는 '제3의 눈'(靈眼, 눅 10:23)이 열리지 않았다.

예수는 "성경은 폐하지 못하나니 하나님의 말씀을 받은즉 말씀과 하나 된 사람들을 신이라 하셨거든"(요 10:35)이라고 말씀하셨다. 누구든지 '개체적인 나'(ego)를 소멸하고, '하나님의 말씀'(One)을 받아서

'하나님과 하나가 된 자'는 주관과 객관의 범주를 넘어선 '새로운 생명'(참나)인 신이 된다. 이러한 '일체즉일一切卽一의 하나가 된 경지'를 예수는 "그날에는 내가 아버지 안에, 너희가 내 안에, 내가 너희 안에 있는 것을 너희가 알리라"(無我, 요 14:20)고 말씀하셨으며, 여기서 '나'는 보편적인 참나(One)이다(道法自然, 도덕경 25장).

예수는 "너희가 서로 사랑하면 이로써 모든 사람이 너희가 내 제자인 줄 알리라"(요 13:35)고 말씀하셨다. '너희가 내 제자인 줄'에서 '내'는 역사적인 '나'가 아니라 우주적인 영원한 신성(참나)을 의미한다. 그러므로 예수가 "사랑하면 나의 제자이다"라고 말할 때, '제자'는 1세기에 살았던 유대인 남자(ego)를 말하는 것이 아니라, 주관과 객관의 이원론적인 헛된 마음이 사라지고 본래의 성품(참나)이 회복된 '보편적인 예수와 하나가 된 자'(One)를 말한다.

장자莊子는 "도(진리)를 통하여 모든 것이 하나(One)로 된다"(道通爲一, 제물론)고 하였고, 공자孔子 역시 "군자란 반드시 그 자신만 홀로 아는 자리(참나, One)를 진실하게 한다"(大學)고 하였다. 힌두교인들은 이 세상의 모든 것은 신으로 가득 차 있고, 무엇 하나 공허하지 않기에 나무의 신, 강의 신 등을 이야기한다. 따라서 동양의 음양론과 같은 본질적인 불이일원론不二一元論이면서 실존적인 이원론(ego)은 '같은 것도 아니고 다른 것도 아닌'(不一不異) 현대 과학적 세계관과 통한다.

44장
성령을 모독하는 자는…

예수는 말씀하셨다. "아버지를 모독한 자는 용서를 받을 것이고, 아들을 모독한 자도 용서를 받을 것이다. 그러나 성령을 모독한 자는 지상에서나 하늘에서나 용서를 받지 못할 것이다."

대상의 아버지와 아들과 하모니를 이루지 못한 자는 용서를 받지만, 내면의 성령(神性)과 하모니를 이루지 못한 자는 용서받지 못하므로 조심해야 한다. 우리는 충만한 성령(참나, 고전 6:19)의 깨달음이 없이는 진리와 하나가 되는 구원을 이룰 수 없다. 성령(神性)을 자각한 사람에게는 이 세상은 음양의 조화로 가득 찬 축제일 뿐이다. 예수는 겉사람(ego)에 이끌려 밖으로 향하는 종교 행위들을 삼가고, "마음을 안으로 향하여 속사람(One)인 성령(神性)을 깨달아야 한다"(廻光返照)고 강조하셨다.

우리는 '얻고 잃음과 옳고 그름'의 이원성(ego)을 일시에 놓아 버리고 내면에 있는 비이원성인 성령(참나)을 깨닫지 못하면 참된 행복을 누릴 수 없다. 만일 바울도 다마스커스에서 예수를 만나 이원성의 에고(ego)를 제거시키지 않았다면 아직 용서받지 못한 사람으로 남았을 것이다. 성령의 편재란 우주에는 하나(One)의 순수 생명 에너지인 성령으로 충만하지 않는 곳이 없다는 말이다. 우리는 우주 안에 있는 '하나인 성령'을 체험하게 될 때 시공을 초월하여 '온 누리와 하나'되어 모든 것이 형통하게 되는 복된 삶을 누릴 수가 있다(마 6:33).

영원한 진리에서는 시간적으로 짧거나 긴 것, 즉 과거, 현재, 미래가 없으며(宗非促延 一念萬年, 신심명), 하루가 천년 같고 천년이 하루와 같다(벧후 3:8). 나누어질 수 없는 진리는 크고 작음의 차별과 짧거나 긴 것의 차별이 없기 때문에 하나하나의 티끌 그대로가 우주 전체이며, 한 순간순간이 그대로 영원(now)이다. 우리가 내면의 신성을 깨쳐서 '불이不二의 생명'(참나)을 성취하면 시간의 길고 짧음이 다 끊어진다는 것이다. 우리는 한순간이 영원과 하나(One)이므로 "날마다 좋은 날이로다"(日日是好日)가 되는 긍정적인 삶을 누려야 한다.

45장
뿌린 대로 거두리라

예수는 말씀하셨다. "가시나무에서 포도를 딸 수 없고, 엉겅퀴에서 무화과를 거둘 수 없느니, 이런 것들은 좋은 열매를 맺을 수 없음이라. 선한 자는 저의 곳간에서 선한 것을 가져오지만, 악한 자는 그 마음속에 있는 저의 곳간에서 악한 것을 가져오니, 이는 그 마음에 넘쳐나는 것에서 악한 것을 가져옴이라."

원인이 있는 곳에 결과가 있고(緣起說), '가시나무와 엉겅퀴'(악한 ego)에서 '포도와 무화과'(선한 One)를 거둘 수 없다(善業善果 惡業惡果, 막 7:21-23). "너희가 헤아리는 그 헤아림으로 너희도 헤아림을 도로 받는"(눅 6:38) 행위(因果)의 법칙은 모든 종교에서 가르친다(相關關係). 외부 현상으로 드러난 결과는 내면의 존재 상태가 때가 되어 외부로 펼쳐진 상황이며, 영원한 생명(One)은 진리로 거듭난 자의 열매이다. 따라서 우리의 고통과 불행은 자신이 저지른 죄의 응보應報*(갈 6:7)이

---

* 응보應報의 진리는 자신이 처한 상황은 자신이 원인이 되어 나타난 결과라는 것이며(잠 4:23), 자신의 생각, 행위에 따라 "사람은 무엇을 심든지 그대로 거두는 것이다"(갈 6:7, 도마복음 45). 모든 것은 조화로운 '신의 뜻'인 행위의 업(業, karma)에 의한 '응보의 법칙'(內因外

지, 죄에 대한 하나님(One)의 징벌이 아니다.

우리는 본래 태어남도 없고 죽음도 없는 하나의 참나(靈)이지만(요 10:34), 이원성인 거짓 나(ego)의 죄에 빠져 고통을 받고 있다. 이러한 고통의 치유는 '나는 누구인가?', 즉 나의 본성인 행복과 평화의 참나(神性)를 깨닫는 회개이다(고후 4:16). 현대 물리학이 '모든 것은 에너지이다'(空)로서 증명($E=mc^2$)하듯이 나의 몸뚱이는 가짜인 텅 빈 공(空)의 무더기이지만(假爲空聚), 근본인 참나(생명, 요 15:27)로 가득 차 있다. '영원한 참나(I AM)를 깨달아 하나(One)가 되는 것'(요 17:21)은 모든 종교의 목적인 집착을 벗어나 '영적으로 성숙하고, 윤리적으로 건강하게 거듭나는 것'이다. 또한 이원론적 사유에 의한 염려와 두려움의 어둠(ego)을 소멸하고, 둘이 아닌 불이(不二)의 진리(빛)를 통한 절대적 기쁨을 누리게 한다.

불이의 진리(神, 道)는 아무런 걸림이 없는 광대한 허공과 같아서 모자람도 없고 남음도 없이 균형을 유지하며 완전(One)하다(圓同太虛 無欠無餘, 신심명). 언제나 전체(All)로서 부분이 없으며, 막힘없이 통할 뿐, '이것이다 저것이다, 옳다 그르다, 좋다 나쁘다'라는 어떤 분별(ego)도 있을 수 없다. 내면의 진리(참나)는 누가 조금이라도 더 보탤 수 없고, 덜어낼 수도 없어 부족함이 없이 모두 갖추어져 있다. 따라서 분별하는 거짓 나(ego)를 소멸함으로써 지금 여기서 깨달음(거듭남)으로 풍요로운 환희의 참나(천국)를 바로 체험할 수 있다(요 3:3).

緣, 마 7:17)에 따른다. "선악의 업業에는 고락苦樂의 과보가 따르며"(대승기신론), 과학적으로 '신비한 힘'(energy)은 우주적인 진화 과정이다. 이번 生에서 겪는 모든 일이 인과응보의 발현업發現業에 따라 예정된 것일 뿐임을 아는 사람은 어떤 일을 겪어도 당황하지 않는다. 그러나 거듭나서 천국의 삶을 사는 사람(One)에게는 업(業, 운명)이라는 것이 없다.

천국(열반)은 믿음의 문제가 아니라 참모습을 뒤덮고 있는 생멸, 즉 생사의 분별심을 벗겨내는 성령(One)으로 거듭난 기쁨이며, 고요한 즐거움의 절대 자리이다(生滅滅已 寂滅爲樂, 열반경). 바로 시공간과 분별 시비가 끊어진 하나(One)의 세계이다. 우리의 '마음 밭'(ego)은 가상만을 보지만, 마음(ego)이 소멸된 청결한 자(無念)는 이미 있는 실상인 하나님(神性)을 보게 된다(마 5:8). 온 세계가 신(생명)뿐이라는 것을 자각한 자만이 그 자신이 신神이다(요 10:34). 이 세계는 '거듭난 자'(참나)에게만 그 신성함(천국)을 드러내는 반면(요 3:3) 무지한 사람 (ego)에게는 온갖 다양한 형상(어려움과 혼란)들을 드러낸다. 위대한 수피 성자 샴즈 이 타브리즈는 "만일 당신이 신을 진정으로 사랑한다면, 만일 당신이 신의 사랑을 발견하고 신의 축복을 받고자 한다면, 우주의 모든 구석에서도 신을 볼 수 있어야 한다"고 하였다. 우리가 하늘(우라노이스, 속사람)에 계신 아버지(마 6:9)인 신성(참나)을 깨달아 이원성을 제거하면, 절대 평등인 '하나(One)의 천국'(근본 성품)을 보는 환희를 체험하게 된다(요 3:3).

46장
여자가 낳은 자 중에

예수는 말씀하셨다. "아담으로부터 세례 요한까지 여자가 낳은 자 중에 세례 요한보다 위대한 자는 없으며, 그는 누구 앞에서도 눈을 아래로 뜰 필요가 없으리라. 그러나 내가 말하노니, 너희 중 어린아이와 같이 되면 하나님 나라를 알겠거니와, 그는 요한보다 더 크게 되리라."

세례 요한은 회개하면 천국이 가까이 있다고 하였다. 나와 남을 둘로 보지 않고, 마음에 어떤 인상도 남기지 않는 어린아이처럼 된 사람은 세례 요한과 비교할 수 없다는 뜻이다. 왜냐하면 '영적인 눈'(One)이 아닌 세례 요한과 같은 육적인 눈(ego)으로 보는 것들은 그림자로 실재하지 않기 때문이다. 나누어질 수 없는 진리의 눈(靈眼)이 깨어나면 양극을 조화시키는 천국으로 충만하게 된다. 그러므로 예수께서는 "네 눈이 성하면 온몸이 밝을 것이요"(마 6:22)라고 말씀하셨다.

어린아이를 포함한 모든 사람은 그 본래 마음 바탕이 청정하기 때문에 죄라는 뿌리는 존재하지 않는다(마 18:3, 요 9:3). 원죄原罪*는 아담과 이브에서 생겨난 것이 아니라, '인간은 육체만이다'라는 아집

(ego)에 빠져 본래 하나(One)인 진리(참나)를 바로 보지 못하는 이원성의 무지를 가리킨다(요 9:41). 노자는 "덕을 두텁게 머금은 자(참나)는 갓난아이와 비슷하다"(含德之厚, 比於赤子, 도덕경 55장)고 또한 맹자는 "대인(참나)은 갓난아이의 마음을 잃어버리지 않는 자이다"라고 하였다.

  빛이 어떤 것에 가려져 있는 상태가 어둠이듯이 '죄 있는 사람'이란 영원히 빛나는 신성이 감추어져 나타나지 않은 어둠의 상태이다. 따라서 죄는 겉사람 속에서만 기능을 하며 속사람에서 보면 본래부터 없으며, 실재는 오직 빛인 '하나님의 생명'(One)뿐이다(막 12:32). 분리가 사라지고 원圓이 완성된 성인聖人들의 가르침은 현대 과학이 증명하듯이 온 우주에는 '하나(One)의 진리'(道本無二)인 순수 생명 에너지(神性)로 충만하다는 것이다(道生萬物, 도덕경 42장). 전 존재가 신성(佛性)으로 가득 차 있으며(一切衆生悉有佛性, 롬 1:20), 우리 자신도 신성한 존재이기에 노래와 춤의 삶이 되지 않을 수 없다.

* 원죄(原罪, 하마르티아)의 발생은 아담과 이브에 의한 역사적인 사건이 아니라 '나(참나, 그리스도)를 믿지 아니하는 것(요 16:9), 즉 그리스도(진리) 안으로 들어와서 그와 하나(One) 되지 않는 무지(ego)이다. 마리아복음은 "원죄 따위는 없다… 죄를 만들어 내는 자는 바로 너희 자신(마음)이다"라고 하였으며, 다만 일시적으로 "마음이 더러워지니까 사람이 더러워지는 것일 뿐이다"라고 하였다. 따라서 원죄(타락)는 개인이 자기의 의지로 진리(One)로부터 분리되는 이원적인 분별심(ego)이며, 불교적으로는 무명無明인 업(業, karma)이다. 모든 고통은 자기 행위의 결과이며(業報), 업業의 법칙도 진리를 자각한 사람의 경우에는 적용되지 않는다.

47장
양립이 불가능한

예수는 말씀하셨다. "한사람이 두 마리의 말을 타거나, 두 개의 활을 당길 수 없느니라."

　한 사람이 탈 수 있는 말은 한 마리이며, 하나의 활밖에 당길 수 없다는 것은 양립 불가능한 하나의 진리를 설명하고 있다. '두 마음을 품어 모든 일에 정함이 없는 자'(약 1:8)는 주관과 객관, 좋아하고 싫어하는 이원론적인 눈(ego)으로 모든 것을 분별하여 본다. 그러나 집착(ego)을 버리고, 새롭게 본질을 '지켜보는 자'(관찰자)는 모든 것을 전체(하나)로 보는 영안靈眼을 가진 자이다(눅 10:23). 이러한 내면의 영적 눈으로 전체를 보는 자는 신적인 존재이며, 어떠한 고통과 불행의 환영幻影에도 흔들리지 않으며, '조화의 환희'를 즐긴다.

　우리는 옛사람(ego)으로 살기에 고통을 일으키는 성공과 실패, 이익과 손해 등 꿈과 같은 이원성의 현상 세계를 벗어나지 못하고 있다. 그러나 이기적인 집착을 버리고 비이원성의 새사람(One)으로 살아갈 때 어둠의 세계는 사라지고, 실상 세계, 즉 빛의 세계인 영원한 생명(참나)을 얻는다. 이러한 지켜보는 자, 즉 관찰자는 감정에 흔들리지 않는 무집착의 경지이다(無爲自然). 바울의 "마음을 새롭게 변화해야 한다"(엡 4:23; 고후 4:16)는 진리는 생각의 흐름과 자기 자신을 동일시하는 그릇된 집착의 죄(無知)에서 벗어나야만 성취할 수 있다.

예수는 말씀하셨다. "한 하인이 두 주인을 섬길 수 없으며, 만일 두 주인을 섬기면 한 주인은 공경하고 다른 주인에게는 등을 돌리게 될 것이다."

누가(16:13)는 "하나님과 재물을 겸하여 섬길 수 없다"고 하였다. 하나인 하나님(참나)과 이원성인 재물(맘모나)의 '육신의 정욕과 안목의 정욕과 이생의 자랑'(요일 2:16)은 양립이 될 수 없다는 것이다. 그러나 두 주인 중 한 주인을 선택하면 전체성의 진리를 자각하지 못한다. 진리를 통한 자유와 평화는 부분(ego)이 아니라 전체, 즉 무선택(One)이라야 한다. 거듭난 자(One)에게 선택은 없으며, 다만 강물이 흘러가는 쪽으로 어디든 함께 흘러간다. 따라서 우리는 개체적인 것을 위하여 염려하지 말고, 먼저 전체적인 진리(천국)를 구하여야 한다(마 6:25-34).

우리는 선과 악의 부분적(ego)인 사유를 버리고 모든 것을 그 전체적(All)인 시각으로 보아야 한다. 또한 자연의 흐름과 대립하거나 이원적으로 주와 객을 나누어 분별하지 말고, 그저 삶과 함께 흘러가도록 흐름과 하나(One) 되어야 한다. 이렇게 '하나(One)가 된 삶'은 바로 전체성의 진리에 순복하여 존재의 환희로 충만하지 않을 수 없다. 예수는 진리란 하나(One)라는 것은 낡고 그릇된 개념을 지닌 사람에게 전해질 수 없음을 포도주 부대 비유로 설명하였다. 즉, 새 포도주는 오래된 부대에 넣지 않는데, 이는 부대가 찢어지기 때문이다.

진리를 성취하려면 신과 이 세상에서의 삶 자체를 이원적으로 구별해서는 안 된다. 왜냐하면 "모든 것은 신으로부터 나왔으며"*(롬 11:36), 인연에 따라서 잠시 모양을 취할 뿐인 공이다(因緣所生法 我說卽是空). 천지만물에는 오직 신(Christ)뿐이며(막 12:32), 여래(부처)뿐이다(十方如來 法界身, 관수량수경). 즉, "모든 것이 참나(神性)이다."** 따라서 동양의 내향과 서구의 외향에도 머무름 없이 이원성의 분별을 버리는 하나의 진리가 요구된다. 동양은 정신세계(神)가 발달하였고, 서구는 과학의 발달로 재물이 풍성하게 되었지만, 양쪽의 극단(불균형)은 피해야 한다.

예수는 말씀하셨다. "아무도 오래 익은 포도주를 마시면서 곧(immediately) 새 포도주를 갈망하는 사람은 없다. 새 포도주를 낡은 가죽부대에 넣는 자가 없나니, 그렇게 하면 새 포도주가 가죽부대를 터뜨리게 되리라. 오래

---

* 모든 것은 신으로부터 나왔으며(도덕경 42장), 다시 존재의 바탕이며 뿌리를 갈망하여 거기로 돌아간다(마리아복음). 예수가 하나님께로부터 오셨다가 하나님께로 돌아가신다는 것은(요 13:3) 근원에서 나와 근원으로 돌아간다는 것이다(氣一元論). 구원은 본질인 신의 자리(One)를 찾는 것(마 16:25), 즉 마음을 거두어 본래의 드러나지 않은 하나의 근원(佛性)으로 돌아가는 것이다(歸一, 大乘起信論). 창조신학을 반대한 샤르댕 신부는 신학과 과학을 통합하여 신은 '내적인 근원'(우주 에너지)이라고 하였다. 즉, 신은 세계를 초월하는 존재가 아니고, 세계 속에서 생명의 진화 과정을 추진함으로써 세계의 완성을 이루는 하나의 진리라는 것이다.

** 인도의 베단따 경전인 '바시슈타 요가'(신이 신에게 가르침을 준 인류 최고의 지혜서)에서는 "모든 것이 참나(의식)이다"라는 하나의 진리를 다음과 같이 설명한다. "바다는 물입니다. 파도들은 물입니다. 이 파도가 바다의 표면에서 유희할 때, 물결이 만들어집니다. 우주에서도 마찬가지입니다. 바다가 물결의 개체성을 바라보고 인식하듯이 의식은 개체적인 것들을 독립된 것으로 생각합니다. 그래서 자아라는 것이 생겨납니다. 이 모든 것은 의식이 지닌 신비한 힘의 놀라운 유희입니다. 그것이 우주라고 불리는 것입니다. 또한 햇불이 빠르게 회전하면 그것은 원처럼 나타나는 것과 같이 무한한 것이 진동할 때, 세상은 나타나는 것처럼 보입니다."

익은 포도주를 새 가죽부대에 넣는 자가 없나니, 그렇게 하면 그(양질의 포도주) 맛을 버릴 수 있기 때문이다. 낡은 천 조각으로 새 옷에 붙이는 자가 없나니, 그렇게 하면 그것이 새 옷을 찢으리라."

바리새인들의 사유인 선과 악, '창조주와 피조물'*을 나누는 이원성(ego)인 묵은 포도주와 새 포도주, 낡은 가죽부대와 새 가죽부대, 낡은 천 조각과 새 옷은 비이원성(One)인 하나의 진리와는 양립이 되지 않는다. 사랑과 미움, 치욕과 명예의 이원성(ego)만 없으면 밝고 분명한 진리가 되며, "이러한 하나(One)의 경계에서 정토淨土가 나타나는 것이다"(圓覺經).

요한복음 저자는 배타성을 철저한 포용성으로 변화시키기 원하였으며, 가나 혼인잔치의 표적(징조)을 통해 배타적인 유대인들의 물이 새로운 포용적인 생명(One)의 풍성한 포도주로 변했다고 설명한다. 즉, "예수가 인간의 죄를 위한 속죄 재물이다"라는 매우 원시적인 이원성을 부정하였다. 예수는 "다 하나가 되어 우리 안에 있게 하옵소서"(요 17:21)라는 기도와 같이 배타성(ego)으로부터 벗어나 포용성의 진리(One)를 깨달아야 한다고 가르쳤다.

'옳고 그름, 득과 실, 성공과 실패, 쾌락과 고통'처럼 대립되는 두

---

* 창조주와 피조물은 하나임에도 불구하고 이원적으로 잘못 해석하여 하나님이 물질을 창조하였다고 한다. 현대 물리학은 주관과 객관이란 하나의 세계라는 것을 증명하며, 아인 슈타인은 지·수·화·풍·공(地水火風空)으로 이루어진 우주를 하나의 생명으로 보고, 이것을 '통일장 원리'라고 하였다(막 12:32). 신학자 폴 틸리히는 동양의 무無와 허盧 등과 같이 하나님을 인격적인 신 대신에 비인격적인 '존재 자체'라고 하여 둘이 아닌 하나를 주장하였다(갈 3:20). 전체로서 하나(One)인 신(靈)의 창조 행위는 신 밖에서 일어난 외적 활동이 아니라 내적 활동이며(道生萬物, 도덕경 42장; 롬 11:36), 신과 인간은 본질적으로 하나이다(心佛及衆生 是三無差別; 요 14:20).

가지에서 선택을 하면 진리(천국)를 상실하게 된다. 하지만 이것을 아름다운 조화인 상보^{相補}, 즉 날줄과 씨줄, 동전의 양면과 같은 것으로 보게 되면 진보와 발전을 기대할 수 있다. 세상에 악이 있음은 선으로 이끄는 작용을 한다. "미움과 사랑, 괴로움과 즐거움 등의 이원성은 마음의 분별(ego)에 의한 것"(대승기신론)이다. 무분별심(One)은 "영원한 즐거움이 자신의 존재 전체에 밀려오는 것을 느끼게 한다"(現法樂住).

진리(One)의 관점에서 현실 이대로가 고통과 죄악이 사라진 하나의 참된 세계이며 무차별적 우주의 실상인 일진법계^{一眞法界}이며 극락세계이다. 즉, "한 송이 꽃이 한 세계요. 한 잎이 한 분의 여래이다"(一花一世界, 一葉一如來). 이와 같이 진리가 충만한 이 세상은 지극히 참되고(眞), 선하고(善), 아름다운(美) 화엄^{華嚴}의 경지이다(華嚴法界, 화엄경). 현대의 정신과학에서나 물질과학에서도 현실 이대로에 영원한 생명이 있고, 무한한 능력이 있음을 입증하고 있다.

48장
음양의 법칙

예수는 말씀하셨다. "만일 한 집에 사는 두 사람이 평화롭게 지낼 수 있다면 그들은 산더러 '옮겨 가라'고 말하면, 산이 옮겨갈 것이다."

'두 사람이 한 집안에서 평화롭게 지낸다는 것'은 유와 무, 음과 양, 빛과 어둠의 이원성을 초월한 조화와 상보적임을 상징하며(有無相生, 도덕경 2장), 내면의 이원성(거짓 나, ego)인 죄가 소멸되면 하나의 진리(참나)가 된다(得一者, 도덕경 39장). 이와 같이 대립적인 사유가 제거되면 어떠한 일도 할 수 있으며, 이원성의 지배에 있는 장애물의 산(ego)은 행복한 생명(One)으로 바뀌게 된다.

바울은 내면의 이원성인 '거짓 나'(겉사람, ego)와 비이원성인 참나(속사람, One)와의 대립적인 갈등을 "내가 원하는 바 선은 하지 아니하고 도리어 원치 아니하는 바 악을 행하는 도다"(롬 7:19, 21)라고 고백하였다. 누구나 내면의 두 자아가 충돌하게 되면 바울과 마찬가지로 "오호라 나는 곤고한 사람이로다… 누가 나를 건져내랴"(롬 7:24)고 절규할 것이다.

보고, 듣고, 생각하는 습관으로 형성된 습성(ego)이 소멸되고 '하나(一)가 곧 모두(一切)'인 내면의 진리(참나)를 성취하여 빛을 발하게 될 때 일체가 둘이 아닌 하나(One)로 되어 천국을 이룬다. 따라서 태산처럼 큰 고통(이원성)일지라도 '진리의 세계'(천국)에서는 치유되지 않을 수 없다. 왜냐하면 고통을 받는 '독립적인 개체'(假我, ego)는 단지 꿈과 안개와 같이 실재하지 않는 것(허상)임을 알기 때문이다.

"너희가 믿음이 있고 의심치 아니하면… 이 산더러 들려 바다에 던지라 하여도 될 것이요"(마 21:21)의 구절은 하나님과 '하나 됨'(One)을 통한 무한한 능력을 설명하는 것이다. 예수는 고통을 일으키는 개별성(ego)을 넘어 '하나 됨'(One)인 성령의 깨달음(참나, 마 13:13)을 강조하셨다. 이러한 개별적(독립적) 존재가 없다는 진리(One)를 현대 물리학이 에너지일원론(energy一元論)으로 증명하고 있다.

49장
홀로 있어라

예수는 말씀하셨다. "홀로이며, 선택된 자는 행복하다. 왜냐하면 그들은 하나님의 나라를 발견하게 될 것이기 때문이다. 너희는 그곳에서 왔고 다시 그곳으로 돌아가리라."

홀로된 자(覺者, monakos)는 하나님으로부터 '선택을 받은 자'(참나)로서 천국의 행복(makarios)을 누리며, 천국에서 와서 다시 고향인 천국으로 돌아가는 자이다(圓). 바울은 "만물은 주에게서 나오고… 주에게로 돌아가며"(롬 11:36)라고, 노자老子는 "돌아감이 도의 움직임이다"(反者道之動, 도덕경 40장)고 하였다. 따라서 우리는 하나님의 자리(근원)인 하나(One)에서 나오고, 하나(One)로 돌아가며(返本還源), 시작자리가 끝자리이다.

'홀로 된 자'(獨生子)는 개체(ego)에서 벗어나 온 세상에 충만한 하나(One)인 신성을 자각한 자이다. 그는 "모든 사물의 이치를 끝까지 파고 들어가면 앎에 이른다"(格物致知, 大學)는 경지에 이른 자이다. 자신의 내면을 지켜보면서 무한의 신비를 체험하였기에 시공을 초월한 근본 자리(One), 즉 생사와 주객을 초월하여 본질과 하나 된 것이다. 이렇게 진리를 묵상하는 사람이 묵상 속으로 사라지고 없다면 그것이 텅 빈 충만의 하나 됨이다.

"그 배에서 생수의 강이 흘러나오는"(요 7:38) '홀로 된 자'(覺者)는 예수를 믿고 깨달아 예수와 하나(One) 되어 죽음, 병 그리고 고통이 없는 천국의 절대적인 경지로 들어가게 된다. 이와 같이 알파이며 오메가로서 하나의 진리(참나)를 자각한 '홀로 된 자'(One)는 괴로움을 일으키는 시간성과 공간성, 물질성과 정신성 등의 분별 대상(ego)이 사라지므로 내면적인 참된 자유와 행복(究竟樂)을 누리지 않을 수 없다.

장자莊子는 진인론眞人論에서 근본 자리인 도를 따라 사는 참사람(true Self)을 다음과 같이 설명하고 있다. "옛적의 참사람은 삶을 좋아할 줄 모르고 죽음을 싫어할 줄 몰랐다. 태어남을 기뻐하지 않았고 죽음마저도 마다하지 아니하여 공空으로 왔다가 공空으로 갔을 따름이다." 이러한 '공空의 세계'(천국)가 된 무심한 영적 귀는 물소리, 새소리, 바람 소리, 매미 소리에서 신비한 부처(神)의 음성을 듣는다(傳心法要).

50장
그대들은 빛이다

예수는 말씀하셨다. "사람들이 너희에게 '어디서 왔느냐?'고 묻는다면 저들에게 말하기를 '우리는 빛으로부터 왔다. 빛이 스스로 존재하게 되었으며, 그것이 담대하게 서서 이미지로 드러내었다'고 대답하라. 저들이 너희에게 '그것이 너희냐?' 하거든 이르라. '우리는 그 빛의 자녀요, 살아계신 아버지의 선택받은 자녀'라고 대답하라."

우리는 스스로 존재하는 빛으로부터 왔으며, 그 빛은 우리의 모습 (참나)으로서 스스로를 드러내고 있다. 그러므로 예수만이 독생자가 아니라 '우리 모두가 빛(神)의 자녀로서'(갈 4:6-7), 본래부터 독생자이다. '아버지의 선택받은 자녀'는 하나의 진리로 자신이 신(神)임을 자각할 기회를 잡은 사람들이다. 따라서 구원은 대속자인 예수에 대한 타력적인 신앙이 아니라, '내면의 빛'(참나)을 깨닫는 자력적인 신앙이다. 이러한 하나의 진리를 깨닫는 방법은 '고요히 있음'(시 46:10)으로 거울의 먼지인 이원성의 에고(ego)를 제거하는 것이다.

예수는 우리의 삶에 가장 중요한 '나는 누구인가?'에 대한 명백한 답을 제시하고 있다. 즉, '나'는 본래 시공의 제약을 받거나 변화하는 육체의 형상이 아니라, 태어남과 죽음이 없는 하나(One)인 '생명의 빛'(요 8:12)*이며, 말씀인 신성(참나)이다(요 1:1)**. 예수를 배반한 자가 아니라 영적으로 준비된 제자인 '가롯 유다'***는 "자기 자신을 아는 사람은 내면의 인간, 즉 완벽한 인간(神)으로 힘입어 살 수 있다"(유다복음 35)****고 하였다. 또한 달마대사도 "그대는 어떤 부처도 숭배해선

---

* 예수만이 '생명의 빛'(神性)이 아니라 우리도 마찬가지인 것은 우리의 본성(아르케, 靈)이 시시각각 변하는 '몸과 마음'(虛相)이 아니라 광명의 신성(實相)이기 때문이다(요 15:27). 우리도 말씀(참나, Logos)이 육신으로 된 존재이며(요 1:1), 내면의 신성(세상의 빛)을 깨닫게 되면 죄, 병 그리고 죽음까지도 본래 없다는 것을 알게 된다. 우리의 인간성(참나)과 우주 만물의 본질은 일체에 두루 존재하고 있는 신성으로서 이를 인격화하여 믿으면 하나인 하나님(부처님)이다(非二元論). 따라서 공자孔子는 인仁으로 우주를 하나로 보았으며, 석가모니도 "일체중생과 산하대지가 한결같은 모든 지혜 공덕을 원만히 갖춘 부처(One) 아님이 없도다"라고 찬탄하였다.

** "태초에 말씀이 계시니라"는 것은 모든 것은 태초(아르케, 근원)인 말씀(Christ)에 의해 이루어졌다는 것이며(창 1:1-3), 말씀(참나)과 하나님은 불가분不可分의 일체이다. 예수는 공관복음(마태, 마가, 누가)에서 구약의 예언을 성취하는 메시아로 여겨지지만, 요한에게 는 태초에 하나님과 함께 계신 근원(One)으로 "아브라함이 나기 전부터 있고"(I AM, 요 8:58), "하나님 자신"(빛)이다. 우리의 정체성도 비이원성의 순수한 마음인 신성(神性, 참 나)으로 시간과 죽음을 초월한 영원한 생명(진리)이며 I AM이다.

*** 1970년에 발견된 '가롯 유다'가 기록한 '유다의 사라진 금서'(유다복음)에는 다음과 같은 내용이 있다. "예수는 유다에게 자신을 배신하라는 임무를 맡긴다. 너는 다른 모든 사도가 저주하는 제자가 될 것이다. 너는 나를 덮고 있는 이 육신을 희생시킬 것이다." 스퐁 주교는 "가롯 유다는 성서의 저자들이 종교적 열망 가운데 기대했던 것들에 일치시키려고 구약 을 이용하여 만들어 낸 자이며, 공관복음은 유대인들의 예배 문서들이다. 또한 유다가 목 을 매달아 자살한 것은 오직 마태복음에만 추가된 이야기라는 것을 아는 사람은 별로 없 다"(마 27:1-10)고 하였다. 또한 예수는 유다에게 "네가 하는 일을 속히 하라"(요 13:27)고 하셨다.

**** 이집트의 사막에서 발견된 유다복음은 '예수가 가롯 유다와 대화한 비밀 기록'이라는 말로 시작하며, 예수는 신성(불꽃)의 자각으로 구원될 수 있다고 한다. 유다는 예수를 배반 한 것이 아니라 사명을 받고 하나님의 계획에 참여한 자로써 설명되고 있으며, 고대 비밀 가르침에서는 유다가 목매어(마 27:5) 혹은 배가 갈라져 죽은 것(행 1:18)이 아니라 "계속 선교를 하였다"고 기록하고 있다. 신약학 교수인 고울더는 "공관복음서가 회당에서 사용 될 목적으로 기록되었고, 구약의 내용과 인용으로 가득한 유대인들의 예배 문서이다"라 고 주장하였다. 여기서 공관복음서란 마가의 문학 양식을 그대로 따른 마태와 누가를 모두 가리키고 있다.

안 된다. 그대가 부처이기 때문이다"라고 하였다.

예수는 우리가 빛으로부터 온 신적인 존재로 원죄설原罪說*을 부정하고 있다. 이러한 원죄설은 자신이 본래 청정한 영적 실재이며, '하나님의 형상'(창 1:27)임을 알지 못한 결과로 자기 자신을 죄책감으로 파괴한다. 마하르쉬는 『나는 누구인가』의 책에서 "그대 자신을 알라"고 하면서 "원죄는 독립적인 자아(ego)가 존재한다는 거짓된 환상이며, 고통의 근원이자 뿌리가 된다"고 하였다. 따라서 자아(거짓 나)의 허상은 안개와 같지만, 영적 자아(참나)의 실상은 빛이기에 신성을 자각할 때 '고통과 질병'(幻)은 사라질 수밖에 없다.

예수는 말씀하셨다. "너희 안에 있는 너희 아버지의 증거가 무엇이냐?"고 그들이 물으면, "그것은 움직임(動)과 쉼(靜)이니라"라고 대답하라.

하나(One)인 진리(참나)를 자각하여 하나님(천국)을 증거하는 것은 내면(One)으로부터 나오는 '움직임(動)과 쉼(靜)'의 조화(harmony)와 평화이다. 이때 동정動靜의 이원성은 사라지고, 전체로서 텅 비어 있게 되며, 잠을 자건 깨어 있건 한결같게 된다(능엄경). 대립되는 것이 만나는 곳에 궁극의 것이 일어나며, 선택하지 말고 움직임과 쉼이 하나

---

* 원죄설은 인간의 성적교섭으로 죄가 지속된다고 주장한 아우구스티누스에 의하여 교리화되었으며, 아담과 하와의 죄, 즉 "한 사람으로 말미암아 죄가 세상에 들어왔다"(롬 5:12)는 구절이 인용되었다(영혼유전설). 그러나 한 사람(안드로푸)은 이원성인 겉사람(죄, ego)이다. 죄는 하나의 진리를 믿지 않는 것으로(요 16:9) '있는 것'(實相)인 천국은 보지 못하고 '없는 것'(虛相)을 본다고 하는 무지無知이다(요 9:41). 원죄설은 너희는 신이며(요 10:34), 천국은 어린아이의 것(막 10:14)인 진리와 상반된다. 양자역학적으로 우주는 순수 에너지(實相) 그 자체이기 때문에 원죄는 상상의 개념이며, 본래 마음은 자취가 없는 것이므로 원죄 또한 뿌리가 없다.

(One)가 되어야 한다(止動無動動止無止, 신심명). 노자도 "돌아오는 것은 도(神性)의 움직임이다"(反者 道之動, 도덕경 40장)고 하여 모든 것이 순환 하는 음양의 법칙을 설명하고 있다. 예수의 죽음과 부활도 이원성의 헛된 마음을 부정하고, 영원한 본래 생명을 회복하는 둘이 아닌 하나 의 진리를 나타내는 상징이다. 그러므로 빌립복음은 "주님께서 먼저 돌아가시고 그 후에 부활하셨다고 말하는 자들은 잘못이며, 부활하시 고 돌아가셨다"고 한다.

'동動 속의 정靜으로 진리를 깨달은 요기'(바가바드 기따)는 행복과 불행의 분별로부터 초월된 '아름다운 조화를 누리는 자'(神性)이다. 바울이 "살든지 죽든지 내 몸에서 그리스도가 존귀하게 되게 하려 한다"(빌 1:20)고 말한 것은 생사가 진리 안에서 하나(One)라는 것이다. 바다와 물결같이 번뇌가 보리(菩提, 道)이며, '법계(理)와 현상(事)이 서 로 장애되지 않고, 현상(事)과 현상(事)이 서로 걸리지 않는 것'(理事無碍 事事無碍)은 현대 물리학이 운동과 정지, 힘과 물질은 모두 상호 보완 관계이며, 통일된 세계(One)라는 것으로 증명한다. 따라서 사람이 자신의 존재(참나, One)를 발견하는 순간 모든 이원성(ego)의 어둠(고 통)이 사라지기 시작한다.

"하나님은 만유의 주로서 만유 안에 계시며"(고전 15:28), 모든 세계 가 그의 안에서 만나는 '반대의 융합'(One)이므로 어떤 것도 거부하거 나 포기할 수 없다. 우리가 움직임(動)과 쉼(靜)의 양변에 머물게 되면 나누어질 수 없는 하나(One)의 신성(참나)을 모르게 된다. 노자老子는 "만물이란 음을 등에 지고, 양을 가슴에 안고, 비어 있는 기로 인하여 조화를 이룬다"(萬物負陰而抱陽 沖氣而爲和, 도덕경 42장)고 하였다. 육조 혜능대사는 "움직임(動)도 없고 고요함(靜)도 없으며, 남(生)도 없고 없어짐(滅)도 없으며, 옳음도 없고 그름도 없어서 적정하면 도道이다"(六祖壇經)라고 하였다. 따라서 움직임은 알파이며 쉼은 오메가로서 언제나 하나(One)이다.

진리(천국)를 깨닫는 것은 '문을 열어서'(계 3:20) 실패와 풍성함(롬 11:12), 움직임과 쉼, 생生과 멸滅의 음양 조화와 같은 전체성의 자리(One)를 자각하는 것이다(生滅滅已 寂滅爲樂). 노자는 "화禍여, 복福이 너에게 기대어 있구나. 복福이여, 화禍가 네 속에 엎드려 있구나. 누가 그 끝을 알리요?"(禍兮福之所倚 福兮禍之所伏 孰知其極?, 도덕경 58장)라고 하여 양자역학이 '양자 얽힘'으로 증명하듯이 선악과 화복은 대립 관계가 아니라 상호의존 관계임을 설명하고 있다. 따라서 죽음(불행)이란 탄생(행복)이 뒤에 숨어 있으므로 항상 전체를 보아야 한다. 이러한 진리를 주역周易의 『계사전繫辭傳』에서는 "음陰과 양陽의 두 기운은 둥근 원(圓, One)을 그리며 순환의 운동을 이어간다"(一陰一陽之謂道)*고 하였다.

장자莊子는 조삼모사朝三暮四의 비유를 통하여 전체(One)를 강조하고 있다. 인도의 성자 오쇼는 전체에 대하여 다음과 같이 말하였다. "지혜로운 자는 모든 것의 전체를 본다. 성性은 쾌락을 준다. 하지만 지혜로운 자는 그것과 함께 따라오는 고통까지도 본다. 재산과 성공은 기쁨을 주지만, 지혜로운 자는 그것이 데리고 오는 악몽도 함께 본다."

---

* 일음일양지위도一陰一陽之謂道인 "음陰과 양陽의 순환 운동"(道)은 중국의 음양도陰陽道, 태극도형, 한의학과 같이 상승(창조)과 하강(파괴) 그리고 인간이 태어나고 바로 그날부터 죽기 시작하는 원리이다. 음과 양으로 모든 것이 서로 원圓으로 이어가고 있다. 이러한 생사生死의 굴레를 초월하여 어둠(밤)과 빛(낮), 신과 악마를 한 에너지의 양면으로 여기는 '신성을 깨달은 자'는 죽음을 즐기고, 춤을 추며 노래한다. 즉, 참된 죽음이란 육신의 허상에서 생멸生滅과 '가고 옴'(去來)이 없는 절대적 실상(神)으로 변하는 것이다. 따라서 과정신학에 막대한 영향을 준 화이트헤드는 신과 세계와의 대립 관계를 내재와 조화의 관계로 보았다.

51장
깨어나면 이 자리가 천국이노라

제자들이 예수께 물었다. "어느 때에 죽은 자들의 안식(쉼)이 있을 것이며, 언제 새로운 세상이 오리이까?" 예수께서 저들에게 이르시되 "너희들이 기다리는 부활은 이미 와 있으나, 너희들이 이를 깨닫지 못하는도다."

    천국(안식)은 미래가 아니라 지금 여기에 이미 이루어져 있고, 옛사람이 죽고 새사람으로 하나 되는 신성(참나)의 자각이며(눅 17:21), 미래의 메시아 대망 사상과 부활(심판)은 부정된다. 다만 이원성의 어둠이 본래부터 있는 광명의 천국을 막고 있다. 아인슈타인의 '상대성이론'*은 모든 것은 끊임없이 움직이며, 시공간과 물질은 서로 독립적으로 존재하지 않고 의존적이라고 한다. 현존하는 천국(구원)은 별도의

---

* 아인슈타인의 상대성이론은 "시간과 공간은 서로 독립적으로 존재하지 않고 의존적 관계이므로 절대의 시간·공간·물질은 없으며(諸法空), 즐거움과 고통이 시간의 흐름을 결정하고, 즐거움과 고통 너머에 깨달음이 있다"는 것이다. 또한 그는 "종교 없는 과학은 절름발이요, 과학 없는 종교는 장님이다"라고 하였다. 현대 물리학이 고대 신비가와 같이 시공간은 마음이 만든 착각에 지나지 않는 것임을 증명한 것과 같이 시공 안의 모든 것은 단순한 '마음의 창조물'(전 1:2)이다. 따라서 꿈속의 고통이 깨어남에 의하여 소멸되는 것처럼 스스로 고통(虛相)을 받고 있다는 것도 "나(實相)는 영원한 신(부처)이다"는 둘이 아닌 진리의 자각에 의하여 소멸된다.

지리적 장소가 아니라 깨달음에 달려있으며, 부활이란 진리를 몰랐던 '죽은 자'(ego)에서 거듭난 '살아난 자'(One)가 되는 것이다.

마음 너머에서 온 생명의 빛과 마음에서 일어나는 어둠이 만나면, 어둠은 사라지고 전체성이 된다. 하루라는 시간의 차원에서 보면 낮에는 밝고 밤에는 어두운 것이 둘이 아니다. 죽은 자들의 안식(쉼)과 온 세상에 충만한 천국(참나)을 자각한 구원은 지금 여기이며(눅 17:21), 이 세상의 삶을 있는 그대로 받아들이는 '하나(One) 됨'(거듭남), 즉 무위(無爲)이다. 또한 '모든 묘함이 같은 문에서 나오는 것'(衆妙之門, 도덕경 1장)으로 하모니가 이루어지는 '바로 지금'(눅 17:21)이다. 따라서 구원은 지금 여기서 내면의 변화인 거듭남(깨달음)에 달려 있는 것이지(요 5:25; 고후 6:2), 타자의 힘에 의하여 이루어지는 것이 아니다. 자신이 '나는 개체적인 몸이다'(我相)라고 말할 때는 지옥에 있지만, '몸이 아니라 보편적인 영(靈)이라는 것'(無我)을 자각할 때는 천국에 있다.

부활은 죽음 후에 일어나는 것이 아니라, 예수가 "나는 부활이요 생명이다"(요 11:25)라고 한 것처럼 몸과 마음이 '나'라고 하는 생각(거짓 나)을 십자가에 못 박을 때 영적인 신성(참나)으로 다시 태어나는 것이다. 만물의 본질인 신성(佛性)은 깨어난 자 안에 충만한 생명의 광명이며(롬 1:20), 그대로 진리이기 때문에 우리가 가까워질수록 이원성의 어두운 고통은 사라지고 '광명과 환희'(One)로 충만해진다(法喜禪悅). 남전(南泉) 스님은 '천지가 생겨나기 이전에 깨달아야 한다. 즉, 시공을 초월한 영원한 극락(천국)을 지금 여기서 깨달아라'(從容錄)라고 하였다.

우리는 본래부터 내면에 있는 불생불멸(不生不滅)인 속사람(神性, 참나)을 각자가 찾아야 한다. 상대적인 외부의 사물에 휘둘려 몸과 마음의 노예(겉사람)가 되어선 안 된다. 이르는 곳마다 스스로 몸과 마음을 부리는 '참 주인'(속사람)이 되어 신기루 같은 것을 더듬지 말고, 오직 이 순간에 깨어 있어야 한다(隨處作主立處皆眞). 이때 물질 세계는 마음의 움직임에 의해 형상으로 나타나는 가상(假相)이라는 것(唯心所現)과 눈에 보이지 않는 실상(神性)을 체험할 수 있게 된다(요 9:39). 따라서 예수와 부처는 잠에서 깨어 자신의 참나(神性)를 찾는 부활을 가르쳤다.

52장

이 순간 살아있는 자를 보라

제자들이 예수께 이르되 "이스라엘에서 24선지자가 말하였거니와, 저들이 모두 주님에 대해 말했나이다." 예수께서 저들에게 이르시되, "너희는 너희 눈앞에 있는 살아 있는 사람을 무시하고 죽은 자들에 대해 말하는도다."

시공을 초월하여 살아있는 현존의 예수는 전체 속에서 살기 때문에 진리를 모르는 24선지자들이 말한 예언과 탄생, 죽음, 부활, 승천 그리고 재림이 있을 필요가 없다. 예수의 생애와 죽음이 예언적 약속의 성취라는 사상과 관련된 기독론은 도마에게 아무런 의미가 없다. 예수는 '자기보다 먼저 온 자'(거짓 나)들을 절도요 강도라고 하였다(요 10:8). 제자들은 과거 구약의 선지자들에 대해서 말을 하면서 그들의 내면에 계시는 그리스도(참나)를 무시하였다. 예수(One)는 항상 살아계시며, 우리와 동행하시는 영원한 지금과 편재하는 여기의 진리(생명)로서(요 14:6) 구약 예언의 성취자가 아니다(눅 24:27). 그러므로 바울은 편재하는 그리스도를 통하여 수건(ego)을 벗겨야 함을 강조하였다(고후 3:14-16).

우리 스스로 '내면의 생명'(참나)을 깨달을 때 눈앞에 있는 불생불멸의 살아있는 예수(진리)를 알게 되지만, 그것을 무시하면 '죽은 것'(ego)인 세상 물질의 노예가 된다. "나를 본 자는 아버지를 본 것이다"(요 14:9)고 하신 '예수(Logos)의 세계'(빛)는 밑도 없고 끝도 없는 One(All)이며, '가장자리도 없는 무한한 생명'(無量無邊)이다. 이러한 '우주적인 예수'(One)의 말은 과거 선지자들의 이원적인 말(ego)과는 본질상 차이가 있다. 그러나 마태(1:22)와 누가(24:44)는 예수를 메시아로 부각하기 위하여 그가 바로 예언서에서 예언한 분임을 입증하려 하였다.

우리는 죽이는 문자 중심의 육적인 눈(ego)에서 벗어나 '보는 것을 보는 눈'(관찰자, 눅 10:23)인 살리는 영적인 눈(靈眼, One)이 열리도록 해야 한다(고후 3:6). 또한 내면에는 하나님 아버지의 성령(true Self)이 계시며(마 10:20), 이러한 텅 빈 성령(神性, One)은 더러운 것과 깨끗한 것의 차별(ego)이 없음을 깨달아야 한다(廓然無聖, 막 7:14-15). 따라서 하나님의 현존現存을 체험하는 '신비한 합일'(神意識, One)을 위하여 솔로몬처럼 '모든 것이 평화와 침묵 속에 쌓이는 정적靜寂, 즉 공'(솔로몬의 지혜 18:14-15)의 상태가 요구된다(시 46:10). 이와 같이 침묵 속에 거하면서 신(참나) 자체를 체험하는 것이 진정한 영적인 예배이다.

53장

영적인 할례

제자들이 예수께 말했다. "할례가 유익합니까, 유익하지 아니합니까?" 예수께서 저들에게 이르시되, "만약 할례가 유익했다면 아이들의 아버지가 어미 배에서 이미 할례 받은 아이를 출산하게 하였으리라. 그러나 영적으로 받는 할례가 모든 점에서 유익하니라."

　자연은 잘못됨이 없으며, 영적 할례는 본질이 아닌 겉모습만을 보는 '거짓 나'(ego)의 집착을 소멸하고 '보편적인 참나'(One)인 속사람 (神性)을 드러내는 '내면의 변화'(회개)이다. 즉, 불이(不二)의 진리를 통하여 허상의 어둠인 무지(표피)가 벗겨지고, 무지 속에 숨겨졌던 영원한 생명인 참나(One)가 드러남을 의미한다. 이와 같이 개체(ego)를 벗어나 전체를 따르는 것이 곧 종교를 초월한 길이며, 하나(One)인 진리(道)의 길이다.

　바울은 "오직 내면적(on the inside) 유대인이 유대인이며 할례는 마음에 할지니 신령에 있고 의문에 있지 아니한 것이라"(롬 2:29)고 하였다. 따라서 할례는 육적 자아(ego)에 있지 않고, 하나님과 하나 (One) 되는 '참 생명'(靈)을 회복하는 것이다. 이러한 깨달음을 위하여 힌두교에서는 "내면의 자궁으로부터 황금의 껍질을 벗겨 주소서"라고 기도한다. 그러므로 거짓 자아인 허상의 자기(ego)를 슬퍼하고 버리려는 사람은 복이 있는 자이다(마 5:4).

영적인 할례를 통한 진리(道, One)의 성취는 쉽지도 않고, 어렵지도 않다(大道體寬 無易無難, 신심명). 그것은 자각의 문제이며, 행위의 세상을 초월한 무위에 관한 문제이다. '쉽다, 어렵다고 분별하는 것'(ego)은 중생이 한쪽으로 치우친 견해로 하는 말일 뿐이다. 성자聖者 라즈니쉬는 "그대가 도道이며 그리고 그대가 목적지이다. 그것은 어느 때든 손이 닿는 곳에 있었다. 지금 이 순간에도 그대는 그 안에 있으니 눈을 뜨도록 하라"고 하였다.

모든 종교는 "너 자신을 알라"고 하며, 인도의 성자 카비르(Kabir)도 "그대 자신을 모른다면 성지聖地를 찾아간들 무슨 소용 있는가?"라고 하였다. 자기 자신을 알면 모든 장소가 성스러워진다는 것이다. 그러므로 지금 여기서 자신의 거짓 나(ego)를 제거하면 편재하는 참나(천국)가 되며, 그동안 감추어져 있는 영원한 행복이 활짝 열릴 것이다(常樂我淨).

54장
무아가 된 자는 복이 있나니

예수는 말씀하셨다. "가난한 자는 복이 있나니 하늘나라가 너희 것임이라."

'가난한 자'는 물질적인 것이 아니라 영적으로 주객의 구분이 사라진 텅 빈 무아無我이다. 세상적인 삶(ego)에서 벗어나 초연하게 된 허심자虛心者이며, 하나님(진리)을 체험하는 자유와 기쁨을 누린다(見性悟道). 또한 무집착으로 아버지와 하나 된 예수의 자기 비움을 의미한다(빌 2:7). 이렇게 개체로서 '나'라는 에고ego 의식이 끊어진 자리가 되는 순간 영적인 조화로운 천국을 찾아낸다(요 12:25). 집착하는 마음(小我)을 버린 자는 만 가지 일에 허물이 없는 진리(大我)를 얻는다(無私成私, 도덕경 7장).

엑카르트는 가난한 자의 뜻은 "아무것도 욕망하지 않고, 소유하지 않는 자"라 하였다. 이렇게 마음(ego)을 초월한 빈 마음이 바로 참나(神, One)이다. 이기적인 에고ego를 죽이면, 텅 빈 공 가운데에도 천국을 볼 수 있기에 바울은 "날마다 죽노라"(爲道日損, 고전 15:31)고 하였고, 요가에서는 "매 순간 죽어라. 그래서 매 순간 다시 태어나라"고 하였다. 천국(참나)을 위하여 항아리가 비어야 그 안에 귀중한 보석을 저장

할 수 있듯이 완전한 포기가 있어야 한다. 따라서 "만약에 망념이 없는 줄을 관찰해서 안다면 마음의 본래 자리인 천국(One)에 들어가게 된다"(대승기신론).

예수가 "가난한 자"라고 말씀한 것은 '나'(ego)가 없는 '텅 빈 자리'(空의 세계)로서 집착과 의존이 없는 상태를 말하며, 이때 천국을 소유하게 되는 것이다. 장자(莊子)는 '빈 것'(빈 배)에 대하여 "세상의 강을 건너는 그대 자신의 배를 빈 배로 만들 수 있다면 아무도 그대와 맞서지 않을 것이다"라고 하였다. 거짓 나(ego)가 사라져 어떤 구분도 없이 완전히 비게 되는 그 순간 갑자기 참나(One)로 전체를 볼 수 있는 축복된 삶을 누리게 된다는 것이다. 즉, 이제 더 이상 고통과 슬픔을 일으키는 '나'(ego)가 없을 때 하나의 진리로 한량없는 기쁨과 환희에 넘치게 된다(歡喜踊躍).

그러므로 반야심경(般若心經)에서는 "몸(地水火風)과 마음(受想行識)이 모두 실체가 없는 공(空)임을 비추어 보여 일체의 고통을 건널 수 있다"(照見五蘊皆空 道一切苦厄)고 한다.

55장
자신의 십자가를 짊어지라

예수는 말씀하셨다. "누구든지 제 아버지 어머니를 미워하지 않는 자는 나의 제자가 될 수 없고, 형제와 자매를 미워하고 나처럼 자신의 십자가를 지고 따르지 않으면 내게 합당치 아니하리라."

영적 자아(참나)를 위하여 시공 안의 도덕적 개념인 육적 자아(ego)의 집착으로부터 자유로워야 예수의 제자가 된다는 것이다. 따라서 예수는 죄인들을 구원해 주는 구속자救贖者가 아니라 영적 스승이다. 자유로운 삶(One)은 이원성의 개념으로 구분된 '허상의 삶'(ego)을 떠나 전체로서 '실상의 삶'(천국)을 누리는 것이다. 본래 물질은 없기 때문에 모든 것은 진리(神)이며, 하나(One)이므로 생과 사, 마음과 물질은 둘로 나누어 질 수 없다(萬物一切). 따라서 죽음, 슬픔, 고통 등의 현상적인 문제(ego)는 상보성相補性의 원리(양자 얽힘)인 상호 보완과 순환의 성품을 회복함으로 치유가 된다.

'십자가를 지고'(람바노)의 의미는 예수의 죽음*과 부활의 의미가

---

* 예수의 태어남과 죽음이 있다는 것은 오직 '영원'만 존재하는 진리를 벗어난 무지이다. 즉, 예수는 "아브라함이 나기 전부터 내가 있느니라"(I AM, 요 8:58)와 "육肉은 무익하니라"

아니라 지금 육체의 '나'(業, ego)를 십자가에 못 박는 자기 부정이다. 구원은 '내면의 십자가'를 짊어짐으로 본래의 상태인 참나(神性)가 '거짓 나'(ego)로부터 회복되어 '하나님과 화목'(One, 고후 5:20), 즉 하나님과 하나(One) 되는 깨달음이며, 참나(靈)의 부활이다. 그러므로 나그함마디 문서인 '진리의 복음'의 부활론에서는 '너는 이미 부활을 지니고 있느니라'고 하였다. 이때 모든 것은 생명으로 채워진 축복의 향기이며, 일어나는 일들은 모두가 하나의 신비이다. 그러므로 예수는 우리의 죄를 대신하여 십자가에 못 박혀 돌아가신 것이 아니라 부활을 통하여 죽음(ego)을 극복하고 하나(One)가 될 수 있음을 보여준 것이다. 바울도 부활이란 썩을 육신의 옷(겉사람)을 벗고 영원히 썩지 않는 옷(속사람)으로 갈아입는 것(고전 15:53), 즉 몸은 죽어도 죽지 않는 것(沒身不殆, 도덕경 16장)이라고 하였다.

노자는 "성인(聖人)은 이원성의 병(病)을 앓지 않으니 그 병을 병으로 알기 때문이다"(聖人不病 以其病病 是以不病, 도덕경 71장)고 하였다. 병을 병으로 안다는 것은 병의 근원인 진리(참나)를 바로 알아 자유롭게 된 경지이다(요 8:32). 병의 근원(神性)을 알고 진리를 바로 보았다는 것이며 진리(One)를 알면 병(ego)으로부터 자유롭게 된다는 것이다(요 8:32). 또한 병(病)은 타고 있는 횃불을 빠르게 돌릴 때 생기는 원환(圓環)처럼 실재하지 않으며, '고통'(ego)은 본래의 '나'가 아니라 그림자의 형태와 같다는 것이다. 우파니샤드는 "'조화의 시각'에서 본다면 병고(病苦)에

(요 6:63)고 말씀하심으로 시간을 완전히 부인하였다. 임제선사는 강의 중에 부처는 결코 태어나지 않고 죽지도 않았다는 것을 다음과 같이 말하였다. "시간 속에 태어난 사람은 언젠가 존재하기를 그칠 것이다. 태어난 적이 있는 영원한 존재에 대해 말하는 것은 아무런 의미가 없다." 따라서 보이는 것은 잠깐이요(고후 4:18), 태어나고 죽는 것은 꿈과 그림자에 지나지 않는다(諸法無常).

시달리는 것은 최상의 고행이다"라고 한다. 따라서 고통과 불행도 수행자들이 고행을 통해서 얻는 것과 동일한 여러 가지 공덕功德을 얻는다(롬 8:28).

56장
세상을 알게 되면
시체를 발견하리라

예수는 말씀하셨다. "누구든지 세상을 알게 된 자는 하나의 시체를 발견한다. 그 시체를 발견한 자는 세상이 그에게 무가치하게 된다."

예수(진리)를 찾는 자는 사람들이 귀하게 여기는 물질 세계를 생명력(One)이 없는 헛된 시체에 불과한 것으로 여기거나 또한 안개와 그림자와 같이 실재하는 것이 아닌 것으로 본다(諸法空). 구원*은 이 세상이 공空으로 '헛된 것'(전 1:2)을 깨달아 집착에서 벗어나는 하나의 영적 세계이다(諸法實相, 요 17:21). 물질(허상)은 없고 '오직 신(천국)만 실재함을 깨달은 자'(막 12:32)는 어떠한 고통에서도 조화로운 하나의

---

* 구원은 예수의 간절한 기도대로 하나님, 예수 그리고 우리가 다 하나(One)가 되는 것이다. 왜냐하면 본래 하나님의 영(靈, 요 4:24), 예수 그리스도의 영(靈, 고후 3:17) 그리고 우리의 영(靈, 요 15:27)인 참나가 하나(One)이기 때문이다(전 12:7, 요 14:20). 불교의 구원도 부처와 하나(One)가 되는 성불成佛이다. 왜냐하면 본래 부처의 마음과 우리의 마음이 하나(One)이기 때문이다. 즉, 자기 마음이 범부의 번뇌로 덮여 있는 마음 이대로 본래 청정하다. 또한 번뇌가 없고 조금도 때가 묻지 않은 참된 지혜의 성품을 다 갖추어 있으니, 이 마음(true Self)이 바로 부처이다. 스스로 영원한 하나(One)의 마음(神)을 깨닫는 것이 바로 구원이다(世界一華, 요 17:21).

생명을 인식하여 '아이가 세상에 태어나는 기쁨'(요 16:21)과 '찡그린
얼굴을 펴고 웃음을 짓는 사람'(전 8:1)이다.

이 세상은 살아 움직이는 영화 속 장면이 필름에 의한 이미지
흐름이듯 '신성이 투영된 그림자'(神의 顯現)이다. 즉, 대상이란 마음
(ego)이 만들어 낸 창조물이며, 실제로 존재하지 않는 꿈, 환영幻影,
안개와 같을 뿐이다(諸法如夢幻, 약 4:14). 이 헛된 이원적 사유(ego)의
'분노와 탐욕을 놓아 버린 자'(One)는 가는 것도 머무는 것도 없는
영원한 생명(참나, 요일 1:2)을 회복한다(死卽生, 눅 17:33). 따라서 대각국
사 의천義天은 "내가 처한 세상과 내 몸은 둘이 아니니, 미혹하면 번뇌-
생사요, 깨치면 보리-열반이다"(大覺國師文集)고 하였다.

57장
깨달음의 빛으로 채워라

예수는 말씀하셨다. "아버지의 나라는 좋은 씨를 가진 사람과 같으니, 밤에 그의 원수가 와서 그 좋은 씨 사이에 잡초의 씨를 뿌렸다. 주인이 하인들에게 '가만 두라' 하고 이르되, '가라지를 뽑다가 밀까지 뽑을까 염려하노라. 추수 때가 되어 잡초가 드러나면 뽑아 불사르게 하리라'고 하였다."

　'가라지 비유'는 복음서 저자인 마태가 도마의 원ᵖ자료를 어떻게 부풀리고, 종말론적 해석을 가했는지 일목요연하게 대비하여 파악할 수 있다. 즉, 마태의 13장 26절에서 28절까지의 종들과 주인의 대화 양식은 확대 부분이다. 또한 '세상 끝'*인 마지막 심판의 날에 선인과

---

* 세상 끝이란 절대적인 끝이 아니라 옛것의 끝을 의미하며, 재생의 능력을 통한 새로운 세상의 시작이란 의미이다. 예수의 '마지막 날'(요 6:39)은 시간의 종말이 아니라 거듭나는 것을 의미한다. 중생에게는 시작과 미래의 끝이 없으며(大乘起信論), 심판(크리노)은 대상의 하나님에 의하여 우주의 종말에 있는 것이 아니라 '무엇으로 심든지 그대로 거두는 것'(갈 6:7)이다. 예수가 "내가 한 그 말이 마지막 날에 그를 심판하리라"(요 12:48)고 한 말씀의 의미는 사람은 우주의 진리에 의하여 심판되는 것이며, 심판하는 것은 인과율因果律이라는 것이다. 즉, 자기가 저지른 일의 과보를 자기가 받는 것은 신의 법칙이다(시 73:1-20).

악인이 갈리는 무서운 파국이 도래한다고 설명하고 있다(마 13:37-43).

도마의 시간관은 직선적이 아니라 순환적이며, 선과 악을 나누는 종말의 심판이 없다. 예수는 "나를 보내신 이를 믿는 자는 영생을 얻었고… 생명으로 옮겼으며… 곧 이때라 듣는 자는 살아나리라"(요 5:24-25)고 말씀하셨다. 즉, '진리를 깨달은 자'는 바로 지금, 죽음(ego)에서 영원한 생명(One)으로 옮겨졌으니 시공간의 세상 끝과 심판은 없다는 것이다.

기독교는 악인은 심판 후 지옥 불에서 영원히 고통을 당한다는 '영원 지옥설'을 가르친다. 선인과 악인의 분별이 사라진 진리의 관점에서 악인이 영원히 지옥 형벌을 받는다거나 영원히 하나님과 분리된다는 것은 있을 수 없다. 모든 것은 하나님으로부터 나와서 하나님에게로 돌아간다(롬 11:36). 그러므로 결국에는 악인도 회개하고 구원을 받게 된다는 것이다.

모든 것이 하나님(본질)으로부터 흘러나왔다는 유출설流出說(요 1:1-3)*은 동양의 종교와 서양의 신학자들(디오니시우스, 에리우게나)이 주장하였고, 솔로몬은 "바람은 남으로 불다가 북으로 돌아가며… 바람은 그 불던 곳으로 돌아간다"(전 1:7)고 하였다. 예수가 하나님께로부터 오셨다가 하나님께로 돌아가신다는 것(요 13:3)은 근원에서 나와 근원으로 돌아간다는 것이다(氣一元論). 따라서 구원은 본질인 하나님의

---

* 유출설流出說은 플로티노스Plotinos가 "모든 것이 하나(一者, the One)에서 나와서 다시 하나로 돌아간다"(一切萬法 不離自性, 롬 11:36)로 설명한다. 동양적으로는 "유는 근원인 무에서 생겼고"(有生於無, 도덕경 40장), "근원인 태극과 도道는 음양을 낳는다"(주역)고 하여 진화론적 사상으로 뒷받침하고 있다. 아인슈타인은 시간과 공간은 실재하지 않으며, "물질은 에너지이므로"(E=mc²) 무無에서 물질, 즉 유有가 창조될 수 있다는 것이다. 따라서 이원적인 창조주(主)와 피조물(客)의 관계는 하나의 진리로 재해석되어야 한다.

자리(One)를 찾는 것(마 16:25), 즉 마음을 거두어 본래의 드러나지 않은 하나의 근원(佛性)으로 돌아가는 것이다(萬法歸一, 대승기신론).

하나(One)인 천국은 '좋은 씨(善)와 나쁜 씨(惡)'의 이원적 분별(ego)을 쫓는 대신 자신 안에 이루어지는 천국을 가만히 지켜봄으로 얻게 된다. '선과 악', '좋다와 싫다'는 것은 서로 대립 관계가 아니라 서로가 돕는 상보적 관계이다. 추수 때, 즉 거듭나게 될 때 밀과 가라지를 나누는 거짓된 마음은 모두 소멸되고, 하나(One)인 참 생명(靈)만이 남게 된다.

"천국은 좋은 씨를 제 밭에 뿌린 사람과 같으므로"(마 13:24), 우리 안에 예수(One)라는 마음 밭(옥토)을 깨닫는 것이 천국이다. 구원은 '잡초 같은 삶'(ego)을 살지라도 집착(거짓 나)이 사라진 '새롭게 하는 불'(눅 12:49)을 만나는 것으로 밀과 같은 영원한 하나(One)인 참나(그리스도)의 복된 삶으로 변화되는 것이다(요 12:25).

58장
생명을 발견한 자는 복이 있도다

예수는 말씀하셨다. "수고한 자는 행복하나니, 저들이 생명을 찾음이라."

많은 사람들은 단지 에너지의 파동에 불과한 육체와 마음의 거짓 나(ego)를 진실한 참나(靈, One)로 잘못 알고 있다. 따라서 시험을 받은 예수와 같이 수고하여 이원성의 거짓 나(ego)를 소멸하고 하나의 진리 (참나)를 회복한 자는 행복하다(마 4:1, 막 1:12, 눅 4:1). 이러한 행복은 일시적이고 상대적인 것이 아니라 전체이며, 하나(One)에서 흘러나 오는 '절대의 경지'(究竟樂)이며, 시공간을 초월한 영원한 생명인 참나 (천국)를 성취한 것이다.

분별심(ego)으로 이원성이 발생하며, 이것이 고통과 갈등을 유발 한다. 그러나 '거듭난 자'는 분별하는 마음(ego)의 세력을 제거하고, 영원한 하나(One)의 진리(true Self)를 찾으므로(마 16:25) 고통과 불행을 초월하는 절대 평안을 누린다. 우주 만유가 본래 진선미眞善美를 원만히 갖춘 신성(우주의 氣)임을 깨닫고 "무아, 무소유의 생활을 지속할 때 주님의 제자가 되며"(눅 14:33), 에고(ego, 惡業)가 녹아져서 만사가 형통하게 된다(圓滿具足).

주역周易은 깨달은 자의 형통함을 "소인처럼 살면 그 집을 잃어버리지만, 군자처럼 살면 수레를 얻는다"고 가르친다. 고통으로부터 벗어나 자유를 맛보고자 하는 자는 "옛사람(ego)을 죽이고 새사람(One)인 그리스도(참나)로 충만하여야 한다"(마 10:39). 고통과 질병의 치유는 현상이란 실재하지 않는 환영임을 자각하고, '나'와 '나의 것'이라는 허상을 소멸하며(無我), '이것 또한 지나가리라'의 자세로 "모든 것을 신(참나)에게 맡기는 것이다"(순복,* 시 37:5).

---

* 마하르쉬는 "순복(surrender)이란 근원인 신(참나)에게 자기 자신을 내맡기는 것이며, 이원성의 마음(ego)을 죽이는 하나의 방법이다"라고 하였고, '모든 생각의 뿌리'인 "나는 누구인가?"에 몰입하는 참 자아(One)의 탐구를 강조하였다. 이러한 진리(神)와 하나(One)가 되기 위한 기도(헌신)는 "당신의 뜻이 이루어지이다"(눅 22:42)라는 단계에 도달할 때에야 비로소 성립된다. 예수는 우리 자신의 욕망을 일으키는 유위有爲의 마음(ego)을 버렸을 때 무위無爲의 진리로 치유가 된다는 것을 '38년 된 병자의 이야기'(요 5:1-9)를 통하여 설명하고 있다. 부처는 우리가 유위有爲의 자아(ego)로 삼고 있는 몸을 '허깨비 같은 망상으로 된 자신'(五蘊幻身)이라고 하였다.

59장

살아 있는 동안
살아 계신 분을 찾아라

예수는 말씀하셨다. "너희가 살아 있는 동안 살아 계신 분을 찾아라. 그러지 않으면 너희가 죽을 것이다. 그때는 살아계신 그분을 보려고 해도 볼 수 없을 것이다."

우리는 살아있는 동안 허상인 물질 영역(ego)을 버리고, 실상인 영적 영역(One)의 예수(참나)를 주목하여야 한다. 그렇지 않으면 '자신의 몸'(ego)은 죽은 것이며, 시공을 초월한 '살아계신 자'(예수, 요 8:58)를 보려 할지라도 보지 못한다. 우리는 이원론적 사유로 집착하는 마음 (ego)을 버림으로 '내면의 예수'(참나)를 회복하고(갈 2:20), 본래 그대로의 한결같은 하나(One)가 되어 마음의 평안을 누려야 한다(安心立命). 지금 여기에 충만한 천국(One)은 영적으로 '죽은 자'(ego)들이 본성(참나)의 거듭남을 통하여 체험하는 바로 이때이다(요 5:25).

우리의 내면에 천국이 있고(눅 17:21), 내 마음의 본바탕이 부처이며 (佛卽是心), 곧은 마음은 정토이다(直心是道場, 유마경). 즉, 우주의 실상 (One)은 '장엄하고 찬란한 극락(천국)'이지만, 영적 '죽은 자'(ego)는 못 볼 뿐이다. 모든 외적 상태는 내면의 마음 거울에서 나오는 반영이므로 '하나(One)의 진리'를 알기 위해서는 고요히 내면으로 향해야 한다(시 46:10). 원래부터 생生과 멸滅이 없는 '신성을 깨달은 자'(true Self)는 '살아계신 생명의 예수(I AM)와 하나 되어'(요 1:14) 흐름에 순응하면서 '삶을 긍정적으로 보는 행복된 경지'(至福)가 된다.

"말씀이 육신이 되어 우리 속에 거한다"(요 1:14)는 것은 예수의 성육신成肉身을 의미하는 것이 아니라, 말씀(예수)이 육신(사르크스), 즉 참나(신성)와 하나 되어 본래 우리 속에 내재하고 있다는 것이다(我是而成佛). 이 구절은 시공을 초월한 그리스도 차원의 진리를 믿고 우주적 기독론의 신학과 영성을 키우며, 내재적 신을 이해하는 데 도움이 된다. 우리는 시공간의 제약 속에 갇힌 역사적 그리스도가 아니라 시공간을 초월한 우주적 그리스도와 하나가 되어야 한다(요 6:56). 또한 이 세계는 하나의 유기체인 전체로서, 주객 □ 선악은 과정의 일부로서 갈등하지 않고 상호 보충 관계에 있음을 자각하여야 한다(눅 6:21).

'예수가 살아계신 자'(생명)인 것처럼 부처도 "내가 성불成佛한 것은 백천만억아승기겁(무한의 시간) 전부터의 일이다"(법화경)고 한 '살아계신 자'(생명)이다. 노자는 "그대보다 나이가 많다"고 한 공자에게 "나는 모든 것이 존재하기 전부터 존재해 왔다"고 하였다. 공자는 "나를 아는 자가 없도다"고 탄식하기도 하고, "하늘만이 나(생명)를 아신다"(憲問篇 37장)고도 하였다. 따라서 깨달음은 둘이 아닌 불변하는 진정한 참나(생명)의 자각이므로 이러한 하나(One)의 진리, 하나(One)의 생명을 목적으로 하는 '종교 간의 대화'*가 요구된다.

---

* 뉴욕 유니온 신학대학원의 교수인 폴 니터는 불교와의 대화를 통하여 충분한 가능성을 그의 책들을 통하여 제시하고 있다. 과정신학자인 존 캅은 기독교뿐 아니라 타 종교나 타

60장
안식처를 찾아라

예수가 한 사마리아인이 양을 끌고 가는 것을 보시고 제자들에게 이르시되, "저 사람이 어찌하여 양을 끌고 가는가?" 제자들이 그에게 이르되, "잡아서 먹으려 하나이다." 예수께서 제자들에게 이르시되, "양이 살아 있을 때는 저가 그것을 먹지 못하거니와, 오로지 저가 양을 죽여 시체가 된 다음에야 먹을 수 있느니라." 제자들이 이르되, "그럴 수밖에 없나이다." 그가 저들에게 이르시되, "그러므로 너희도 시체가 되어 먹히는 일이 없도록 안식처를 찾아야 하리라."

구원은 주관과 객관의 이원성인 에고(ego, 거짓 나)에게 잡아먹히기 전에 내면에 있는 양*인 하나의 생명(神性, 참나)을 깨닫는 것이다. 살아있는 동안 침묵과 고요의 상태에서 시공을 초월한 절대적인 내면

문화에도 하나님은 '에너지-사건'(energy-event)으로 활동하고 있기에 종교 간의 대화의 필요성을 제시하였다. 전 감리교신학대학 변선환 학장은 "지구촌에서 다양한 종교가 공존하는 현실과 그 진리성을 인정하고 종교 간 대화를 통해 상대방의 종교를 배워 스스로의 정체성을 확고히 하는 새로운 신학이 정립돼야 한다"고 주장하였다. 아인슈타인은 보편적 사실인 진리는 천지 우주의 모든 곳에 편재함으로 특정한 기독교만이 독점적으로 소유할 수 없다고 하였다.

의 안식처(천국)를 찾지 못하면 모든 생애는 무의미하여 시체, 즉 죽은 영혼이 된다. 그러므로 종말, 즉 죽음 후가 아니라 헛된 죽음의 삶(ego)을 마치기 전에 세상의 가장 하찮은 것이라도 성스럽기만 한 천국(참나)의 삶(One)을 회복하여야 한다.

산란한 마음을 쉬고 유한 상대적인 생각(ego)을 떠나 태어나기 이전의 원래 상태인 신성을 회복하려면 조용히 삼매三昧에 들어야 한다. 삼매의 마음 수행은 '신성(佛性)의 자각'으로 온 누리가 하나(One)임과 신과 인간의 근본이 '둘이 아닌 하나'(One)임을 알게 한다. 이러한 모든 번뇌(ego)에서 벗어난 무념무상無念無想의 하나(One) 된 경지는 구원을 의미한다. 구원은 모든 악의 원인인 이원성(ego)을 제거함으로 우주의 근원인 보편적인 생명(참나)을 있는 그대로 바라보는 '참나의 깨달음'(成佛)이다. 이러한 환희의 깨달음(거듭남)으로 근원에 도달하고 나면, 존재하는 모든 것이 하나(One)라는 진리(천국)를 발견하며, 예수가 "나와 아버지는 하나이니라"(요 10:30)고 하신 경지를 체험한다. 영원한 참나(Christ)의 깨달음은 인간이 생애 중 성취할 수 있는 최고의 목표이자 이상理想이라 할 수 있다. 왜냐하면 그것은 모든 인간적 추구의 궁극점이자 모든 인간적 한계의 완전한 초월인 동시에 신(佛) 혹은 절대와의 완전한 합일을 뜻하기 때문이다.

천국은 미래의 사건이 아니라 현재적 실재實在로 신성(佛性)의 자각으로 체험하는 '영원한 생명의 안식처'이다. 즉, 비이원성(One)인 동양의 종교들처럼 지금 이대로 자신이 신성임을 자각하여 시공을 초월한 영원성(참나)을 회복하는 것이다. 노자는 "생명을 지키는 사람은 전쟁터에 들어가더라도 갑옷 입은 병사에게 해를 입지 않는다. 대저 무슨 이유인가? 죽을 자리가 없기 때문이다"(無死地, 도덕경 50장)라고 하였다.

61장
빛으로 채워라

예수는 말씀하셨다. "둘이 한 자리에 있으매, 하나는 죽고 하나는 살 것이니라." 살로메가 이르되, "선생이시여, 당신은 누구시니이까? 당신은 누구시기에 내 자리에 앉아 나의 식탁에서 식사를 하셨나이까?" 예수께서 그 여자에게 이르시되, "나는 분열되지 않은 전체(不二)로부터 온 사람이고 내 아버지에게 속한 것이 나에게 주어졌다." 살로메가 이르되, "나는 당신의 제자이니이다." 예수께서 이르시되, "분열되지 않은 전체가 되었을 때는 빛으로 가득차지만 나누어질 때는 어둠으로 가득찰 것이다."

"둘이 한 자리에 있으매, 하나는 죽고 하나는 살 것이니라"는 뜻은 예수의 재림이나 마지막 날의 심판과는 아무 관계가 없는 내면의 문제를 가리킨다. 즉, "한 나무에 두 마리의 새가 있는데 하나는 윗가지에, 다른 하나는 밑가지에 앉아 있는데"(우파니샤드)에서 하나는 분별 시비하는 에고(ego)이고, 또 하나는 나누어질 수 없는 '지켜보는 자'(참나)이다. 분별하는 자(ego)는 죽은 자이지만, 하나(One) 된 자는 영생하는 깨달은 자(참나)이다. 하나님(전체)으로부터 온 예수는 어둠인 이원성(ego)이 사라진 영적인 빛(참나)으로 둘이 아닌 하나의 진리(천국)이다. 이러한 진리(예수)를 깨닫고 이원성의 거짓 나(ego)가 소멸된 살로메는 "나는 당신의 제자이니이다"라고 고백하였다.

'일원성인 전체가 될 때'(One)는 영靈의 빛(참나)으로 가득 차지만, '이원성으로 나누어질 때'는 어둠(ego) 속에 빠지고 만다. 인간은 모두가 다 본래 '텅 빈 충만'인 신성(우주적 에너지)이며 또한 '나와 너'도 나누어질 수 없는 하나(One)이다(롬 1:20). 따라서 어둠의 목숨인 허상의 집착(ego)을 제거하고 내면의 빛(神性)을 '자각한 자'가 구원을 성취한다(눅 9:24). 이러한 '하나(One)인 하나님 나라를 회복하고자 하는 인간 영성화의 길'(눅 17:21)은 시공간을 초월함으로 동양과 서양의 문화에 따라 다양할 수밖에 없다.

유대교의 에세네파, 카발라*, 수피즘 그리고 하시디즘 등은 내면에 있는 '신의 불꽃'(神性, 참나)을 자각하기 위하여 먼저 '거짓 나(ego)를 죽여야 한다고 말한다. 또한 신神은 신앙의 대상이 아니라 내면의 참나(One)를 깨달아 체험하는 것이라고 한다. 이러한 깨달음(구원)은 하나(One)인 하나님만이 유일한 실재이며(마 23:9), 다른 모든 것들은 허상이고, 유한 상대(ego)임을 자각하는 최고의 즐거움(究竟樂)이다. 이러한 '전체인 진리(예수)의 자각'을 통해 시간성이 영원성으로 환원되고, 망상이 만든 고통이 원인이 없는 행복(至福)으로 변형된다.

---

* 유대의 카발라는 불교처럼 윤회를 인정하고 영혼을 신의 불꽃·파편으로 보며, '신과 합일'(One)을 추구하는 신비 사상이다. 비밀 전승에 의하면 예수는 카발라 사상에 정통하였다고 하며, 도마복음은 카발라 사상이 핵심을 이루고 있다는 것이다. 카발라 창조론에 의하면 인간(靈)은 창조 전에 신과 하나였다. 분리나 창조가 일어나기 전의 신성합일 상태이며, 원圓으로 상징된다. 원은 시작과 끝이 하나이며, 시간과 공간이 하나로 존재한다. 바로 순수한 빛의 상태이다. 에덴동산에서의 추방은 신과의 분리이며, 영원한 신성 상실이었다. 이후부터 인간은 신성 회복을 위한 기나긴 영적 성장의 길을 걷게 되며, 윤회가 시작되었다고 한다.

62장
비밀스런 가르침

예수는 말씀하셨다. "나는 비밀스런 가르침에 합당한 자들에게 나의 비밀스러움을 말한다. 네 오른손이 하는 바를 네 왼손이 알지 못하게 하여라."

신비한 하나(One)의 진리를 이해하기 위해서는 텅 빈(empty) 마음이 요구된다. 예수는 비밀스런 가르침은 영적으로 성숙된 자들에게만 전하여 줄 것을 그의 제자들에게 권고하였다. 예수께서 "귀 있는 자는 들으라"(막 4:9)고 말씀하신 것처럼 영적 준비가 되어야 하며, 그렇지 않으면 "그것을 발로 밟고 돌이켜 찢어 상하게 한다"(마 7:6).

"네 오른손이 하는 바를 네 왼손이 알지 못하게 하라"(마 6:3)는 것은 도덕적 행동을 말하는 것이 아니라, 오른쪽(속사람) 사람들만 아는 하나(One)인 진리를 왼쪽(겉사람) 사람들에게 알지 못하게 하려는 것이다. 따라서 예수는 자신의 영적 가르침인 '하나(One)의 진리'를 심층적 차원의 사람들에게 올바로 전해야 함을 당부하고 있다.

우리는 불이不二의 생명을 깨닫기 위하여 주관과 객관을 분별하는 자세를 버리고 순수한 자세를 가져야 한다. 순수한 '어린아이의 마음'(One)은 진리를 전하는 일이나 자선을 할 때 자기가 선행善行을 한다는 의식 없이 무위로 행하는 것이다(마 6:20). 노자는 무위의 자세를 "남이 알아주기를 바라지 않기 때문에 공덕功德이 있다"(不自伐 故有功, 도덕경 22장)고 하였다.

"객관은 주관으로 말미암아 객관이요, 주관은 객관으로 말미암아 주관인 것"(신심명)을 자각한 자리가 하나의 생명(진리)이다. '천지우주가 부처(神)의 덩어리'(화엄경, 막 12:32)가 되어 일체 만상이 부처님(神) 자신의 심심미묘한 활동 양상이다. 따라서 우리가 대상(허상, ego)을 소멸하고 우주의 실상인 부처님(神)과 하나(One)임을 깨닫지 못하는 한 '근원적인 불안과 갈등'(ego)을 해소할 수 없다.

'하나(One)의 진리'(法界一相)에 대한 무지가 모든 불안과 고통을 일으키는 악의 원인이다. 이러한 무지로 우리는 물 위에 비치는 달을 보는 것 같이 가상假相밖에 보지 못하지만, 뿌리인 생명(One)을 깨달은 성자聖者는 '있는 그대로'의 실상(神性)을 본다. 이와 같이 '나'(거짓 나)라고 하는 생각을 없애고, 영적인 참나(眞我)를 찾는 일이 제일 큰 행복이다(涅槃第一樂). 빌립복음에서는 "무지가 모든 악의 어미이다"고 하였다. 따라서 원죄가 악이 아니라 무지(無明)가 악이므로 진리를 아는 지식으로 '본래의 상태'(참나)를 회복하여야 한다(호 4:6). 마하르쉬는 "만약 바깥으로 헤매는 마음이 안으로 향해져서 그 본래의 상태(참나)에 머무른다면, 그는 세상에서 아무런 고통도 겪지 않을 것이다"라고 하였다.

63장
어리석은 삶이여

예수는 말씀하셨다. "재물이 많은 부자 농부가 있어, 저는 '내가 돈을 투자하여 씨를 뿌리고 거두고 심어서, 나의 소출로 창고를 가득하게 하리라. 그리하면 내게는 부족한 것이 없으리라' 하였더라. 이렇게 준비하였거니와 그날 밤 동안 저가 죽었다. 귀 있는 자는 들을지어다."

예수는 육적이며, 유한 상대적인 이원성의 한계를 가진 '재물을 쌓는 자'(ego)가 영적인 '둘 아닌 세계'(One)의 아름다움을 놓치고 있음을 경고하고 있다. 무한 절대적인 삶인 '둘 아닌 영적 세계'(천국)의 아름다움을 위하여 시간과 에너지를 다하지 못하고 있다. 분별 시비(ego)를 초월하여 모든 것이 서로 일체가 되고, 융합하는 원융 무애한 경지인 천국을 놓치고 있다. 이와 같이 어리석은 '부자인 농부'(ego)는 지금 여기서 하늘나라(One)를 즐기는 평안과 행복한 삶을 누리지 못한다.

예수는 "부자가 천국에 들어가기가 어려우며"(마 19:23), "하나님의 눈으로는 부자가 아니다"(눅 12:21)라고 말씀하셨다. 꿈과 같은 재물(맘모나)에 집착하는 부자는 다른 사람과 분리된 '한 대상물'(ego)로 자신을 제한시키는 속박된 상태(노예)이다. 그러나 에고^{ego}에 의한 환영幻影의 막이 사라지고, '영안靈眼이 열린 자'는 자타불이自他不二의 하나 됨으로 자유와 평안의 경지(One)를 누린다(眞如法界 無他無自). 따라서 우리는 내면의 알(참나)을 둘러싸고 있는 견고한 껍데기(ego)를 부수고 밖으로 나와야 한다.

　재물에 집착하는 삶은 모두 헛되고 헛된 하나의 꿈이다(전 1:2). 이 꿈속에서 온갖 즐거움과 괴로움이 번갈아 들지만, 깨어남(깨달음) 이 일어나는 순간이 온다. 우리가 진리(참나)를 깨닫는다고 말하는 이 순간에 탄생과 죽음, 괴로움과 즐거움은 실재하지 않는 꿈이었고, 그것이 마침내 끝났다는 이해(知)가 찾아온다. 현대 물리학과 아인슈 타인은 이 세계에는 그 어떤 사물들도 실재하지 않는 공이며(諸去空), 다만 에너지의 진동과 상호작용들만이 존재한다고 증명하고 있다.

64장
무엇이 중요한지 알라

예수는 말씀하셨다. "어떤 사람에게 초대할 손님들이 있었다. 그는 저녁 만찬을 준비한 다음 하인을 보내 그 손님들을 초대하게 했다. 하인은 첫 번째 손님에게로 가서 말했다. '나의 주인이 당신을 초대했습니다.' 그가 말했다. '나는 몇 명의 상인들에게 돈 받을 일이 있다…' 하인이 돌아와 주인에게 그대로 전했다. '당신이 만찬에 초대한 이들이 모두 핑계를 대며 초대를 거절했습니다.' 주인이 그의 하인에게 말했다. 거리에 나가서 만나는 사람을 데려와 만찬에 참여토록 하라… 장사꾼과 상인들은 나의 아버지 집에 들어가지 못할 것이다."

'혼인잔치의 비유'(마 22:1-14, 눅 14:15-24)의 일반적 해석은 "세상 종말의 심판(징벌)과 택한 자들만 천국에 들어간다"는 것이다. 그러나 '시공을 초월한 하나님'(엡 4:6)은 주객과 자타^{自他}로 나뉠 수 없는 무량무변無量無邊의 신이다. 따라서 하나님(One)에게는 이원적 사유인 '심판한다는 것'과 '택한 자'들은 있을 수 없다.

현상에 집착하는 것은 밖을 향하는 마음(ego)이지만, 기도와 사랑에 흥미를 갖는 것은 '내면의 영靈'이다. 많은 사람은 '진리의 말은 담백하고 맛이 없기'(道之出口, 淡乎其無味, 도덕경 35장) 때문에 헛되고 헛된 미래의 성취를 영원한 '천국의 삶'(無爲)보다 더 가치 있다고 여긴다. 그러나 청정한 마음(참나)으로 '거듭난 자'(如來藏)들은 미래의 끝이 없다(大乘起信論).

'초대를 거절한 자'들은 허상(ego)인 경제적 가치를 선택하고, 실상(One)인 영적 가치를 버린 죄를 범한 자들이다. 그러나 자기의 본질(참나)을 깨닫기 위해 집착을 버리고 '초대를 받아들인 자'(One)들은 '언어의 길이 끊어지고 마음 갈 곳이 없어진 자리'(言語道斷 心行處滅)인 지금 여기에서 '천국의 기쁨을 누리는 자'들이다.

죄는 분별심으로 허상을 보면서도 '하나의 진리'인 실상을 바로 보지 못하는 무지(장애물, ego)이다(요 8:24, 9:41). 신에게 등을 돌리는 타락은 원죄로부터가 아니라 '개인의 타락'(ego로 돌아감)이다. 구원(열반)은 바르게 못 보는 집착과 분별의 허상 세계(ego)에서 벗어나 진리의 길인 실상 세계(One)를 바로 보는 평안과 기쁨의 경지이다(涅槃樂).

65장
내면의 문제

예수는 말씀하셨다. "한 친절한 사람이 포도원을 가지고 있었다. 이를 농부들에게 소작을 주어, 농부들은 거기서 일하고 저는 저들로부터 소득을 얻게 되었더라. 저가 종을 보내 농부들이 포도원의 소득을 저에게 주게 하였으매, 농부들은 그 종을 잡아 때려 다 죽게 했더라. 저가 돌아가 주인에게 고하매 주인이 이르되, '아마도 종이 저들을 알지 못하였으리라.' 주인이 다른 종을 보내니 농부들은 그 종도 때리니라. 그리하여 그 주인은 그의 아들을 보내며… 농부들이 저가 포도원의 상속자임을 알고 저를 잡아 죽였느니라. 귀 있는 자는 들을지어다."

마태(21:33-46), 마가(12:1-12), 누가(20:9-19)의 '포도원 농부의 비유'는 예수의 십자가 고난과 하나님의 징계를 추가한 반유대인 정서로 도마복음을 변형한 것이다. 그러나 예수는 진리와 하나 됨이 농부들에 의하여 좌절당하는 내면의 문제를 설명하고 있다. 농부(ego)들이 주인의 아들을 죽인 것은 '하나님의 아들인 예수를 십자가에 죽인 것'이 아니라 내면의 그리스도(참나)를 죽인 것이다. 따라서 천국은 '생멸의 세계'(ego)에서 벗어나 시공을 초월하여 '성령(One)으로 거듭난 피안彼岸

의 세계'(참나)로 건너간 경지이다(요 3:3).

농부들은 옳으니(是) 그르니(非)를 따지는 분별심으로 그들의 본래 마음인 영적 진리(참나)를 잃게 된 자들이다. 참나(靈)가 아닌 거짓 나(몸과 마음)는 인연을 따라 잠시 동안 나타난 꿈과 같은 공*이다(五蘊皆空). 이러한 거짓 나(ego)인 겉모습(이름과 형상)은 실체가 아니기에 당연히 멸滅해야 함에도 참나(神性)와 동일시하기 때문에 여러 가지 고통과 불행을 자초한다. 그러므로 공자孔子는 "자신의 이익만 아는 소인들은 신의 명령(One)을 알지 못하니 두려워하지 않고, 큰 사람을 업신여기고, 성인聖人의 말씀을 얕본다"(논어)고 하였다.

영지주의* 교사는 예수의 부활과 교회의 신앙고백 등 기독교 교리의 외형적 문자주의를 비판하고 있다. 영적인 종교 언어는 내적인 변형의 언어이며, '신적인 실재'를 청결한 마음으로 인식한 사람은 누구나 보는 것이 그의 실재가 된다(마 5:8). 따라서 신비로운 '영지靈知'를 얻은 사람'은 기독교인이 아니라 그리스도(참나)가 된다. "내가 누구이며, 어디서 왔으며, 어디로 가는가?"의 질문은 하나(One)의 진리, 하나(One)의 생명을 이해하는 열쇠이다. 동양의 여러 종교와 같이 보편적 생명인 신성(참나)에 대한 '내적인 자각'이 요구되는 이유이다.

---

* 영지주의(gnosis, 靈知)는 동양 사상과 같이 자기 자신을 인식하는 통찰력, 신비로운 지식의 깨달음이 구원이며, 기독교의 교리와 차이가 있다. 첫째, 죄의 회개와 구원이라는 개념을 사용하지 않고, 그 대신에 망상(ego)의 소멸과 깨달음(One)을 강조한다. 둘째, 예수는 구세주나 대속주가 아니라 내면의 지식(靈知)을 추구하는 사람을 위한 길잡이(禪師)로 간주한다. 셋째, 하나님은 전적으로 다른 존재가 아니라 하나님(神性)과 영적 자아(true Self)를 동일한 것으로 여긴다. 넷째, 처녀 탄생, 육신의 부활과 승천을 글자 그대로 받아들이지 않는다. 마지막으로 확일성을 강조하지 않고 심오한 영적 차원의 비밀 지식에 주안점을 두고 있다.

66장
나는 머릿돌이노라

예수는 말씀하셨다. "건축가들이 거부한 돌을 나에게 보이라. 그것이 모퉁이의 머릿돌이니라."

공관복음서에서는 포도원 주인이 자기 아들을 죽인 소작인들에게 찾아가 그들을 진멸하고, 포도원의 소작료를 제때에 바칠 다른 농부에게 포도원을 넘겨준다. 그 이유를 예수는 구약 시편(118:22)에 나오는 구절을 인용해 밝힌다(마 21:40-43; 막 12:9-11; 눅 20:15-18). 또한 악한 소작인들은 유대인들이고, 버린 돌은 죽임을 당한 예수로 결국은 그가 부활하여 인류를 구원하는 머릿돌이 되신다는 의미로 새긴다. 그러나 도마복음은 구약을 인용하는 차원이 아닌 지금 살아있는 불이(不二)의 진리로 예수(One)를 선포한다.

위 구절은 예수 자신의 미래를 가리키는 것이 아니라 '장자(莊子)의 바가지 비유'*와 같이 '쓸모 있음과 쓸모없음, 버린 돌과 모퉁이 돌의

---

* 장자莊子의 바가지 비유, 즉 큼과 작음의 바가지 비유는 다음과 같다: 혜자라는 사람이 장자에게 말했다. "우리 왕이 큰 박 씨를 주기에 심었더니 엄청나게 큰 박이 열렸답니다. 얼마

구분'(ego)을 벗어난 상보相補의 진리를 설명한다. 비록 사람들이 '버린 돌'일지라도 선과 악 등의 분별심(내면의 뱀, 창3:1)을 초월한 진리에서 보면 '모퉁이의 머릿돌'(신성)이 된다는 뜻이다. 사람들은 예수(참나)가 내면에 있음을 자각하지 못하지만(포도원의 농부 비유, 마 21:33), '자각한 자'(One)는 이원론적 사유를 벗어나 온갖 재난과 병고病苦로부터 자유롭게 된다.

영원한 구원을 위하여 자신의 근본(참나, One)을 찾는 것이 '영지주의 복음서'*이다. 무지無知란 "몸이 곧 나다"고 하는 자부심이다. 그 자부심을 제거하는 것이야말로 신을 얻는 것이고, 자기 자신을 아는 것이야말로 신을 아는 것이다. 신을 안다는 것은 모든 종교의 근원인 참나(그리스도)로 안주하는 것이다. 이와 같이 자신의 무지함(제한성)을 깊이 인식함으로 '우주의 실상'(眞如, One)**을 깨달은 자(true Self)는

나 큰지 쌀 열 가마는 들어갈 정도로 컸어요. 문제는 이걸 잘라서 도저히 물바가지로 쓸 수가 없었다는… 들기도 어려워서 물을 담아 옮길 수가 없고, 작게 여러 조각으로 잘라보니… 물바가지로는 쓸 수가 없더군요. 아깝지만 결국 다 부숴서 버리고 말았지요." 장자는 "그렇게 큰 박이라면 배를 만들어 강에 띄울 수도 있었을 텐데 너무 커서 물바가지로 쓸 수 없다는 생각 때문에 그 귀한 것을 버리고 말았군. 꽉 막힌 사람 같으니"라고 답하였다.

* 영지주의 복음서는 1945년 이집트에서 발견되었으며, 분별심이 사라진 '직관적인 앎'(깨달음)을 '지식의 빛'(고후 4:6), 즉 영지(靈知, gnosis)라 하고, 모든 존재가 하나라고 주장한다. 이러한 하나(One)의 진리는 불교의 "부처를 생각하면… 부처와 하나가 된다"(능엄경)는 것과 우파니샤드의 궁극적 실재인 브라흐만(梵)과 개아個我가 하나라는 범아일여梵我一如와 같다. 유교의 하늘과 사람이 하나라는 천인합일(중용), 장자莊子의 일체 대상과 마주하는 주체 사이에 구별이 없다는 물아일체物我一體, 천부경과 동학의 '사람이 곧 하늘'(人乃天)의 사상과 통한다. 이와 같이 서양은 신과 인간이 이원적 종속 관계라면 동양은 비이원적 일체 관계이다.

** 우주의 실상(眞如, One)은 "참된 공(空)인 동시에 오묘한 진리가 충만하며"(眞空妙有) 또한 영원한 불성神性이지만 여기에 생명을 부여하면 부처님(예수님, One)이 된다. '깨달음의 기쁨'(法喜禪悅)을 체험한 선승禪僧 하꾸잉이 "바로 이 자리가 연화국蓮華國이고, 바로 내 몸(true Self)이 곧 부처(One)이다"라고 노래한 시는 기독교적으로 "바로 이 자리가 천국(One)이고(도마복음 3장), 바로 내 몸이 곧 그리스도이다"(갈 2:20)라고 할 수 있다. 따

어떤 충격에도 동요하지 않고, 고요함을 유지하면서도 무한한 능력을 가진다.

소승불교는 연기성緣起性을 바탕으로 "모든 것은 유동하며, 어느 것 하나 고정된 실체가 없다"(諸法空)고 보지만, 대승불교는 시간과 공간을 초월한 하나(One)인 공(Emptiness)*이 보편성이며 질서와 조화의 궁극적 작인作因으로 개재해 있다고 본다(眞空妙有). 마찬가지로 양자물리학에서 물질의 동적인 성질은 아원자 입자들의 파동성의 결과로서 나타난다고 증명하고 있다. 즉, 우주는 역동적으로 상호 연관되어 있으며, 실로 짜인 직물처럼 조화롭게 상호 작용하는 불가분不可分한 것으로 내 안에 이미 엮여 있다(바가바드 기따).

라서 시공을 초월한 영적인 우주의 실상(實相, One)과 모든 것을 포용하면서도 초월하는 '하나(One)의 진리, 하나(One)의 생명'(참나)을 통하여 기독교와 불교는 서로 통할 수 있으며 또한 대화를 나눌 수 있다.

* 공(Emptiness), 즉 무(Nothingness)는 '역동적인 장場 에너지'로서 스스로 자연의 흐름에 맡길 때 비로소 찾게 되는 참된 자기로서 "우리의 몸을 유지하는데 필요한 에너지이다"(바가바드 기따). 또한 예수도 역사하시는 힘(energy)으로서의 하나(One)인 공(無)이다(골 1:29). "예수는 보이지 아니하는 하나님의 형상이시오 모든 피조물(크티시스)보다 먼저 나신 자이다"(골 1:15)에서 예수는 역사적 인물이 아니라 초역사적이며 우주적(One)인 그리스도(참나, 요 8:58)이며, 피조물은 '마음 밭을 개간한 자'이다. 진화론자進化論者인 테이야르 샤르댕 신부는 "예수 그리스도(One)의 편재(골 3:11)를 자각하는 것은 영성의 결과이다"라고 하였다.

67장

자기 자신을 알라

예수는 말씀하셨다. "모든 것을 아는 자도 '자기 자신'(true Self)을 모르면 아무것도 모르는 자이다."

　　자신이 누구인지 모르는 것이 모든 불행의 원인이다. '나는 누구인가?', 이 몸이 생기기 전에 '나의 본성(참나)은 무엇인가?'라는 물음을 통해 불행에서 벗어나야 한다. '개체적 나(거짓나)'는 헛된 허상이지만, 그러나 '보편적 나(참나)'는 실상(神)이다(요 10:34). 모든 것을 아는 자들도 그들 자신(참나)을 알지 못하면 하나인 천국(All)이 사라질 것이다. 예수는 "사람이 만일 온 천하를 얻고도 자기(참나)를 잃으면… 무엇이 유익한가?"(눅 9:25)라고 말씀하셨다. 따라서 구원은 자신의 참된 성품인 참나(Christ) 즉 천국을 아는 것(요 17:3), 즉 하나(One)인 진리를 자각하는 것이다(見性成佛). 자신이 순수하며 영원한 참나(신성)임을 항상 상기한다면, 마음은 고양되고 삶을 바라보는 관점은 숭고해질 것이다.

　　"자신을 알지 못하는 자는 아무것도 알지 못한다"(싸우는 자 도마서)는 것은 노자老子의 "자신을 아는 자는 명철하다"(自知者明, 도덕경 33장)는 것과 통한다. '거짓 나'(ego)는 '오온(五蘊, 色受想行識)의 가화합假和合인 허상'(因緣生)이지만, 우주의식인 '내면의 그리스도'(참나)는 실상이다 (갈 2:20). 따라서 오직 예수만 믿으면 구원을 얻는 것이 아니라, 믿음을 넘어서 내면의 신성(참나)을 깨달아야 하나님과 그리스도, 즉 '자신'을 알게 되고 '영원함, 절대 안락, 무한한 능력 그리고 청정함'(常樂我淨)을 얻게 된다(요 17:3).

우리는 불생불멸하는 예수의 본성과 동일하며 창조되지 아니한 자기(참나, 요 15:27)를 발견하고, 자신의 영적 경지를 고양시키기 위해 배움의 끈을 놓지 않아야 한다(호 4:6). 공자孔子는 "옛날에 배우는 자들 은 자기를 위하여 배웠고, 지금 배우는 자들은 남을 위하여 배운다"(論 語)고 하였다. 노자老子도 "자기 자신을 알고 있는 사람은 총명한 사람이 며, 자기를 이기는 사람이야말로 진실로 강한 사람이다"(自知者明 自勝 者強, 도덕경 33장)고 하였다. 이와 같이 자기를 알고 스스로 강해야만 도(진리)에 밝은 자라 할 수 있으며, 도에 밝은 사람은 반드시 만족할 줄 알게 된다.

예수와 부처가 이 세상에 온 목적은 중생이 본래부터 신(부처)이라 는 진리를 전하기 위함이다(本來是佛, 요 18:37). 즉, 불생불멸인 '인간의 절대적 존엄성'(참나)을 알려 주기 위함이다(요 15:27). 이러한 인간의 절대성은 역사적 예수와 부처의 존재 유무와 상관없이 영원한 우주의 근본 원리(진리)이다. 인간의 절대성은 남녀男女 □ 노유老幼 □ 귀천貴賤할 것 없이 평등하여 선악 □ 시비 등의 구분이 없다. 따라서 아무리 악한 자라도 선한 자로 섬기며, 아무리 천한 자라도 귀한 자로 모셔서 서로 가 존경하며 사랑하여야 한다.

68장

박해받는 자는 복이 있나니

예수는 말씀하셨다. "너희가 미움과 핍박을 받으면 복이 있나니, 너희는 그들이 발견하지 못하고, 핍박을 받지 않을 자리를 찾으리라."

우리가 미움과 핍박을 받을 때 행복한 것은 이원성(ego)의 겉사람(假我)이 사라지고, 발견하지 못하고 핍박을 받지 않는 자리인 비이원성의 속사람(眞我)을 발견하기 때문이다. 즉, 어디에도 집착함이 없이 그 마음을 내는 편안한 자리이다(應無所住 而生其心, 금강경). 예수는 괴로움을 경험한 후 깨닫는 내면에 있는 참나(생명)의 기쁨을 "기쁨으로 말미암아 그 고통을 다시 기억하지 아니하느니라"(요 16:21)는 산모 비유로 말씀하셨다.

참된 행복은 외부 환경에 지배받는 상대적인 것이 아니라, 내면의 영적 진리로 충만한 절대적인 행복이다(요 17:21). 진리의 세계는 어떠한 환경에서도 고통당하는 마음이 본래 없다(本來是佛). 이러한 영적 세계를 예수는 "내 나라는 이 세상에 속한 것이 아니니라"(요 18:36)고 말씀하셨다. 현대 물리학이 증명하듯 시간적으로 모든 행위가 무상하고(諸行無常), 공간적으로 자아의 실체가 없다(諸法無我). 그러나 집착을 소멸하면 최고 행복의 경지가 된다(涅槃寂靜).

예수가 "무릇 살아서 예수 안으로 들어와서 하나 되어 믿는 자는 영원히 죽지 아니하리니"(生死超越, 요 11:26)라고 말씀하셨다. 지금 여기에서 불멸의 신성(참나)을 믿고, 자각한 자는 하나님과 단절 없는 영원한 현존이며, 예수와 함께 이미 부활한 것이다. 부활은 '썩을 것'이 영원히 '썩지 아니함을 입는 것'(고전 15:54), 즉 옛사람(거짓 나)과 그 행위를 벗어 버리고 새사람(참나)을 입어서 하나(One)인 그리스도가 되는 것이다(골 3:10). 인간이 두려워하는 육체의 죽음은 환상(ego)에 불과하며, 이러한 환상인 죽음은 삶의 완성(One)으로 들어가는 마지막 문이다.

69장

굶주린 자는 만족하나니

예수는 말씀하셨다. "마음속에서 곤란을 당하는 자들은 복이 있나니, 저들이 진리인 아버지를 진정으로 알게 되었음이라. 굶주린 자는 복이 있나니 그들의 궁핍이 채워질 것이기 때문이다."

진리를 추구하면서 내면의 곤란(갈등)을 통해 '마음(참나)을 아는 자'(눅 17:21)는 행복한 자이며, 진리인 아버지를 깨닫게 된다(心卽是佛, 마 6:21). 여기서 '아는 자'는 일반적 지식을 '아는 자'와는 다른 진리(One)의 깨달음을 말한다. 추구하는 진리에 굶주린 자는 모든 종교의 목표인 이원성을 소멸하고 '하나의 진리'를 자각하여 영적 궁핍은 참나(One)의 진리로 채워지며, 끊임없이 순환하는 역易의 원리대로 모든 상황에서 극에 이르면 반대편으로 운동이 일어난다(막 9:35).

요한복음 주해를 쓴 헤라클레온은 "대부분의 기독교인들은 성경을 문자 그대로 받아들이는 경향이 있으며, 하나님을 이 세상의 창조주,* 모세에게 석판을 준 입법자, 예수를 낳은 거룩한 아버지로 여기

---

* 현재 과학적인 정설로 인정받고 있는 빅뱅 이론에 따르면 세계는 무한히 작은 에너지 점이 급격히 폭발(빅뱅)하면서 생겨난 것이며, 에너지(神), 즉 무에서 물질(有)이 창조될 수 있다

69장 _ 굶주린 자는 만족하나니 | 191

고 있다. 그러나 하나님의 존재를 체험한 사람은 이런 이미지가 인간이 만들어 낸 것임을 알게 된다"면서 비이원적 성경의 영적 해석과 '하나의 진리'를 강조하였다. '하나의 진리'란 하나님은 한(One) 분이며, 그 외에 다른 것은 천지에 없다는 것이다(막 12:32).

영원한 행복(至福)은 외적 조건이 아닌 내면의 깨달음에서 오는 영적 상태이며, 이원적 망상(거짓 나)인 죄를 소멸시키는 고통을 통하지 않고 체험할 수 없는 신비한 '하나의 경지'(참나)이다. 그러므로 죄라는 것은 영적인 '하나의 진리'를 바로 보지 못하는 육적이며, 이원적 사유의 분별심(無知, ego)이며(요 9:41; 롬 3:9), 예수, 즉 하나(I am what I am)를 믿지 않는 것이다(요 8:24, 16:9). 그리스도교의 신비주의자들은 하나를 위한 내면의 길을 '자기 발견의 단계, 자기 정화의 단계, 조명의 단계, 합일(One)의 단계'로 나누었다.

광대한 허공처럼 완전한 하나(One)의 진리가 충만한 이 세상은 모자람과 남음, 더러움과 무의미함이 없으며, 낮과 밤, '굶주림과 배부름'(헤라클레이토스; 눅 6:21)의 음양 조화처럼 하모니^{harmony}로 가득 차 있다. 분별 시비를 초월한 진리를 알게 되면 이원적 대립이 극복되는 자유로운 삶이 된다(요 8:32). 이러한 진리와 하나(One) 되는 삶(참나)은 영원한 평화와 기쁨으로 어쩔 줄 모르는 환희용약* 외에 아무것도

는 사실이 밝혀졌다. 현대 물리학에서 우주의 장場 에너지가 그 진동 여하에 따라서 양자, 중성자, 전자 등의 소립자素粒子가 이루어지고, 소립자 등의 결합 여하에 따라서 수소, 산소, 등 각 원소가 이루어져 물질계가 구성된다고 한다. 따라서 만물은 주(One)에게서 나온 것이므로 하나님은 이 세상의 창조주가 아니라 창조성이며(過程神學, 롬 11:26), 아인슈타인의 주장(光子의 자리: 空)과 같이 중생의 공업력共業力으로 우주가 구성되는 것이다(起世經).

* 환희용약歡喜踊躍의 체험은 육체와 마음을 '나'라고 하는 거짓 나(ego)의 번뇌로 '앞뒤가 뒤바뀐 꿈같은 생각'(顚倒夢想)을 소멸한 영적인 '하나의 참나'(그리스도) 안에서 일어나

없다. 그러나 '가지가 포도나무에 붙어 있지 아니하면 스스로 열매를 맺을 수 없는 것 같이'(요 15:4) 진리와 하나(One) 되는 득일得—의 삶을 살지 아니하면 자꾸만 깨어지고 무너지는 것이다(도덕경 39장).

우리의 궁극적 목표인 '진리와 하나(One) 되는 삶'이란 예수께서 말씀하신 "너희가 내 안에, 내가 너희 안에 있는 것"(요 14:20)이다. 바가바드 기따에서 "나를 예배하는 자들은 내 안에 있고 나도 그들 안에 있다"는 것은 불교의 "내가 그에게 들어가고 그가 나에게 들어있 다"(入我我入)는 견성성불見性成佛의 깨달음(涅槃)과 통通한다. 현대 물리학 이 증명하는 것과 같이 "천지 우주는 텅 비어 있지만"(諸法空, 전 1:2), "오직 시공을 초월한 신비한 진리(신성)만이 있다"(眞空妙有, 엡 4:6). 따라 서 예수의 생명(신성)인 "떡을 먹고, 피를 마시는 것"(요 6:51-54)은 진리 인 하나님(예수님)과 하나(One, 神人合—)되는 영생의 길이며, 새로운 삶이다.

는 희열의 경지이다. 요가의 성취도 '지켜보는 자'(靈眼, 눅 10:23)의 상태 안에 머무는 것이 며, 평화로부터 오는 기쁨이다. 이러한 참 기쁨과 행복으로 인도하는 구원(해탈)은 고통(불 행)을 일으키는 분별을 버리고 모든 사물의 본래 성품(神性)을 '바로 봄'(正見)으로써 이루 어진다. 이러한 '바로 봄'에 대하여 소크라테스는 "내가 무지하다는 사실을 안다"고, 공자 는 "나는 모를 뿐이다"(論語)라고 하였다. 즉, 나는 나를 좀 안다는 것이다.

70장

너희 속에 있는 그것을

예수는 말씀하셨다. "만일 너희가 너희 속에 있는 그것을 끌어낸다면, 그것이
너희를 구원하리라. 만일 너희가 너희 속에 있는 그것을 가지고 있지 못하면,
너희가 너희 속에 없는 그 상태가 너희를 죽이리라."

구원(새 생명)은 '오직 예수만을 구원자(대상)로서 믿는 대속론'(他力
信仰)이 아니라, '나는 누구인가?'를 통하여 스스로 에고^{ego}를 소멸하고
내면의 신성(참나)을 끌어내느냐에 달려 있다(自力信仰). 하나(One)인
진리(참나)를 알지 못하면 죄인이 되며(요 15:21,22), 내면의 참나(생명)
를 깨닫지 못하면 이원성의 거짓 나(ego)가 당신을 죽일 것이다. 내면
의 참나(靈)를 회복하는 세미한 소리(왕상 19:12)인 신의 음성을 듣기
위해서 자기 자신을 다 비우는 영적인 수행이 요구된다. 즉, 본래
상태의 평화(참나)를 어지럽히는 장애물(ego)을 차단해야 한다. 유와
무를 넘어선 참나(우주 에너지)는 무엇을 해서 얻어지는 것이 아니라
'욕망과 집착'(ego)을 소멸하고, 마음이 고요히 머무르는 힘을 키워야
드러나는 것이다(시 46:10).

이원성인 에고^{ego}의 목숨(魂)을 버림으로써 얻는 구원은 비이원성

(One)의 무한한 자유와 기쁨을 누린다(막 8:35). 즉, 고통과 불행을 일으키는 그림자인 에고ᵉᵍᵒ의 베일을 벗겨 '우리 안에 본래부터 감추어져 있는 보화'(마 13:44)인 무한한 능력의 신성(生命)을 발견하는 것이다. 이와 같이 어둠의 에고ego를 제거하고, 되찾게 된 '광명의 신神'*은 바탕이 넓어서 쉬움도 없고, 어려움도 없는 무한한 생명(One)이며, 이것을 발아시켜 열매 맺도록 하면 영적 풍성함을 누리게 된다.

우리는 내면의 변화인 회개(回心)를 통하여 실재하지 않는 꿈과 같은 허상의 세계(ego)를 벗어나 온 세상에 충만한 실상의 세계(神性)를 회복하면 진리와 하나(One)가 된다. 현상의 세계(ego)의 어둠(죄)은 실체가 아니기 때문에 '실상의 생명'인 광명(神性)에 의해 저절로 사라진다. 이렇게 '하나(One)의 생명으로 구원된 자'(참나)는 빈부, 고락, 생사 등의 변화에 마음이 동요치 않고 조화와 평화로운 삶(One)을 즐긴다. 바로 행위를 하되 유위나 작위로 무슨 사욕을 품고서 하지 않고, 자연의 이치를 좇아서 하는 무위無爲의 삶이다.

* 우주란 전자기장電子氣場, 곧 무한한 에너지를 갖춘 빛이 가득 차 있으며, 이것은 텅 비어 있는 하나(One)의 장場이지만, '광명의 신'으로 충만한 것이다(막 12:32). 종교는 본래의 자기(神, true Self)에 눈을 뜸으로써 이원성(ego)의 고통을 근절시키는 영성(One)의 자각이며 또한 구원의 원리도 둘이 아닌 하나(One)의 진리가 되는 것이다. 기독교는 '어린양의 피와 같은 그리스도의 보배로운 피'(벧전 1:19)의 구절을 "예수의 피로 구원되었다"라고 문자적으로 해석하였다. 이 구절에서 어린양은 에고ego이고, 피(하이마)는 육체의 빨간 피가 아니라 하나의 광명, 즉 생명(神性)을 의미하므로 "에고ego를 소멸하고 내면의 생명으로 구원되었다"고 재해석하여야 한다.

71장
다시 지을 수 없느니라

예수는 말씀하셨다. "내가 이 집을 헐겠거니와, 누구도 그것을 다시 지을 수 없느니라."

　요한은 "너희가 이 성전을 헐라 내가 사흘 동안에 일으키리라"(2:19)고 기록하였다. 이 구절은 예수가 죽으셨다가 사흘 만에 부활하실 것을 의미하는 것이 아니다. 성전(사르크스)은 겉사람, 사흘(삼 헤메라)은 하나님의 빛을 의미함으로 겉사람을 소멸하고 새로운 생명인 속사람을 일으킨다는 것이다. 따라서 예수가 본래의 속사람이 회복되어 부활의 빛이 된 것이다.

　예수가 헐겠다는 집은 이 세상에 널리 퍼진 거짓되고 분별하는 이원적 사유 구조를 의미한다. 이러한 겉사람(ego)의 집(허상)을 제거하고, '실상의 속사람'(One)으로 거듭나기만 하면 누구도 이원성의 헛된 '환영幻影의 집'을 다시 지을 바탕이 없게 된다. 부처도 "집 짓는 자여! 그대는 드러났다. 이제 다시는 집을 짓지 못하리라"(법구경)고 말씀하셨다.

　다만 꿈과 그림자에 불과한 겉사람(ego), 즉 이름과 형상形象으로 만들어진 이원론적 교리와 의식은 진리(One)의 깨달음에 장애가 되기에 언젠가는 파괴되어진다. 인간의 지식과 경험으로 진리(道)라고 부를 수 있는 진리(道)는 불변하는 진리가 아니다(道可道 非常道, 名可名 非常名, 도덕경 1장). 그러나 내면에 존재하는 영원히 살아있는 '진리(true Self)의 생명력'은 파괴될 수 없다. 그것은 언어와 시공을 초월하여 불변하는 영적인 '불이不二의 진리'(One)이기 때문이다.

예수는 "공중의 새를 보라… 들의 백합화가 어떻게 자라는가 생각하여 보라 솔로몬의 모든 영광으로도 입은 것이 이 꽃 하나만 같지 못하다"(마 6:26, 28)고 말씀하셨다. 새와 백합화는 진리의 생명력 속에 있기 때문에 계획하지 않고, 미래에 집착하지 않으며, 다음 순간을 근심하지 않는다. 즉, 모든 존재계가 그들을 돌보는 무위자연無爲自然의 경지(천국)이다. 예수는 '씨가 자라는 비유'(막 4:26-32)를 통하여 스스로 그러한 생명의 작용으로 이 세계에 현존現存하고 있는 천국(道)을 설명하고 있다(道法自然, 도덕경 25장).

72장
나는 합일자이니라

어떤 사람이 예수께 말했다. "내 형제들에게 일러 우리 아버지의 유산을 나와 더불어 나누도록 하소서." 예수께서 그 사람에게 이르시되, "이 사람아, 누가 나를 나누는 자로 만들었느냐?" 하시고, 제자들을 향해 이르시되, "나는 나누는 자가 아니다. 그렇지 않은가?" 하시더라.

　예수는 자신이 세상의 재산 따위를 나누는 이원주의자가 아니라 '하나의 진리를 전하는 자'라고 말한다. 예수께서 "둘을 하나로 하면… 너희는 하나님 나라에 들어가리라"(도마복음 22)고 말씀하신 것처럼 그는 신과 하나 됨을 전하는 영적 스승(合　者)이지 세속적 지도자(ego)가 되려고 온 것은 아니다. 둘이 아닌 전체성을 주장하는 '동양적 세계관'과 같이 신비스러운 하나(One)의 진리를 가르치기 위해 오신

---

* 동양적 세계관인 인도의 브라마니즘(힌두이즘), 불교의 연기설緣起說, 도교의 도 사상, 유교의 이기理氣 음양설陰陽說 등은 모두 삼라만상이 상호 보충성, 의존성 그리고 통일성(One)임을 그 본질적 핵심으로 하고 있다. 즉, "둘이면서 하나요, 하나이면서 둘"인 진리(One)이다. 따라서 존재는 고정된 실체가 없는 '연기적 존재'(相依相關)이므로 공(無, One)이라고도 한다. 우리는 일체를 포용하고 받아들이는 적극적인 '공의 실천'(One)으로 일체의 대립을 넘어서 나와 너가 하나(One)인 이타행利他行을 실천하여야 한다. 이와 같이 신

것이다(요 18:37). 따라서 '무지한 자'는 자기가 세상에서 보는 것은 무엇이나 진짜로 받아들인다. 이와 같이 보이는 가짜(허상)를 보이지 않는 진짜(실상)로 알고 본다는 것은 죄이다(顚倒夢想, 요 9:41).

'나누는 자'는 고통과 불행의 원인이 되는 '이원론적인 율법의 신과 분별심을 가진 자'(ego)를 의미한다. 예수가 '나누는 자'가 아니라고 하신 것은 상대적인 경계가 모두 끊어진 절대 진리(無我)를 말한다. 나와 너, 주와 객, 영혼과 육체로 나누는 것은 인간적인 인식 범위이며, 근본에서 볼 때 다 똑같은 하나(One)이다(道生萬物, 롬 11:36). 그러므로 내가 상대방에게 해를 끼치는 행동을 하는 것은 바로 나 자신에게 해를 끼치게 하는 것이다.

미워하거나 사랑하는 '이원성의 마음'(ego)만 없으면, 물질은 없고 불성(신성)뿐인 것이 환하게 밝아진다(但莫憎愛 洞然明白, 신심명). 무엇을 '가리고 나누고 받아들이고 배척하는 것'은 모든 것이 하나(One)인 진리(참나)를 떠난 거짓 나(ego)에서 이루어지는 것이다. 따라서 우리는 모든 것을 나누어서 분별함으로 고통을 초래하지만, 반대로 성자聖者들은 이것과 저것을 나누는 분별을 벗어나 모든 것을 하나의 성품(생명)으로 보는 행복을 누리고 있다.

예수는 진리의 자각을 통하여 온 인류의 고통(無知)을 자기의 것으로 짊어지셨기에 "내(One)가 이르는 것은 내 아버지께서 내게 말씀하신 그대로이다"(요 12:50)고 하셨다. 부처(One)도 일체중생을 '하나로 보는 자각'(無我)을 통하여 중생을 위해 활동하는 인격을 가졌다. 노자老子는 "만물이 변화하되 욕심이 일어난다면 나는 이름 없는 통나무(道,

---

(One)에 의하여 지배되는 모든 것은 '있는 그대로 되어가는' 오묘한 조화 속에 있는 것이다.

One)로 그것을 눌러 버릴 것이다"(吾將鎭之以無名之樸, 도덕경 37장)고 하였고, 장자莊子는 '하나로 하는 자'를 통전적統全的인 진인眞人의 경지라고 하였다.

73장
영적 일꾼인 깨달은 자들

예수는 말씀하셨다. "추수할 것이 많되 일꾼이 적으니, 그러므로 주인께 추수하는 일꾼을 보내 달라고 간청하라."

교회로 인도하는 전도자를 위한 것이 아니라, 누구나 다 익은 곡식(神性)을 가졌으나 추수하는 영적 일꾼인 '깨달은 자'(One)가 적으니 많아지도록 해야 한다는 것이다. 내면에 신성이 있듯이 개(犬)에게도 신성이 있으며, "똥, 오줌에도 도(神性)가 있다"(『장자』)는 진리를 깨닫는 자가 많지 않다. '신성의 빛'(고후 4:6)으로 에고(ego)가 사라지고 언어의 길이 끊어지고 마음 갈 곳이 없어져 버려 두루 통하여 막히는 곳이 없는 하나의 진리를 자각하는 자가 적다.

이 세상의 모든 현상은 마음(ego)에 의한 허상이지만, '불이不二'의 진리인 신성(성령)을 깨달은 자'(true Self)에게는 실상이며, 이들은 세상의 소금으로 소금의 짠맛을 내는 역할을 한다(마 5:13). 소금인 신성, 즉 참나(靈)는 예수가 니고데모에게 '물과 성령'으로 거듭나기만 하면 들어간다고 한 바로 천국의 자리(One)이다(요 3:5). 불생불멸不生不滅하는 '하나의 신성(생명)'은 현대 물리학에 의한 에너지의 총량이 일정하다는 '에너지 보존의 법칙'으로 뒷받침된다.

예수와 부처의 가르침이란 온 우주에는 하나(One)의 진리(참나)로 충만하며(諸法實相), 그 외 아무것도 없는 텅 빈 공이라는 것이다(諸法空, 막 12:32). 따라서 실재하지 않는 사물의 허상(空)을 실재하는 것으로 보는 것이 바로 죄이다(요 9:41). 모든 형상 있는 것은 허망(空)하니 형상을 본래 형상이 아닌 것을 알면, 진리(如來)의 모습을 보게 된다(若見諸相非相 卽見如來, 금강경). 종교들은 우주를 전체로서 하나(One)인 진리를 하나님, 부처님 그리고 브라흐만 등 여러 가지 이름으로 부를 뿐이다.

74장

우물 안에는 아무도 없다

예수는 말씀하셨다. "우물가에는 사람들이 많은데 우물 안에는 아무도 없다."

　많은 사람들이 '우물(진리)을 쳐다보지만' 막상 우물 안으로 들어가 분별이 사라진 하나의 진리, 즉 무아無我를 체험하는 사람은 아무도 없다는 의미이다. 예수의 실망은 사람들이 '이원성의 분별'(교리의 종교)에 사로잡혀 우물가에만 머물되 안으로 들어가지 못하고, 내면의 눈을 뜨지 못하기 때문이다. 오직 거짓 나(ego)를 벗어나 본래의 참나(靈, One)를 깨달은 극히 소수의 사람만 우물(神性) 안에 머물 수 있다(바가바드 기따). 깨닫는 방법으로 주희는 "마음을 고요히 가라앉히면 초월하여 하나님(참나)을 대할 수 있다"(敬齋箴)고 하였다.

　예수의 "원수를 사랑하라"(마 5:44)는 말씀은 속사람을 따르지 아니하는 원수인 겉사람(감각적 욕망)을 굴복시켜서 속사람에게 제물이 되게 하며, 겉사람과 하나(One)가 되어야 한다는 의미이다. 자신이 온 우주와 연결되어 있다는 하나(One)의 진리를 깨달은 성인聖人들은 인류가 괴로움을 당하는 것은 오직 나의 죄 때문이라고 한다. 따라서 '하늘에 있는 신'(他者)이 순종하지 않는 자에게 벌罰을 준다는 구약의 이원적인 주장은 하나(One)의 생명 안에서 모든 현상을 '인과의 법칙'*(갈 6:7)인 원인과 결과로 보는 진리와는 양립하기 어렵다.

---

* 인과의 법칙, 즉 업(業, karma)의 법칙은 행위의 결과에 따라 받는 과보(果報)이며, 신의 상벌賞罰이라 할 수 있다(마 5:26; 갈 6:7). 현재의 기독교 교리대로 우리가 저 멀리 있는 대상의 인격신으로부터 복福과 벌罰을 받는다고 하면, 이러한 주객으로 나누어지는 이원적 신은 하나의 진리가 아니라 마귀이며 살인한 자이다(요 8:44). 마음은 자신의 행위에 따라 여러 가지의 의식 상태에 있을 수 있다. 심리학자들은 우연한 사건 대부분은 우연히 일어난 것이 아니라 잠재의식의 표출이라고 한다. 따라서 우리가 경험하는 고통과 불행은 과거의 업보業報가 사라지는 정화 과정이며, 사물의 진정한 상태(본질)를 보도록 가르치는 영적 성장의 은총일 수가 있다.

75장
홀로된 자만이 신부의 방에 들어가리라

예수는 말씀하셨다. "많은 사람들이 문 앞에 서 있으나, 홀로된 자만이 신부의 방에 들어가리라."

우리의 에고(ego)인 '몸의 나'는 시공과 주객主客에 의해 제약된 '거짓 나'이다. 그러나 에고(ego)의 근원은 순수하고 제약이 없으며, 인간의 사고와 인식을 초월하는 참나(神性)이다. 따라서 내면의 변화를 통해 헛된 거짓 나(ego)를 버리고, 진리(참나)를 자각하여 초연하게 된 홀로된 자(모노게네스, 獨生子)만이 분별이 없는 신부의 방(참나, One)으로 들어가는 구원을 이룬다. 즉, 더 이상 나누지 못하는 하나가 된다(막 10:9). 우리는 이원성의 분별(ego)만 버린다면 본래부터 갖추고 있는 자성청정심自性淸淨心인 '하나(One)의 생명 자리'(神性)를 체험하는 환희를 누린다.

빌립복음에서는 "진리의 신비는 형태와 이미지로 드러나지만 '신부의 방'(골방)은 숨겨져 있으며, 이것은 신성 중의 신성이다"고 하였다. 이원성의 에고(ego)가 소멸되고, 본래의 성품인 신성(참나)으로 돌아가서 '하나님과 하나(One)'되면, 속박과 장애가 사라진 자유자재(自由自在)의 세계가 된다(歡喜踊躍). 이러한 하나(One) 된 경지에 대하여 예수는 "내가 아버지에게서 나와 세상(ego) 안으로 왔고, 다시 세상(ego)을 떠나 아버지께로 가노라"(요 16:28)고 말씀하셨다. 즉, 제물이 된 겉사람과 속사람(근원)이 하나(One) 되어 흐르고 있음을 설명하고 있다.

불교의 금강경(金剛經)에서는 하나를 "일체 만법이 불성 아닌 것이 없다"(一切法皆是佛法)고 설명한다. 즉, 모두가 불법(佛法)의 인연 속에 사는 것이므로 아름다움(美)과 추함(醜), 존경과 모욕, 친구와 적(敵) 등의 이원성(ego)으로 분별하지 말라는 뜻이다. 또한 법구경(法句經)에서는 "우리 자신이 분별 시비하고 망상하여 왜곡시키지 않으면, 본래 모든 것이 평등무차별하고 삼라만상이 한결같다"(一味平等)고 하였다. 장자(莊子)는 "하나가 됨은 하늘과 더불어 무리가 되며, 그 하나가 못됨은 사람과 더불어 무리가 된다"(大宗師)고 하였다.

76장
영원한 진주를 찾도록 하라

예수는 말씀하셨다. "아버지의 나라는 마치 많은 물건을 가지고 있으면서 하나의 진주를 발견한 상인과 같도다. 그 장사꾼은 현명한지라 가지고 있던 모든 물건을 팔아서 자신을 위해 그 진주 하나만을 샀느니라. 그러므로 너희들도 좀이 먹거나 벌레가 해치지 않는 영원히 변하지 않는 진주를 찾도록 하라."

교회에 헌금을 많이 함으로 하늘에 보화를 쌓는 이원적 사유의 해석이 아니라(마 6:19-21), 거품과 같은 일시적인 '세상적 소유'와 하나(One)의 진리인 영원한 '영적인 부ᄴ'가 비교되고 있다. 지혜로운 상인은 자신을 위해 모든 물건을 팔아서 좀이 먹지 않는 진주(참나, 천국) 하나만을 샀다. 구원은 장사꾼과 같이 무지를 탈출하여 욕망을 버리고, 현상 세계 속에 숨은 고귀한 진리(진주, One)를 찾는 것, 즉 깨닫는 것이다(마 16:25). 따라서 눈에 보이는 현상은 꿈과 그림자와 같이 헛됨을 이해하게 될 때 깨달음은 찾아온다(覺後空空無大天, 전 1:2).

우리는 옳음과 그름, 행복과 불행 등으로 나누며, 끊임없이 생멸변화(生滅變化)하는 무상한 헛된 마음(ego)을 내려놓고, 그것들의 뿌리(One)가 되는 '천국의 진리'(神性)를 찾아야 한다. 즉, "너희도 준비하고 있으라 생각지 않은 때에 인자가 오리라"(마 24:44)는 예수의 말씀처럼 항상 '새로운 의식 상태'(참나)를 자각하여야 한다. 안개와 같은 마음(허상)이 사라진 자는 하나(One)가 됨으로 형태 없는 생명(실상)인 '본래의 하나님 형상'(참나, 창 1:27)을 회복한 자이며, '참된 행복과 평안을 누리는 자'이다.

예수가 "세례 요한의 때부터 지금까지 천국은 침노를 당하나니 침노하는 자는 빼앗느니라"(마 11:12)고 말씀하시듯이 '벌레도 먹지 않는 오래가는 진주(眞珠)'인 속사람(참나, 그리스도)을 찾으려면 심신(心身)을 다하여 '에고(ego)의 생각을 버리고'(空), 모든 이원론적인 상(相)을 소멸시켜야 한다. '요가를 성취한 사람'처럼 이원성(ego)을 벗어난 '평등한 마음'으로 하나(One)되면, 모든 것이 원만하게 갖추어진다(圓滿具足).

불교 법화경(法華經)의 부자 친구와 가난한 친구 이야기인 '옷 속의 보석 비유'에서는 내면에 깃든 하나님의 보화(참나)를 깨닫지 못하는 어리석음을 설명한다. 이미 보화(佛性)가 깃들어 있어도 깨닫지 못하면 아무런 공덕이 없지만, 깨달으면 무한의 공덕을 갖는다. 영원한 불성(神性)은 일체의 신통, 자비, 지혜가 다 나오는 여의주(如意珠)이다. 영묘한 구설인 여의주는 맑고 깨끗하지만 거친 광석의 때를 가지고 있어 선행과 수행 등으로 다듬지 않으면 깨끗해질 수 없다(대승기신론).

77장

나는 빛이며 전체이노라

예수는 말씀하셨다. "나는 모든 것들 위에 비치는 빛이다. 나는 모든 것이다(I am the All). 모든 것이 나로부터 나왔고 또 모든 것이 나에게로 돌아온다. 나무토막을 쪼개 보라, 그러면 내가 거기 있다. 돌을 들어 보아라, 그러면 거기서 나를 찾으리라."

예수(참나)의 정체성은 십자가에서 대속제물이 된 나사렛 예수가 아니다. 그는 시공의 한계를 초월한 빛으로 전부(神性)이며, 어디에서나 발견되는 절대의 '우주적 나'(참나, 요 8:58)이다. 예수(神) 외 다른 것은 존재할 수 없다(막 12:32). 나(참나)는 본래 죄인이 아니라 전체에서 나온 신(빛)이지만, 에고(ego, 어둠)가 진리를 가리고 있을 뿐이다(요 10:34). 그리스도교 동방정교에서는 빛을 보는 사람이 '신과 합일'을 이룬다고 하며, 퀘이커 교도는 침묵의 예배를 통해 '내면의 빛'을 체험하려고 한다. 이렇게 '깨닫게 된 자'(참나)들이 발산하는 빛이 천국을 만들고, 그들이 발산하는 빛을 받아 천국의 아름다움이 펼쳐진다.

우리는 불이(不二)의 진리인 참나(One)를 가리고 있는 베일(ego)을 가르기 위하여 나무토막을 쪼개며, 돌을 드는 것 같이 갈라서 들춰보아야 한다. 예수와 같이 장자莊子도 "나는 모든 것이다"라고 한 것은 진리의 우주적 현존(요 1:1, 8:58)과 '모든 것 안의 모든 것'(엡 4:6)인 전체성을 나타낸다. 예수는 제자들에게 "인자가 너희 안에 있으니 그를 따르라"(마리아 복음)고 말씀하셨다. 따라서 인자(One)는 예수만을 가리키는 것이 아니라 신성(참나)을 자각한 사람이면 누구나 되는 것이다.

그러나 현재의 기독교 교리는 "이스라엘의 모든 동네를 다 다니지 못하여서 인자가 오리라"(마 10:23)에서 인자를 오직 예수만으로 착각하여 말세의 현상을 예언하는 것으로 잘못 해석하고 있다.

'바가바드 기따'에서 크리슈나가 아르주나에게 '하나(One)의 진리'를 다음과 같이 설명하고 있다. "나는 전체(All)이며, 모든 것이 나에게서 나오고 모든 것이 내 안으로 녹아든다. 너의 에고ego를 던져 버리고 내 발아래로 오라." 이브복음에서도 "나는 그대요 그대는 나다. 그대가 있는 곳 어디에나 나(참나)는 있으며, 만물 안에 씨 뿌려져 있다"고 기록되어 있다. 따라서 '불이不二의 진리'(천국)를 위해서 객관의 대상인 이 세상을 버리거나 미워하지 말아야 한다(欲趣一乘 勿惡六塵, 신심명).

"나무토막을 쪼개라, 그러면 내가 거기 있다"는 예수의 말씀은 "브라흐만은 불, 물 그리고 나무속에도 있다"는 우파니샤드의 불이일원론不二一元論과 "모든 것이 불성(神性) 그 자체"(一切衆生 悉有佛性)*라는

---

* 일체중생 실유불성(一切衆生 悉有佛性, 열반경)은 "모든 중생은 다 부처가 될 성품을 지니고 있고, 우주 만물에는 불성(神性)으로 충만하다"(막 12:32)는 것이다. 이러한 하나의 진리는 현대 물리학이 모든 것이 상대적으로 있는 것이며, 상호 연결된 공이라고 증명하고 있다(諸法空). 에너지가 모든 물질과 공간에 충만해 있다는 것은 온 우주에 생명인 신성(佛性)이 충만하다는 것이다(諸法實相). 화엄경은 이 세계를 상호 관계의 망이라 하며, 용수는 "만물은 서로 의존하는 데에서 그 존재와 본성을 얻는 것이다"(空)고 하였고, 힌두교도들에게 있어서 브라흐만(梵)은 우주적 망網을 통일시켜 주는 망사網絲로서 모든 존재의

불교의 가르침과 통한다. 장자莊子는 도(진리)를 묻는 공곽자에게 "똥오줌 속에도 도가 있다"고 하였으며, 비이원성인 하나의 진리(All in All, 엡 4:6)는 범신론(靈物一元)*을 두려워한 이원론적인 서구 신학자들이 무시한 보편주의 신학이다.

"나는 전부이다"라는 예수의 말씀은 모든 종교와 인종, 성별의 벽이 모두 허물어져 버린다. 또한 창조주와 피조물, 죄인과 의인, 천국과 지옥도 일시적인 요소(幻)일 뿐이다. 이러한 시공간이 사라진 궁극적 차원(진리)에서는 '너와 나'가 사라진 모두가 하나님이요, 모두가 예수이며, 모두가 '나'(true Self)인 완성에 이르게 된다. 즉, 하나님(예수)과 '나'는 하나로서 같으며(心佛及衆生 是三無差別, 화엄경, 요 17:21), 세상에는 우주적 생명(천국)으로 충만하다(도마복음 3장). 따라서 믿음을 넘어서 진리를 체득하면 영적 환희를 누린다.

궁극적 기반이다.

* 범신론(汎神論, God is all-things)은 신과 세계는 둘이 아니며 모든 물질의 근본 바탕은 신성(천국)이라는 이론이다(一切衆生 同一眞性, 롬 1:20, 도마복음 3장). "우주에는 신(佛性) 외다른 것이 없고"(諸法實相, 막 12:32), "일체 존재가 부처 아님이 없다"(관무량수경, 롬 1:20)는 전체성의 생명으로 설명될 수 있다(고전 8:6; 히 1:3; 골 1:15-16). 엑카르트와 우파니샤드는 범신론적 사상을 "만물은 하나의 신(브라만)이다"라고, 스피노자는 "자연이 신이다"라고 주장하여 비판만 받았지만, 쿠자누스의 영향을 받은 브루노 교부敎父는 억울하게 화형火刑을 당하였다. 아인슈타인의 상대성이론(E=mc²)은 "모든 것이 에너지이다"로써 범신론을 과학적으로 증명하였다.

78장
그대는 왜 광야로 나왔느냐

예수는 말씀하셨다. "너희는 무엇을 보러 광야로 나와 있느냐? 바람에 흔들리는 갈대를 보려 하느냐? 너희의 통치자와 권세자들처럼 부드러운 옷을 입은 자를 보기 위함이냐? 이런 자들은 부드러운 옷을 입었으되 진리를 깨닫지 못하느니라."

마태(11:7-9)와 누가(7:24-26)가 예수의 세례 요한에 대한 공적인 평가를 큐Q자료를 참고하여 밝히고 있는 구절이다. 그러나 예수께서는 진리(천국)는 다만 외형에 의한 것이 아니라 바로 지금 여기에서 이미 충만하게 실현되고 있지만, 스스로 자각하지 못하고 있음을 지적하고 있다. 영원한 천국의 길은 '일시적인 감각적 욕망(광야와 갈대)을 초월한 가난한 자'(無我, 도마복음 54)가 되는 길과 '절대적 가치'(神性)인 생명의 빛(One, 요 8:12)을 찾기 위한 내면의 변화(회개)를 통해 가능하다.

구원(해탈)은 육체의 '나'(ego)인 겉사람(我相)이 사라지고, '속사람의 광명'(참나)이 드러나는 것으로 이미 자유로운 상태임을 깨닫는 기쁨(法樂)이다. 이때 자신의 영원한 생명을 알게 되고, '불이不二의 진리'에 눈 뜨게 된다. 이렇게 둘이 아닌 하나(One)에 대한 묵상(명상)을 통하여 전체를 보는 '영적인 눈'(참나)을 뜨면 부분적인 고통과 번뇌(ego)는 사라지고, 하나님의 광명이 두루 비추는 천국(One)의 환희를 체험하게 된다(光明遍照).

'털옷을 입은 사람들'인 수피Sufi들은 이슬람 신비주의자들로 명상과 평화를 강조하며, 염색하지 않은 천과 거친 옷을 입고 다녔다. 이들은 형식주의(ego) 이슬람에 반대하여 종교적으로 경건한 생활을 하는 자들이며, '신과의 합일'(One)이라는 궁극의 목표를 추구한다. 이들의 목적처럼 집착(ego)에서 벗어나 '우주와 내가 일체'(One)가 될 때 "항상 자신의 처지에 '만족"하게 되어 언제나 넉넉하게 된다"(知足之足 常足矣, 도덕경 46장).

---

* 만족에 대하여 바가바드 기따에서는 "반대되는 선과 악, 성공과 실패에 마음이 흔들리지 않는 사람은 행위를 하지만 그것에 얽매이지 않고 만족한다"고 한다. 이와 같이 욕망을 제거하여 '자연에 따라 행하며 인위를 가하지 않고'(無爲) 모든 것에 만족하는 사람은 전생에 쌓은 자기 업業의 사슬에서 해방된다. 사슬(chain)적인 에너지의 끌어당김의 법칙(類類相從)은 "순수한 의식에서 생겨나는 어떤 한 생각, 혹은 어떤 한 파동은 반드시 항상 많은 유사한 파동을 일으킨다"로서 증명된다(自業自得). 선한 일을 행한 자는 생명의 부활로, 악한 일을 행한 자는 심판의 부활로 나오며(요 5:29), 심판(크리마)은 하나님의 행위가 아니라 인간의 선택이다.

79장

아이에게 젖을 먹이지 않는 유방

무리 중에 있던 여인이 그에게 이르되, "당신을 낳은 자궁과 당신을 먹인 유방은 복됩니다." 그가 이르되 "아버지의 말씀을 듣고 그것을 참으로 지키는 자들은 복이 있느니라. 때가 되면 아이를 낳지 않은 자궁과 아이에게 모유를 먹이지 않는 유방이 복이 있다고 할 날이 이를 것임이라."

마태(24:19), 마가(13:17), 누가(21:23)는 "그날에는 아이 밴 자들과 젖먹이는 자들에게 화가 있다"고 기록하고 있다. 세상의 종말이 오면 애를 낳아보지도 못한 여인들이 더 행복하게 느껴질 그런 날이 된다는 것이다. 그러나 예수는 "시초가 있는 곳에 종말이 있다"(도마복음 18)고 하였으며, 종말이란 시공간을 초월한 내면의 새로운 피조물,* 즉

---

* 피조물의 헬라어는 '크티시스'이며, 새롭게 되어 나누어질 수 없는 내면의 신성을 의미한다. 따라서 누구든지 그리스도와 하나(One)가 되면, 새로운 세상, 즉 옛것은 사라지고 새 질서가 시작되는 것이다(고후 5:17). 시간 안에서는 모든 것이 변하지만, 영원(진리) 속에서는 변하지 않는다. 따라서 성경(신약)은 역사적인 사건과 관계가 없는 시간을 초월한 내면의 사건을 비유로 나타내고 있으며, 시제가 없는 일인칭 현재 단수로서 예수의 '나'(true Self)는 '우주적인 나'(性)이다. 불교는 마음을 밝혀서 성(性, true Self)을 보고(明心見性), 도교는 마음을 닦아서 성性을 단련하며(修心練性), 유교는 마음을 간직하여 성性을 기른다(存心養性)고 한다.

새사람(참나)의 시작이요, 옛사람(ego)의 끝이며, 물과 성령으로 거듭
남인 진리(One)의 깨달음이다.

여인은 행복의 조건을 '밖'에서 찾았지만, 예수는 '안'에서 찾았다.
진정한 행복은 내면의 신성(참나)에서 나오며, 이것은 '내가 하나님
안에, 하나님이 내 안에 있는'(바가바드 기따 6:29, 요 14:20) 하나(One)가
된 경지이다. 따라서 일체의 인과법因果法과 분별을 초월함으로써 '주와
합하여 한(One) 영靈이 된 자'(고전 6:17)는 말로써 표현할 수 없고, 비교
를 통해 이렇다 저렇다 설명할 수 없는 신비한 경지(One)의 '축복을
누리는 자'이다.

물과 성령으로 난 자(참나)는 영원히 사는 천국을 누리지만(요 3:5),
젖을 먹이는 여자에게서 태어난 자(거짓 나)는 죽을 뿐이다. 무시무종無
始無終인 우주적 예수(참나)의 탄생은 과거의 사건이 아니라 지금 여기이
다. 우리는 천국에 들어가는 복을 누리기 위해서는 헛된 육체(ego)의
탄생이 아니라 상대성을 넘어선 '물과 성령'(참나)으로 다시 태어나야
만 한다(요 3:5). 즉, "누구든지 진리로서 태어난 자는 죽지 않을 것이요,
여자(귀네, 겉사람)한테서 태어난 자는 죽을 수밖에 없다"(구세주와의
대화).

80장
육체를 깨달은 자는 위대하도다

예수는 말씀하셨다. "누구든 세상을 바로 알게 된 자는 육체를 깨달은 자이며, 육체를 깨달은 자는 세상에 가치를 두지 않는다."

세상(코스모스, 몸과 마음)을 알게 된 자는 '인생의 덧없음과 고통스러움'(諸行無常 一切皆苦)을 자각하여 "육체는 잠깐 있다가 없어지는 안개와 같다"(약4:14)는 것을 깨달은 사람이다. 허상인 육체(거짓 나)는 본래 없고 단지 실상인 하나님(참나)만 있음을 깨달은 자(막12:32), 즉 '예수와 함께 다시 살아난 자'(골3:1)는 이 세상(ego)에 가치를 두지 않는다.

육체란 무익하며(요6:63) 덧없는 꿈같은 것(空)임을 자각하여 집착에서 벗어나면, 내면의 진리(神性)로 통일성과 조화로운 환희의 삶을 누리지 않을 수 없다(眞空妙有). 개체의 '거짓 나'(ego)도 어느 시공간에서나 고정되어 존재할 수 없는 전체로서 하나(One)인 진리(참나)를 깨닫게 되면(無我), 불생불멸의 행복과 자유로운 삶이 된다.

물질이란 눈에 보이기 때문에 실제로 있다고 여기지만, 사실은 인因과 연緣이 화합함으로써 잠시 생겨난 것이며, '마음이 만들어 낸 이 세상과 육체는 물거품과 같다'(諸行無常)고 불경佛經은 말한다. 그러므로 승찬 스님은 우리의 눈앞에 일어나는 상황은 "꿈과 같고, 허깨비 같고, 허공의 꽃 같은데, 어찌 애써 잡으려 하는가?"라고 하였다(신심명).

　　상대성이론(E=mc²)의 관점에서는 에너지 덩어리인 육체는 없는 것이기에 육체가 없다면 죄의 실체도 없다. '우주에는 하나님 외는 아무것도 없으므로'(막 12:32) 죄의 실체는 없으며, 실상의 빛을 가리는 어둠이 죄의식이다. 빛이 어둠에 비치되 어둠이 빛을 이겨본 적이 없다(요 1:5). 따라서 자신을 비하하는 죄의식의 실체는 개체(ego)가 독립된 존재성을 가지고 있다는 무지이다.

81장
풍요롭게 된 자가 왕이 되도록 하라

예수는 말씀하셨다. "풍요롭게 된 자로 하여금 다스리게 하고, 힘을 가진
자로 하여금 그것을 버리도록 하라."

'영적으로 풍요롭게 된 자'는 '자신을 알게 된 자'(참나)로서 스스로
만족하는 자이며(知足自富, 도덕경 33장), 타인을 지배하는 것이 아니라
자기가 자기에게 왕 노릇을 하게 된다. 그들은 시공간의 원근遠近이
서로 융합되어 너와 내가 막힘이 없는 '자유자재한 내면의 신성(참나)을
깨달은 자'이다. 이러한 신성의 평등무차별한 영역은 성공과 실패,
행복과 불행의 이원적 분별(ego)을 벗어난 하나(One)의 영적 세계이다.
'무지한 세속적 힘'은 '헛된 세상의 거짓 부요'(假相, ego)이다. 영원
한 실상(實相, One)을 깨닫기 위해서는 자기 부정으로 교만과 분별하는
거짓 나(ego)의 힘을 버려야 한다(막 10:43). 장자莊子는 '거짓 나'(ego)를
부정하고 '온 우주와 하나(One) 된 경지'(참나)는 '오묘한 조화를 이루는
우주적 경지에서 자유롭게 노닐 수 있는 것'이라고 하였다. 노자老子는
"만족할 줄 알아서 만족해하면 늘 만족스러울 수 있다"(故知足之足 常足
矣, 도덕경 46장)고 하였다.

세상의 실재성은 착각에 불과한 환(幻)이며, 잠깐 보이다가 없어지는 안개와 같다(약 4:14). 마음이 실제로는 밧줄인 것을 뱀으로 지각할 때 그것은 감각기관들이 실재하는 바탕 위에 상상적인 이미지를 투사한 것이다. 투사란 실재하는 것 위에서 밧줄을 뱀으로 여기는 것처럼 거짓된 것의 겉모습이 나타나는 덧씌움(幻)이다. '바시슈타 요가'에서는 "실재하는 것은 우리에게 숨겨져 있고, 거짓인 것이 참인 양 드러나 있다"고 한다. 양자물리학의 관점에서 보면, 우리 눈에 보이는 모든 것도 진동하는 에너지의 덩어리일 뿐 우리가 생각하는 물질 자체로 존재하지 않는다. 우리들이 보는 것은 있는 것 같지만 사실 비어 있으며(諸法空), 비어 있는 것을 있다고 보는 것이 죄이다(요 9:41). 바울은 회개를 통하여 "눈에서 비늘 같은 것이 벗어져 다시 바로 보게 된 것이다"(행 9:18). 바시슈타 요가에서는 "이 세계는 실재하지 않음에도 존재하는 것처럼 보이면서, 무지한 사람에게 평생 동안 고통을 안겨주는 원인이 된다. 마치 존재하지 않는 유령이 아이에게 두려움을 안겨주듯이"라고 하였다.

82장
불 가까이 있으라

예수는 말씀하셨다. "누구나 나에게 가까이 있는 자는 불 가까이 있는 것이요, 나에게서 멀리 있는 자는 천국에서 멀리 있는 것이니라."

'불'은 새롭게 하나님과 하나(One) 되는 성령의 불(참나)을 상징한다. 즉, '거짓 나(ego)의 가치'를 소멸시키는 결단이 요구되는 긴박성이며, '두 개의 극단'을 모두 태워 버리는 거듭남이 일어나게 된다. 그것은 '부분적인 것'(ego)이 완전하게 녹아 없어지고, '전체의 조화로운 것'(One)이 되게 한다. 몸과 마음이 '나'라는 망상을 태우는 '불'인 예수(참나)를 가까이하는 자는 하나(One) 되어 천국의 신비로운 환희를 체험하게 된다.

예수(천국) 가까이 있어 '과거와 미래, 욕망과 분노의 이원성'(ego)을 불태우고 '진리와 하나(One) 된 자'(true Self)는 깨달음의 기쁨과 영원한 생명을 얻는다. 삶의 모든 고통과 문제(ego)들이 해결되는 것은 참나(신성)의 관점에서 보면, 모든 문제가 실제로는 존재하는 것이 아니라는 것을 알게 되기 때문이다. 그러나 '예수와 멀리 있는 어리석은 자'(ego)는 '하나(One)의 생명'(참나)인 천국의 진리를 깨닫지 못하고, 스스로를 얽어매어 불행한 삶에서 벗어날 수 없다.

내면의 천국(참나)을 자각한 영적인 사람은 영원한 생명을 얻지만, 육적인 사람(ego)은 하나님의 우주 보편의 법칙인 인과율로 인해 나쁜 업보*를 받게 된다. 예수는 "신성(참나)인 아들을 믿는 사람은 영생이 있다"(요 3:36)고 하였고, 부처는 "무량수 부처님(佛性)을 믿는 사람은 영원한 생명과 법열法悅을 얻을 수 있다"(법화경)고 하셨다. 법화경에는 자신 속에 처음부터 주어진 불성(옷 속에 보석)을 깨달아야 한다는 비유로 의리계주衣裏繫珠를 말하고 있다.

---

* 업보業報는 그림자가 물체를 따르는 것과 같이 자신의 행위(身·口·意)의 결과에 따라 받는 과보果報이다. 예수는 "네가 한 푼이라도 남김이 없이 다 갚기 전에는 결코 거기서 나오지 못한다고 하여"(마 5:26), 한 푼(코드란트, 겉사람)을 찾아서 예수께 내어놓아야 업보의 윤회를 벗어날 수 있다고 하였다. 솔로몬이 "해 아래에는 새 것이 없다"(전 1:9)고 한 것처럼 전생의 상습常習이 현생에 드러남으로 하나가 될 때까지 업보는 계속된다(영혼선재설, 잠 8:22; 렘 1:58). 부처는 "인간의 뭇 삶들은 자신의 업業을 주인으로 하는 자"라고 하였으며, 고통은 업보가 사라지는 정화의 과정이다. 따라서 전생이 없다면 타고난 부귀빈천의 운명 차이를 설명할 수 없다.

83장
내면의 빛

예수는 말씀하셨다. "형상들이 사람들에게 드러날 때 그들 안에 있는 빛은 감추어져 있다. 아버지의 빛의 형상 속에서 빛(신성)은 드러날 것이고, 형상은 빛에 의하여 숨겨진다."

형상(images)들이 우리에게 드러날 때 그들 안에 있는 실상의 빛(신성)은 감추어져 있다. 그러나 이 빛은 이원성인 육신의 눈으로는 알 수 없지만, 영적인 눈으로는 알 수 있으며 그리고 형상은 빛(One)에 의하여 감추어진다(色卽是空 空卽是色). 즉, "고요히 있으라"(시 46:10)는 묵상(명상)을 통해 거짓 나(ego)가 사라질 때 허상인 형상 속에 숨겨져 있는 빛(신성), 즉 참나(One)는 내면의 눈(靈眼)으로 보여진다(히 11:1). 따라서 온 우주에는 빛인 신성(참나)밖에 없다는 하나의 진리가 강조되고 있다(막 12:32). 퀘이커 교도들의 예배는 침묵 속에서 우리 내면에 있는 '진리의 빛'(神性)이 비추어오기를 기다린다(골 3:4).

노자老子는 모습 없이 숨겨진 영원한 빛을 황홀恍惚이라 하였고, 장자莊子는 보광葆光이라 하며, 불교에서는 적광寂光이라고 한다. 맹자는 "양심(내면의 빛)을 극진히 하면 그 본성(神의 형상)을 알 수 있으니 그 본성을 아는 것은 신을 아는 것이다"고 하였다. 예수가 이 세상(코스모스, 몸과 마음)에 오신 목적은 우리가 '지혜의 눈'으로 광명의 천국(神)을 보도록 돕기 위해 오신 것이다(요 3:16).* 그러므로 '진리로 거듭난 자'(참나)에게는 이원적인 이 세상(허상)은 보이지 않고, 하나(One)인 광명의 실상(神)만 보인다(요 3:3).

우리의 마음이 청결하게 될 때 실재인 하나님(神性, 佛性)을 볼 수 있으며(마 5:8), 모든 것은 하나님의 넘치는 은총의 현현顯現, 즉 신적이며 영적인 것(One)임을 자각하게 된다. 신(法身)**은 '계시지 않는 곳이 없고'(如來常住無有變異, 열반경), '모든 것 중에 모든 것, 즉 모든 것이 신(靈)'(엡 4:6)이므로 우리도 역시 신(부처)이다(요 10:34). 일시적인 파도가 바닷물인 것처럼 실상을 '있는 그대로 알고 보는 자'(如實知見), 즉 깨어난 자(마 13:23)는 신성을 발견함으로 천국(불국토)을 체험하며, 신(부처)만이 실재요, 다른 것은 모두 환영幻影으로 여긴다.

---

* "하나님이 세상을 이처럼 사랑… 영생을 얻게 하려 하심이라"는 말씀은 '예수를 믿으면 구원된다'는 의미가 아니다. 세상(코스모스)은 내 마음, 독생자(호 모노게네스)는 역사적 예수가 아니라 보편적 예수(참나)이며, 주셨으니(디도미)는 본래 내면에 있다는 의미이다. 또한 '믿는 자마다'는 믿어서 저 안으로 들어온 자, 영생(아이오니온)은 예수와 하나 됨을 의미한다. 따라서 누구든지 믿어서 예수 안으로 들어오는 자(깨달은 자)는 모두 독생자(속사람)이며 예수와 하나가 된다. 하나가 되는 구원은 자신의 어둠을 스스로 정복하는 것으로 믿음은 욕망이 아닌 '주객을 초월한 자리'에서 이루어진다. 부분은 전체인 진리가 될 수 없기에 독생자의 잘못된 해석이 독선적이고 배타적인 종교로 만드는 원인이 된다.

** 불교의 삼신일불三身一佛 중에서 '법신法身'은 순수한 생명 그 자체인 근본이고, 모든 공덕이 원만보신圓滿報身이며, 현상적인 행행은 화신化身인 석가모니불이다(달·광명·달그림자). 참마음 그대로가 신의 본바탕(體)으로 마음이 인연에 따라 나타나는 것이 신의 속성(相)이고 활동(用)이며(起信論), 깨달음이란 삼신일불과 하나가 된 경지이다(화엄경). 이러한 진리는 기독교의 삼위일체인 성부·성자·성령 또한 힌두교의 존재(Sat)·의식(chit)·지복(ananda)과 통한다. 다만 삼위일체의 성자聖子는 기독교의 역사적 예수만이라고 하는 이원적 교리는 우리 모두가 하나님의 자녀라고 하는 예수의 말씀(마 6:9)과 하나의 진리(막 12:32; 도마복음 108)를 벗어난 주장이다.

84장
그대들의 참 형상

예수는 말씀하셨다. "너희가 너희의 모습을 볼 때, 그대들은 기뻐하지만, 그러나 그대가 처음부터 그대 안에 존재하며, 죽지도 않고, 보이지도 않는 그대들의 참 형상을 보게 될 때, 그대들이 얼마나 감당할 수 있겠는가?"

우리는 단지 눈에 보이는 모습(거짓 나)을 거울에 비춰보고 기뻐하지만, 시공을 초월하며 태어나지도 않은 영원한 참 형상인 참나(神性)를 보게 된다면 그 기쁨은 말로 표현할 수 없는 것이다(見性成佛, 딤전 6:16). 이러한 '빛의 형상'(神性)은 시공을 벗어나 영원하며, 상대 차별의 세계를 떠나 '전체로써 융합'(One)하는 경지이다. 그러므로 고통과 불행의 원인인 '마음 밭의 거짓 나(ego)'*를 제거하고, 움직임과 그침

---

* 아인슈타인은 "마음 밭의 거짓 나(ego)로 알 수 있는 것은 '상대적으로 그렇게 보이는 것'(假相)이며, 진실한 모습인 실상實相은 아니다"고 하였다. 물질계는 상대성과 이원성의 근본 원리에 따라 생성, 변화, 발전, 소멸하는 연기적緣起的이므로 "모든 것은 실상이 아니라 공하다"(色卽是空). 그러나 '나는 누구인가?'의 질문을 통하여 구원인 '근본(참나)의 회복' (요 15:27)으로 분별하는 마음이 걷히면, 전체로서 하나(One)의 세계인 천국(극락)의 실상이 나타나는 것이다. 따라서 "깨달음(거듭남)이란 마음 자체가 분별을 떠난 것"(대승기신론)이기에 "신과 인간은 같지도 않고, 근본적으로 다르지도 않다"(不一不異)는 신관神觀이 성립된다.

인 하나(One)의 참나(神性)를 깨달을 때 누가 감격의 기쁨을 감당할 수 있겠는가?

우리는 이원성인 에고(ego)를 제거하고 내면에 숨겨져 있는 영원한 비이원적 본성(本來面目)인 신성(佛性)을 깨닫게 되면, 스스로 신과 하나(One)가 되며(요 10:30) 또한 부처와 하나(One)*된다(究竟覺). 이러한 하나의 진리를 예수는 "그날에는 내가 아버지 안에, 너희가 내 안에, 내가 너희 안에 있는 것을 너희가 알리라"(요 14:20)고 하셨다. 유한한 기복적 기도는 인간 의식의 표층에 머무는 반면 무한한 '신비적 기도'(묵상, 禪)는 보다 깊은 존재의 핵심에 파고들어 '하나님과 하나, 즉 신'(One)이 되게 하는 '마음의 변화'(회개)를 일으키게 한다.

유(有)와 무(無)를 초월한 우주의 근원은 결코 둘일 수 없으며, 우주 전체도 서로 원융자재(圓融自在)하는 '한(One) 덩어리'의 생명 자체인 신성이다(롬 1:20). 이러한 '모습이 없는 모습'(One)을 노자(老子)는 '황홀'이라 하며, '카타 우파니샤드'에서는 "모든 창조물의 가슴속에 깃든 신성(참나)은 무한히 작은 것보다 작고 무한히 큰 것보다 크고 밝다"고 하였다. 중용(中庸)에서는 "하나님께서 명령하신 것을 본성(神性)이라 부르고, 본성을 따르는 것을 길(道)이라 부르며, 길을 닦는 것을 가르침(敎)이라 부른다"(天命之謂性 率性之謂道 修道之謂敎)고 하였다.

---

* 부처와 하나(One)가 되는 것은 '신과 하나 됨'(One)이며, 예수는 "아버지여, 아버지께서 내 안에, 내가 아버지 안에 있는 것 같이 그들도 다 하나(One) 되게 하옵소서"(요 17:21)라고 간절히 기도하셨다. 따라서 예수의 인간을 위한 십자가의 죽음은 신, 예수 그리고 인간이 모두 하나(One)의 진리임을 믿도록 하기 위함이며(요 13:19), 불교의 참선參禪도 우주의 도리에 따라 영혼을 정화하여 무념無念으로 '부처와 하나(One)' 되기 위함이다. 이러한 '하나(One)의 경지'를 체험하는 자는 "내 삶의 이 순간순간이 기쁨으로 떨리고 있네"(바가바드 기따)라고 고백하지 않을 수 없다. 이와 같음은 그가 우주에 충만한 '생명력'(One)의 강력한 파장에 연결되어 있기 때문이다.

85장
그대들은 아담보다 더 가치 있느라

예수는 말씀하셨다. "아담은 큰 능력과 큰 부요함에서 왔지만, 그는 가치적으로 너희와 상대가 되지 않았느니라. 왜냐하면 아담이 가치가 있었다면 그는 죽음을 맛보지 않았으리라."

겉사람을 상징하는 아담은 선악과를 먹기 전까지 선악의 시비가 끊어진 큰 능력과 부요함 그 자체인 참 본성(神性, One)이었다. 그러나 선악과를 먹은 후 선과 악을 분별하는 육적인 이원성의 죄(ego)로 빛에 합당하지 않게 되었다(창 6:3). 그가 하나의 신성(참나)을 유지하였다면, 환희의 삶으로 사망(하나님과 단절)을 맛보지 않았을 것이다. 따라서 인간의 목표는 고통을 일으키는 이원성(ego)에서 본래의 에덴(One)으로 복귀하는 회개(해탈)이다.

바울은 "우리가 낙심하지 아니하노니 '이원성인 겉사람'(ego)은 낡아지나 '비이원성인 속사람'(One)은 날로 새로워지고 있다"(고후 4:16)고 하였다. 이렇게 불생불멸하는 속사람인 '신성의 생명'(참나)을 되찾는 자는 예수 그리스도(One)처럼 '하나님과 하나(One)' 되는 영원한 영적인 경지가 된다(요 17:21). 바울은 이러한 "생명(One)인 성령의 법이 우리들의 이원적인 죄(ego, 롬 7:19-20)와 사망의 법으로부터 해방하게 하였음이라"(롬 8:2)고 고백하였다.

현대 물리학이 '물질은 에너지(의식)의 파동이자 입자이며, 없다가 있고, 있다가 없는 것'이라 한 것은 '현상은 신성으로부터 인연에 따라 잠시 이루어진 것'(假有)임을 의미한다. 반야심경은 텅 빈 우주에 가득찬 생명의 본질(佛性, 神性)은 그 모양이 없으므로 "생겨나지도 소멸하지도 않고, 더럽지도 않고 깨끗하지도 않으며, 늘거나 줄지도 않는다"(不生不滅 不垢不淨 不增不減)는 공성空性을 설명하고 있다. 겉모습(거짓 나)을 버리고 신성(佛性)을 다시 회복하게 된 '깨달은 자'(부활한 자)는 하나님과 하나가 된다(요 17:21). 죽음에서 부활이란 깨달음으로 시간과 죽음이 초월된 영원한 신성(참나)이 되는 것이다. 이와 같이 하나님에게 있어서는 때가 없으며 죽은 자의 하나님이 아니요 참나(그리스도)로 부활한 살아 있는 자의 하나님이다(마 22:32).

86장
쉴 곳이 없도다

예수는 말씀하셨다. "여우도 굴이 있고 새도 둥지가 있지만, 그러나 인자는
누워서 쉴 곳이 없느니라."

　　예수의 가난과 외로움을 가리키는 말이 아니다. '번뇌의 불길이
다 꺼진'(열반, nirvana) 예수께서 안식하실 곳은 이 세상(몸과 마음)이
아니라 시공간을 초월한 영적 현존(One)과 전 우주에 편재하는 진리
(참나)이다. 내면에 몸된 성전을 세운 자, 즉 하나(One)의 진리(無所有)를
깨달은 자는 인생 전체를 하나의 긴 꿈의 연속으로 여긴다. 그는 영적
인 삶을 살기에 가는 곳마다 집이며, 영원한 '참나(靈)의 자리'를 체험한
다. 따라서 우리는 '상대적 사유로 가득 찬 이 세상'(ego)이 아니라,
본래의 상태인 '절대적 쉼'(無心, One)을 회복하여 집착하는 하나마저
도 버려야 한다.
　　'계시지 않는 곳이 없는'(無所不在) 신과 하나(One) 되면, 이 세상
모든 곳이 쉴 곳이기에 한 장소에 머물 수가 없다. 이렇게 "상(相)에
머무름이 없다"는 뜻은 마음이 모든 자리에 거리낌 없이 다 이룰 수
있다는 말이다(금강경). 홍인대사가 "머무름이 없음을 본다면 진정한

해탈이다"라고 한 것은 연기緣起적 사유는 자유롭게 한다는 뜻이다. 또한 가명假名을 실체처럼 착각하지 않기에 나만 옳다고 주장하지 않게 된다(중론). 따라서 달마대사는 "그대가 아무것도 구하지 않을 때 그대는 이미 도(One) 안에 있는 축복이다"라고 하였다.

예수의 '순수한 마음'(One)은 텅 빈 허공성이라 어디에 머물거나 기억할 것이 없다. 우리도 삼법인三法印*인 '제행무상諸行無常**과 제법무아諸法無我의 이치'(막 13:31)를 터득하여 집착(ego)을 버리면 최고 행복의 경지인 열반적정涅槃寂靜에 이를 수 있다. 육조 혜능 스님은 "일체의 현상을 초월하고(無相), 집착하지 않으며(無住), 망념을 여읜(無念)" 원만수행을 말씀하였다(『육조단경』). 노자老子는 "지치고 또 지쳤도다! 돌아갈 곳조차 없도다! 뭇사람은 모두 남음이 있는데"(도덕경 20장)라고 끊임없는 방랑을 고백하였다.

---

* 삼법인(三法印, 세 가지 진리)이란 '온갖 물물物·심心의 현상은 모두 생멸 변화하는 것'(諸行無常), '전체에서 분리된 독자적인 자아라고 할 수 있는 실체가 없는 것'(諸法無我) 그리고 생사윤회의 고통에서 벗어나는 불성의 이상세계(涅槃寂靜)를 말한다. 과학적으로 무상(無常), 무아(無我)로 다 텅 비어 있는 것 같은 '무(空)의 자리'에 바로 부처(神)인 순수 생명 에너지(빛)가 충만해 있는 것이다(眞空妙有, 롬 1:20). 이러한 불교의 무無 이해는 신학자 틸리히의 『종교에로의 용기』에서 신을 뛰어넘는 신을 말한 것과 통한다. 즉, '종교적 신'(개념적 신)에 대한 부정이야말로 하나인 신이다.
** 제행무상諸行無常은 "이 현실 세계의 모든 것은 매 순간마다 변화하는 무상한 것이다"(막 13:31)는 것으로 아인슈타인의 상대성 원리에 의하여 과학적으로 증명된다. 일체만유는 무한한 순수에너지의 바닷물(신, 부처) 위에 이루어진 끊임없이 움직이는 허망한 파도와 같다. 따라서 고통은 제행무상을 모르는 무명에 근거한 이원성의 집착 때문에 짓게 되는 '몸, 입, 뜻(身口意)의 세 가지 행위의 업업 때문이다(業因業果). 이렇게 인간은 무명(원죄)의 장애물(ego)로 고통을 당하지만 본래 내면에 있는 '하나님의 씨'(본성, 요일 3:9)인 신성(참나)의 자각으로 어떠한 불행도 극복할 수 있으며, 이 세상의 파도를 타는 것도 또한 즐거운 일이다.

87장
둘에 의존하는 비참한 영혼

예수는 말씀하셨다. "한 몸에 의존하는 그 몸은 초라하며, 그리고 이 둘에 의존하는 영혼은 얼마나 비참한 것인가."

본능적으로 사는 육신에 의존하는 몸(ego)은 초라하다. 이러한 양쪽에 의존하는 영혼(soul)도 역시 분별하는 이원적 상태의 삶이므로 초라하다. 지수화풍地水火風으로 이루어진 안개와 같은 허상의 몸(ego)과 일시적인 영혼(soul)은 무익하지만(요 6:63), 독립적인 실상의 영원한 참나(One)는 생명의 축복이다.

종교는 '있는 것'(實相)을 바르게 보지 못하고, 없는 것을 있다고 보는 '마음의 병'(顚倒夢想)인 고통을 치유하고, 본래 상태인 신성(참나)을 회복하여 '영원한 기쁨과 행복'(천국, 열반)을 추구한다(요 9:39). 즉, 번데기가 나비로 변화하는 것처럼 회개를 통하여 어둠에서 '새로운 빛의 존재'(참나, One)가 되어 '마음의 병'(ego)이 소멸되고, 평안을 누린다.

하나님 나라를 내면에 지니고 있는 황제(One)인 우리가 줄곧 구걸하는 '마음의 병'(ego)을 가지고 있다(눅 17:21). 가치도 없는 것을 얻기 위해 시간, 삶, 모든 에너지 그리고 기회를 낭비하고 있으며, 구걸하는 마음속에, 바로 그곳에 왕(참나)인 지고의 존재가 있는 것이다. 우리는 내면의 참나(성령)를 깨닫게 되면, 즉 거듭나서 새사람이 되면 언제 어디서나 시공간을 초월한 하나님 나라의 평화와 환희를 누릴 수 있는 것이다(요 3:3).

공자孔子가 "다른 사람들이 알아주지 않아도 노여워하지 않으면 얼마나 군자다운가"(논어)라고 한 것처럼 '육체와 마음의 상태'(거짓 나)에서 해방되면 군자(참나)와 같은 의젓한 삶을 살 수 있지만, 남의 인정에 매달리면 비참함을 면하지 못한다. 아인슈타인의 상대성 원리 는 "물질과 육체는 에너지의 파동으로서 실체가 없다"(色卽是空 空卽是 色)*고 증명하고 있다.

---

* 색즉시공 공즉시색(色卽是空 空卽是色)은 물질(色)이란 연기의 이치에 의해서 형성된 것 이므로 공과 같으며, 만물의 본성인 공은 인연에 의하여 물질(色)로 존재한다는 것으로(막 4:22), 공과 색(色)이 둘이 아닌 절대 세계이다(理事無碍, One). 이러한 진리를 예수는 "나 (道)는 알파와 오메가요 처음과 마지막이다"(계21:6)고, 노자는 "있음과 없음은 서로를 낳 는다"(有無相生)고, 천부경은 "하나의 시작은 시작 없는 하나이다"(一始無始一)고 하였 다. 우주는 에너지로 가득 차 있으며, 집적된 형태가 물질(色)이고, 약한 부분은 공간(空)이 다(에너지 보존의 법칙). 그러므로 아인슈타인은 "물질(色)이란 눈에 안 보이는 에너지(空) 와 같다"(E=mc²)고 하였다.

88장
내면의 신성을 깨우라

예수는 말씀하셨다. "사자使者들과 예언자들이 너희에게 와서, 너희가 이미 가지고 있는 것들을 줄 것이다. 그러면 그들에게 너의 수중에 있는 것을 저들에게 주어라. 그리고 너희 자신에게 말하라. '그들은 언제 와서 그들의 것을 가져갈까?'"

우리는 사자들과 예언자들이 와서 진리를 깨닫도록 해 준다고 하더라도 본래부터 신의 자녀(참나)임을 알아야 하며, 그들에게 하나인 신성(빛)을 깨닫도록 해 주어야 한다. 그리고 왜 그들이 본래 가지고 있는 신성(참나)을 깨닫지 않는가를 스스로 생각해 보아야 한다. 따라서 내면의 영원한 참나(靈)를 깨달은 자는 사자들과 예언자들보다 더욱 위대한 것이다.

예수는 "너희는 마치 그 주인이 혼인집에서 돌아와 문을 두드리면 곧 열어주려고 기다리는 사람과 같이 되라"(눅 12:36)고 하셨다. 의식의 대전환을 통해 시간(ego)에서 현존(One)으로, 허상인 생각(ego)에서 실상인 '순수 의식'(참나)으로 가는 대이동을 강조하셨다. 따라서 우리는 본래 상태인 하나(One)의 의식(神性)을 회복하도록 최선을 다하여야 한다.

바울은 "우리는 부분적으로 알고… 온전한 것이 올 때에는 부분적으로 하던 것이 폐하리라"(고전 13:9-10)고 하였다. 그러므로 여우 같은 의심인 '부분적으로 아는 유한 상대적인 것'(ego)에서 '전체적으로 아는 무한 절대적인 것'(One)으로 확대되어 갈 때에 이 세상의 이원적인 종교들은 소멸하게 되고, 오직 하나(One)인 진리의 종교만 남게 된다.

서구 이원적인 헬라 문화에 영향을 받은 기독교의 교리가 동양의 종교와 같이 하나(One)의 진리를 교리로 하는 새로운 영적 종교로 변화될 수 있도록 종교 간의 대화가 요구된다. 이때 둘이 아닌 '한(One) 분'(마 23:9-10)이신 하나님과 예수 그리스도가 주객으로 나누어지는 인격적 존재자만으로 이해되는 것은 더 이상 불가능하다. 양자역학은 세상이 둘로 나타나 보일 뿐이지 본질은 둘이 아닌 하나(One)라는 사실을 증명하고 있다. 영화감독인 대해大海 스님은 기독교와 불교가 하나(One)의 진리를 공통적인 구원관으로 삼고 있으므로 서로의 본질 (참나)을 찾아가는 징검다리를 놓고 싶었기 때문에 산상수훈山上垂訓의 영화를 만들었다고 하였다.

89장
왜 잔의 바깥을 씻는가?

예수는 말씀하셨다. "어찌하여 잔의 바깥을 씻는가? 안을 만드신 이가 바깥도 만드셨다는 것을 알지 못하느냐?"

외부의 시선을 의식할 것이 아니라, 안과 밖의 이원성을 초월하는 하나(One)의 진리를 깨달아야 한다는 것이다. 따라서 안과 밖, 자타, 주객 등의 이원적인 생각을 넘어 '신성(One)의 빛을 밝히는 것'(直觀)이 요구된다. 진리의 빛(無量光佛)은 언제나 비치고 있지만, 우리가 눈을 뜨지 않으면 그 빛을 볼 수가 없다(요 1:9-10). 각자覺者인 예수와 부처처럼 영적인 눈(靈眼)이 열리면 우주와 하나(One) 된다. 우파니샤드에서도 '눈을 뜬 자'(참나)에게는 안과 밖이 하나(One)이고, 내면과 외면은 동일한 것이라고 설명하고 있다.

내면의 속사람(참나)을 깨닫게 되면 헛된 겉사람(거짓 나)이 사라짐과 동시에 모두 하나(One)가 된다. 즉, 바깥과 안, 하나님과 세계, 영혼과 물질 등의 분별하는 마음이 사라지는 것이다. 또한 예수의 말씀인 "입으로 들어가는 것이 아니라, 마음에서 나오는 것이 더럽게 한다"(마 15:17-19)는 것은 외형이 내면의 투영이라는 하나(One)를 설명하고 있다. 따라서 무엇이든 하나님과 관계없는 것은 없고, 그 무엇도 하나님의 외부에 있을 수 없다. 전체성(영적)인 하나님은 안도, 바깥도 있을 수 없는 오직 하나(One)의 진리이다.

인격적인 범주를 초월한 신(One)은 바로 그의 비타자성非他者性으로 인하여 여타 사물들과 구별된다. 따라서 타자인 기독교적 하나님의 개념은 하나(One)인 진리(생명)로 재해석되어야 하며, 신과 인간의 본질(참나)은 '나누어 질 수 없는'(不可分) 하나(One), 즉 전체로서의 하나이다(大制不割, 도덕경 28장). 부처는 "어리석은 자여 안이 더러우면서 밖에만 깨끗하게 한들 무슨 소용이 있는가?"라고 하였고, 노자는 "있음과 없음… 높고 낮음, 소리와 울림은 서로가 있어야 조화를 이루고 앞과 뒤는 앞이 있어야 뒤가 따르는 것이다"(音聲相和 前後相隨, 도덕경 2장)라고 하였다. 예수는 "죄인을 부르러 왔노라"(마 9:13)고 하시면서 하나의 진리인 '하나님의 자리'(대립의 동일성)를 자각하지 못하고 집착하는 자(ego)를 죄인이라고 하셨다.

90장
나의 다스림은 온화하도다

예수는 말씀하셨다. "내게로 오너라, 나의 멍에는 편하고 나의 다스림은 온화함이라. 그리하면 너희는 쉼(안식)을 찾으리라."

일반적 해석은 '믿음으로 죄인들을 미래의 영원한 하나님 나라에 들어가게 하는 예수의 속죄를 위한 구원 사역을 의미하는 것'이다. 그러나 시공을 초월하여 평안을 주는 진리(천국, One)를 깨닫는 것보다 '이원적 집착의 삶'(ego)이 훨씬 고통스럽고 견디기 어렵다는 설명이다. 너와 나, 선과 악을 초월한 예수와의 결합인 '멍에와 다스림'은 행복이 넘치는 하나의 천국(참나, One)을 체험하지만, 이원성인 분별의 멍에(거짓 나, ego)는 고통의 원인이 된다.

'내게로'의 '내'는 개체로서의 나사렛 예수를 말한 것이 아니라, 보편적 진리(참나)를 말한다. 이러한 진리(神性)를 '깨달은 자'(Christ)는 '개체의 마음'(무거운 짐)이 없기 때문에 영적 평화를 누리게 된다. 바가바드 기따에서는 "즐거움과 괴로움을 하나로 보는 사람은 아트만(참나)의 내적 고요 속에서 평안함을 얻고, 자신의 영혼이 해방을 맛본다"고 하였고, 불경(佛經)은 "무거운 짐을 가볍게 하여 일체 걸림이 없는 사람은 한 길로 생사를 벗어난다"(화엄경)고 하였다.

"쉼(구원)을 찾으리라"(마 11:29)는 것은 외부에 있는 타자를 통한 종말론적 구원이 아니라, 지금 여기서 인간 자신이 스스로 집착(ego)을 제거하는 깨달음의 노력을 통해 획득하는 '내면의 구원'(참나, One)이다. 우리는 고통을 일으키는 이원적 교리의 짐을 벗고 진리와 하나(One) 되어 어디에도 얽매이지 않는 자유와 평화를 누릴 수 있다(요 8:32). 또한 이 세상에 충만한 우주적 생명(神性)을 자각하여 쉼(천국)의 기쁨을 체험하게 된다.

91장
예수, 당신은 누구십니까

그들이 예수께 말했다. "우리가 당신을 믿을 수 있도록 우리에게 당신이 누구신지 말해주시오." 그분께서 그들에게 이르시되, "너희는 하늘과 땅의 형세는 분별하지만, '그대들의 앞에 있는 사람'이 누구인지를 알지 못하고 있다. 그리고 그대들은 지금 이때가 어떤 때인지 구별하지 못하는구나."

마태(16:1-3), 누가(12:54-56) 그리고 도마는 이 시대(카이로스)를 알지 못한다고 하였다. 시대(카이로스)는 자신 안에 하나님이 거하시는 몸된 성전, 즉 예수(천국)가 임하고 있음을 나타내고 있다. 제자들은 '하늘과 땅의 형세'(時空)는 분별하지만, 대상적인 '믿음을 넘어'* 시공을 초월한 예수(神性)의 실상(One)을 알지 못하고, 즉 깨닫지 못하고

---

* 예수는 '믿음을 넘어' 거듭남을 강조하셨지만, 루터는 종교개혁에서 오직 예수를 믿음에 의한 구원을 주장하였다. "주 예수를 믿으라"(행 16:31)와 "오직 의인은 믿음으로 말미암아 살리라"(以信稱義, 롬 1:17)에서 믿음(피스테오스)은 역사적 예수를 대상으로 믿으라는 것이 아니라, 우리가 본래 부활하신 예수와 하나(One)임을 깨닫는 것이다(信心不二, 요 15:27). 이때 예수는 '무익한 육체의 예수'(요 6:63)가 아니라 시공을 초월한 영(靈, 고후 3:17)이신 우주적 예수로서(요 8:58) 태초(근원)에 말씀(道, Logos)으로 계셨던 진리(One)이다 (요 1:1, 14:6). 따라서 이원성의 대상(ego)인 하나님과 예수는 "마귀요, 살인한 자요, 거짓말쟁이요, 거짓의 아비라고 할 수 있다"(요 8:44).

있다. '그대들의 면전에 있는 자'는 어둠의 에고^{ego}가 사라진 광명의
우주적 예수(One)이며, 지금 이 순간에 현존^{現存}하고 있다. 따라서 육체
(ego)에 집착하면 '예수의 참모습'(참나)을 볼 수 없기에 '각자의 내면'으
로 인도되어 신성(예수)과 하나(One)가 되어야 한다.

'예수가 이 세상에 오신 목적'* 은 그가 신의 아들이듯이 모든 사람
도 신의 아들임을 깨우치는 둘이 아닌 '하나의 진리'에 대하여 증언하
려 함이다(요 18:37). 부처도 사바세계에 나오신 뜻은 중생이 자기 성품
을 깨달아 부처(神)임을 자각하여 하나 되기 위함이다(佛出世一大事因
緣). 따라서 믿음은 에고^{ego}인 내(假我)가 허상임을 깨달아 참나(靈)인
내면의 신성(그리스도)을 회복하고(갈 2:20), 지금 여기서 신성(천국)을
이 세상에 실현하는 것이다. 이러한 불이^{不二}의 믿음(信心不二)을 사도바
울은 "믿음은 들음(흐레마), 즉 깨달음(One)에서 난다"(롬 10:17)고 하였
다. 노자^{老子}는 믿음이란 시비^{是非}, 장단^{長短}, 선악^{善惡}, 고락^{苦樂} 등을 하나(不
二)로 보는 전일성^{全一性}이라고 하여 이러한 "믿음이 부족하면 이것과
저것을 나눈다"(信不足 有不信, 도덕경23장)고 하였다.

구원(解脫)이란 '이원성인 에고^{ego}의 목숨'(거짓나)을 소멸하고, 하나
(One)인 '천국의 삶'(참나)을 회복하는 것이다(눅 9:24). 이러한 거룩한
성품(벧후 1:4)의 발견은 무엇보다도 '내가 누구인가?'를 아는 것, 즉

---

* 예수가 이 세상에 온 목적을 다석 유영모는 우리의 내면에 하나님의 '얼'(靈, 그리스도)이
있으므로 '얼'(靈, 참나)로서는 예수와 우리가 동일한 독생자임을 깨닫게 하기 위함이라고
또한 우리도 하나(One)가 된 스승 예수를 좇아가야 한다고 주장하였다(歸一). 그는 톨스토
이와 같이 성서 자체만을 불변의 신성한 것으로 여기는 교회의 가르침에 대하여 반박하였
다. 예수가 "내 아버지 집에 거할 곳이 많도다"(요 14:2)라고 말씀한 것과 같이 하나(One)의
진리(神)는 특정 종교의 고유한 독점물이 될 수 없는 보편적인 본질이다. 이러한 신 중심적
다원주의는 예수 이전에 살았던 깨달은 사람과 타 종교인들의 구원 문제를 해결할 수가
있다.

'나의 생명'은 신(참나)이라는 자각의 기쁨으로 시작된다. 예수(부처)는 '허상을 보는 자'(죄인, 요 9:41)들이 영안(靈眼, 佛眼)이 열려 온전한 실상 (천국, 극락)을 똑바로 보도록 하기 위하여 이 세상에 오셨다(見性成佛, 요 1:18, 9:39). 즉, 우리의 보지 못하는 무명無明의 비늘을 벗기려 오셨으며, 우리는 깨달음으로 영적인 눈을 뜬 다음에야 모든 것이 비어있는 공空인 것을 안다(覺後空空無大川, 證道歌). 장자莊子도 '영적 삶'인 참나(吾, One)를 위해서 이원적 사유에 사로잡힌 '육적 삶'인 거짓 나(我, ego)를 버리라고 하였다(吾喪我). 신(진리)을 내세우는 모든 종교는 궁극적으로 자신의 내면 탐구를 통해 절대자로서의 자기 성품(참나)을 발견하는 깨달음의 길로 귀착되어야 한다(歸一). 왜냐하면 신은 이원적 숭배나 의지의 대상이 아니라 우리 자신의 참된 본질이기 때문이다.

92장
구하라 그리하면…

예수는 말씀하셨다. "찾으라 그러면 찾으리라. 예전에 너희가 질문한 물음에 내가 말하지 아니하였으나, 이제 내가 그것을 말하려 하지만, 그러나 그것을 묻지 않는구나."

　　예수는 제자들의 구도求道 자세에 실망하고 있다. 왜냐하면 '상대적인 경계'(ego)가 모두 끊어진 영원한 고향 자리인 내면의 진리(참나)를 한결같은 마음으로 찾지 않기 때문이다. '구하는 것'(神性, 佛性)이 반드시 이루어지는 것은 그 구하는 것이 본래부터 존재하는 본성(本性, 참나)이며, 생명이기 때문이다(법화경). 불가佛家의 심우도尋牛圖에 비교하면, 소(참나)를 찾아 나서는 심우尋牛가 추적하는 것이고, 득우得牛가 밝혀내기, 즉 이루어짐이다.

　　예수는 지난날 제자들이 미성숙하여 "너희는 무한한 능력의 신(靈)이다"(요 10:34)는 사실을 물어도 내답해주시 않았지만, 이제는 제자들이 성숙하여 이 말을 이해할 수 있는 영적인 준비가 되었음을 인식하였다. 상대적인 경계가 모두 끊어진 영원한 진리(One)를 깨달을 수 없으므로 안타까웠으나 이제는 무집착(One)의 예리한 칼로 감각 대상에 대한 이원적 사유인 집착(ego)의 고삐를 끊을 수 있지만, 구하지 않고 있다.

엑카르트Eckhart는 "나는 확 뚫어버림(break through) 속에서 '신이 곧 나이고 내가 곧 신'임을 느꼈으므로 나는 아브라함이 태어나기 이전부터 있던 바로 그 얼굴이다"라고 하였다. 그는 '진리와 하나'(神) 되는 깨달음의 체험과 무지에서 비롯된 이원성(ego)을 제거함으로 모든 '기복적인 기도'로부터 자유롭게 되었다. 즉, 지금 충만한 '신의 세계, 광명의 세계'는 영원의 세계(One)이므로 '모든 시간적인 것, 지상의 것'(ego)과는 아무런 관계가 없다.

우리가 구하여야 할 것은 잠깐 보이다가 없어지는 안개와 같은 유한 상대적인 것(ego, 약 4:14)이 아니라, 무한 절대적인 영원한 진리(One)이다. 그러므로 서산대사西山大師는 "부처에게 매달려 구하는 것이 있으면 부처에 얽매이는 것이며, 무엇이나 구하는 것이 있으면 모두 고통이 되고 마는 것이다"(禪家龜鑑)고 하였다. 우리가 신(부처)에게 구하면 '전능하며, 일체를 아시는 분'을 '무능하며, 모르는 분'으로 격하시키는 것이다. 따라서 분별지分別智를 벗어나 신의 뜻에 맡기는 순복(헌신, 막 14:36)과 더불어 편재遍在하는 그리스도의 조화 안에서 모든 것을 긍정적으로 받아들여야 한다(도마복음 77).

93장
진주를 돼지에게 던지지 말라

예수는 말씀하셨다. "거룩한 것을 개들에게 주지 말라. 저들이 이를 거름더미에 버릴까 염려됨이라. 진리를 돼지에게 던져 주지 말라. 저들이 이를 더럽힐까 염려됨이라."

하나(One)의 진리는 신비로운 가르침이기 때문에 영적으로 준비되지 않은 사람들에게는 무용지물일 뿐이다. 개와 돼지에 비유되는 서기관과 바리새인(ego)들은 그들의 분별에 의하여 모든 것을 이원적 사유로 보지만, 준비된 영적인 사람들은 비이원적 진리대로 본다. 이러한 진리는 '저열한 선비가 듣고서 크게 비웃는 도'(不笑不足以爲道, 도덕경 41장)이며, '사랑과 이별, 아름다움과 추함, 기쁨과 슬픔'(ego)이 서로를 벗하는 절대 평등한 실상의 세계(One)이다.

일상적인 '이원성의 개체'(거짓나)의 껍데기를 깨고서 '내면의 신성(참나)을 회복한 자'는 모든 것을 하나(One)의 생명으로 보는 지혜를 통해 이원적 언어를 초월한 기쁨을 누린다(갈 2:20). 지혜의 한계(ego)에 대하여 장자莊子는 소요유逍遙遊에서 "작은 지혜는 큰 지혜에 미치지 못하고… 아침에 돋는 버섯은 그믐과 초하루가 있는 한 달을 모르고,

쓰르라미는 봄가을이 있는 한 해를 모른다"고 하였다.

　참나(One)로 모든 것들을 하나의 진리(생명)로 보기 위해서는 이원성의 번뇌를 일으키는 거짓 나(ego)를 소멸시키는 수행이 요구된다. 자기의 참된 성품(참나)을 면밀히 탐색하는 '고요히 있음'(시 46:10)과 같은 명상(참선)을 할 때 자신이 온 근원으로 돌아가게 된다. 그 근원에 도달하게 되면 모든 것이 오직 신(부처)으로 보이는 환희를 누린다(法喜禪悅, 마 5:8). 즉, 신과 인간이 본래 하나이며(侍天主, 요 17:21), 자기 자신이 영원한 신(참나)이라는 하나(One)의 진리를 자각하게 되어 생사生死, 고락苦樂, 선악善惡의 분별이 일어나지 않게 된다(모순의 통일, 마 5:45, 48). 그러므로 예수는 "사람이 만일 온 천하를 얻고도 제 목숨(참나)을 잃으면 무엇이 유익하리요"(마 16:26)라고 말씀하였으며, 인도의 성자聖者인 상까라는 "참으로 이 세상에서 자기의 본성(참나)을 회복하는 것보다 뛰어난 일은 없다"고 하였다.

94장
찾는 자는 발견할 것이다

예수는 말씀하셨다. "찾는 자는 발견할 것이며, 내면(inside)을 두드리는 자에게는 열릴 것이다."

성경에서 마태는 "문을 두드리라 그리하면 너희에게 열릴 것이니"(7:7)라고 하였다. 이 구절을 하나님이 세상에서 무엇이든지 구하면 응답해 주실 것으로 오해한다. 그러나 기복적인 것이 아니라, '문'은 내면의 있는 '몸된 성전의 문'(One)이며, '천국의 길'인 성령(참나)을 자각하라는 것이다(눅 11:13). 구원은 예수의 이름을 부르는 자에게 주어지는 것이 아니라, 거짓 나(ego)를 버리고 내면의 참나(神性)를 찾아 나선 자가 '마음의 눈'(One)을 여는 것이다(마 6:22).

항상 변하는 현상계(ego)에서 간구하는 모든 것은 생겨나고, 사라지는 헛된 것이다(生滅法). 따라서 예수께서 찾으라고 하신 것은 생각으로 헤아릴 수 없고, 마음과 감정(ego)으로 측량키 어려운 하나(One)의 신성을 위한 '가난한 마음'(無我, 마 5:3)이다. 그곳은 '이원적인 생각으로 헤아리는 망상'(ego)이 사라진 영원한 '영적인 경지'(참나)로서, 불행과 슬픔이 그에게 찾아와도 그는 그 속에서 축복과 무한한 아름다움을 발견한다.

찾는 자는 상대(相對)가 아니라 절대인 진리(One)를 향해야 하고, 밖을 향해 찾는 것이 아니라 내면을 향해야 한다. 그렇게 되면 내면에 있는 이원적 집착의 껍질(ego)이 벗겨지고, 보고(寶庫)인 천국(참나, One)을 찾게 된다(눅 17:21). 불교의 극락은 영원한 참나(靈)인 자성(自性)이 부처임을 믿고, 집착(ego)의 껍질을 깨는 깨달음(One)을 통해 얻는 것이다. 맹자는 천국의 자리(참나)를 구하는 데 유리한 것은 "구하는 것이 본래 나에게 있는 것이기 때문이다"(求在我者也)고 하였다.

진리의 깨달음으로 현상계의 악업(惡業)을 녹인 자는 억지가 아니라 오직 할 뿐이며(無爲), '심는 대로 거두는 결과'(갈 6:7)인 순리에 자신을 맡긴다(自作自受). 아집과 번뇌에 따라 업(業)이 있고, 업(業)에 따라 업보(業報)가 있다. 부처는 "그 몸뚱아리를 '나(ego)다, 나의 것이다, 나의 자아다'라는 생각을 버려라"(뱀의 비유경)고 말씀하셨다. 나의 지위, 권력, 재산 등 이런 것들은 모두 공중에 떠다니는 비눗방울과 같다.

인도의 중세 시인인 까비르는 "죽음! 온 세상이 두려워 떨지만, 그러나 나의 가슴은 기쁨으로 넘쳐흐르며, 죽어 나 자신을 무아경(無我境)(One)에 온전히 내줄 날은 언제인가?"라는 시(詩)를 남겼다. 그에게서 죽음은 '신과 하나'(One) 되는 축복이라 할 수 있다. 진리를 깨닫고, '온전하게 된 자는 선생(그리스도)이 되어'(눅 6:40) 죽음을 비롯한 어떠한 문제에서도 초연할 수 있다. 따라서 우리는 조화로운 삶이 가져다 주는 모든 것을 감사한 마음으로 긍정할 수 있어야 한다.

95장
돈이 있으면

예수는 말씀하셨다. "돈이 있으면 이자 받을 생각으로 빌려주지 말고, 오히려 돌려받지 못할 자에게 주라."

    금전(가치)을 통하여 '나와 너'의 양변인 집착의 세계에 빠지지 말고, 주는 자도 받는 자도 없는 무아행無我行을 강조하신 말씀이다(無住相布施). 이렇게 거짓 나假我가 본래 비어 있다는 것을 깨달을 때, 참나(그리스도)의 '집착을 여읜 맑은 눈'(빛, 마6:22)을 뜨게 될 때 모든 이웃에게 임하는 하나님(光明)을 "청결함으로 보는 복을 얻게 된다"(마5:8). 또한 변하는 꿈같은 허상(ego)을 넘어 자타自他가 둘이 아닌 진리(One)의 신비를 체험하게 된다. 그러므로 은혜를 베풀고자 한다면 갚을 수 없는 사람에게 베풀고자 힘써야 한다(채근담).

    끊임없이 변하는 '거짓 나'(ego)인 개체적 자아를 제거하면, 본래 모습인 영원한 보편적 참나(One)인 생명을 찾을 수 있다(마16:25). 이러한 '너와 나'의 경계가 사라진 무아無我의 경지(空)에서 원수도 사랑할 수 있는 것은 원수가 본래 없다는 하나(One)의 진리를 자각하였기 때문이다. 우리는 꿈과 같은 거짓 나(ego)를 버리고 모든 것을 무위無爲

로 하는 영적 참나(實相)에게 맡길 때 상상이 만든 고통은 사라지고, 영원한 즐거움을 얻게 된다(離苦得樂). 왜냐하면 고통(악)은 상반되는 것의 의도적인(有爲) 부조화로 인하여 나타나는 마음의 산물(虛相)이기 때문이다(唯心所現).

96장

아버지의 나라는 마치
작은 양의 누룩을…

**예수는 말씀하셨다. "아버지의 나라는 마치 작은 양의 누룩을 가져다가 반죽
속에 감추어서 큰 덩어리의 빵을 만드는 여인과 같다. 누구든지 두 귀를
가진 자들은 들을지어다."**

아버지의 나라는 밀가루(마음)에 작용하여 '큰 덩어리의 빵'(One)으
로 만드는 작은 누룩, 즉 천국(신성)을 소유하는 여인과 같다. 즉, 일시
적인 이원성의 삶(ego)에서 영원한 천국(진리)의 일원적인 삶으로 꽃을
피우게 된 것이다(道通爲一). 천국은 자신의 노력으로 일체의 번뇌(ego)
가 사라지고, 작은 양의 누룩인 내면의 신성을 깨닫게 되는 하나의
자리이다. 또한 분별심이 사라져서 모든 것을 있는 그대로 받아들이는
하나님이 계시는 지금 여기이다. 따라서 천국은 이 세대의 종말 때
주어지게 될 하나님의 통치(눅 14:17, 마 22:4)가 아니라, 각 개인이 자신
의 노력으로 성취해야 할 영혼의 목표인 참나(One)이다(46장, 49장).

"내가 심판하러 이 세상에 왔다"(요 9:39)는 예수의 말씀은 겉사람
(ego)을 제거하기 위하여 마음 안(빛)으로 오심을 의미한다. 우리는

천국(One)을 보고자 한다면 먼저 눈이 있어도 보지 못하고 있음을 먼저 고백해야 한다(막 8:18). 어둠의 마음(ego)을 벗고, '마음의 눈'(靈眼, 눅 10:23)을 뜨게 되면 너와 나의 구별(ego)이 사라진다. 또한 지금 여기 충만한 천국(神性)만을 보게 되어 예수처럼 이웃(남)을 위하는 사랑 자체(One)가 된다(自他不二, 마 20:28).

예수가 "천국은 너희 안에 있고, 또 너희 밖에 있느니라"(도마복음 3장)고 말씀하신 것은 '천국이 모든 것에 충만한 하나(One)'라는 의미이다. 육안(肉眼)으로는 자기 앞에 투사한 것만 볼 수 있지만, 거듭남의 경지인 영안(靈眼)의 눈으로는 본래부터 있는 무한한 유무상생(有無相生)의 천국(광명)을 볼 수 있다(요 3:3). 그러므로 법화경(法華經)에서는 눈에 보이는 모든 사물은 본래부터 항상 열반(천국)의 모습(諸法從本來 常自寂滅相)이라고 한다.

예수는 죄에 대한 베드로의 질문에 "죄란 없느니라"(마리아 복음)고 하셨으며 또한 우리가 아담에 의하여 원죄에 빠진 죄인이 아니라 '있는 것을 없다고 보고, 없는 것을 있다고 보는 것'이 죄에 빠진 것이라고 말씀하셨다(요 9:41). 따라서 우리는 잘못 보는 죄를 회개(막 1:15)하고 눈에 보이는 현상만을 볼 것이 아니라 보이지 않는 진리(One)를 바로 보아야 한다(고후 4:18). 노자(老子)는 "서른 개의 바퀴살은 바퀴통 하나를 함께하며… 유형의 사물이 이롭게 사용되는 것은 비어 있는 것을 활용했기 때문인 것이다"(도덕경 11장)라고 하였다. 쓰임이 없는 비움(無)이 수레와 같은 큰 쓰임(有)으로 나타나는 것이 유무상생(有無相生)이며 우주의 섭리이다. 따라서 형상이 없는 근본(One)인 무(無, 虛)를 통해 도(道)의 오묘함을 알 수가 있다.

따라서 우리는 잘못 보는 죄를 회개(막 1:15)하고 보이는 현상을 바라보지 않고 보이지 않는 진리(근원)를 바라보아야 한다(고후 4:18). 원죄는 신에 대한 불순종이 아니라 하나의 진리를 모르는 것, 즉 어둠 속에서 밧줄을 뱀으로 보는 무지無知이며(요 8:24, 16:9), 우리에게는 본질적으로 원죄가 없다(요 15:27). 원죄는 1인칭에 주의를 기울여야 하는 참된 성품(참나, One)을 모르고 2인칭과 3인칭에만 주의를 기울이는 근본적 오류를 말하며, 모든 불행을 가져오게 하는 원인이다.

97장

하늘나라는 텅 빈 마음이느라

예수는 말씀하셨다. "아버지의 나라는 곡식이 가득한 항아리를 이고 가는 한 여인과 같으니, 저가 먼 길을 가는 동안 항아리 손잡이가 깨어져 곡식이 흘러내렸으되 저는 이를 알지 못하니라. 저가 집에 이르러 항아리를 내려놓으매 그것이 비었음을 알게 되었다."

'항아리를 이고 가는 여인'은 '이기적 겉사람의 거짓 나'(곡식)를 소멸하고, '사랑인 속사람의 참나'(靈, 요 1:18)를 회복하여 '자기를 비움으로'(空, 빌 2:7) 천국을 성취한 자이며(爲道日損), 셋으로 나뉘어도 본질은 다함이 없는 것이다(천부경). 그녀는 진리를 열심히 묵상함으로써 이원적인 삶은 무의미한 가상임을 깨닫고, 얻음과 잃음, 음과 양을 하나로 보는 '빛 그 자체가 된 자'(無我)이다.

'외적인 집착'(ego)을 초월하고, 텅 빈 항아리처럼 '텅 비어 걸림이 없는 천국'(참나)을 깨달을 때 본바탕으로부터 무한한 공급이 현실 세계에 나타난다(마 6:33). 예수는 제자들에게 "여행을 위하여 지팡이 외에는… 아무 것도 가지지 말라"(막 6:8)고, 즉 '텅 빈 마음'(Emptiness)으로 지팡이인 '영靈의 하나님'(One)만을 의지하여야 한다고 말씀하셨다.

예수의 비움(kenosis, 빌 2:7)은 자아(ego)의 죽음을 거쳐서 근원(참나)으로 돌아간 것이며, 우리도 자신을 비운 예수를 닮아야 한다. 이때 이 세상에 '나'와 '나의 것'(ego)이라 부를 수 있는 개체적인 것은 없게 된다. '사물의 실상은 공'(諸法空)하며, 삶 전체가 단지 게임에 불과한 것임을 자각할 때 고통은 사라지고, 모든 것을 영화 보듯이 즐기면서 지켜볼 수 있다.

천국을 상징하는 항아리의 '빔'은 모든 생명의 가능성을 포함하는 것이며, 무한한 에너지의 잠재태(One)이다. 노자老子는 "사람마다 그릇이 유용한 줄은 알지만, 그 가운데가 비어 있어 그릇이 그 기능을 발휘한다는 것을 알지 못한다"(當其無 有器之用, 도덕경 11장)라고, 장자莊子는 성인聖人은 거울과 같이 마음을 텅 비워 "사물이 오는 대로 반응할 뿐 앙금을 마음에 간직하지 않는다"(應而不藏)라고 하였다. 불교에서는 마음속의 집착을 내려놓는 '텅 빈 마음'인 방하착放下着을 화두(공안)로 사용하고 있다.

98장

그 힘센 자를 죽였더라

예수는 말씀하셨다. "아버지의 나라는 힘센 자를 죽이려는 어느 사람과 같으니, 저는 손수 그 일을 할 수 있을까 시험 삼아 집에서 저의 칼을 뽑아 벽을 찔러 넣었다. 그러고 나서 그는 그 힘센 자를 죽였더라."

　　하나님의 나라는 진리를 방해하는 힘센 강자(我相, ego)를 소멸하는 데 충분하다고 확신을 가질 만큼 '성령의 생명력'(神性)을 가진 자의 것이다. 여기서 힘센 강자는 그릇된 개념의 이원성으로 망상과 고통을 일으키는 내면의 무지(ego)이며, 이러한 장애물을 제거하기 위해서는 강력한 행동이 요청된다. 따라서 '힘센 강자를 죽이는 사람'(참나)은 강한 힘을 시험해 보고, '옳고 그름, 물질과 정신' 등의 분별심인 벽(ego)을 파괴시킴으로 둘이 아닌 영원한 신성(참나)을 되찾는다. 또한 우주와 하나(One) 되어 참다운 기쁨과 평안을 누린다.

　　'이득과 손실, 사랑과 미움'의 분별과 집착(ego)을 '일시에 놓아 버려야 하는 것'(一時放却)은 모든 사물은 '서로 의존적이며, 조화로운 상호 관계'(음양의 변화, One)에 있기 때문이다. 즉, 바울이 예수의 박해자(惡)에서 전도자(善)로 변한 것처럼 서로 작용하여 선善을 이루는 것이다(事必歸正, 롬 8:28). 노자老子는 "만물은 음을 지고 양을 안으며, 기운이 서로 합하여 조화를 이룬다"(沖氣以爲和, 도덕경 42장)고 하였다. 겉으로 보기에 서로 반대되는 기운들은 융합하여 조화를 이루며, 태어남과 죽음의 분별도 본질적(One)으로 아무런 변화가 없다.

'이기적인 자신'(ego)을 비우는 것은 불교의 무아無我나 노자老子의 무사無私를 비롯하여 거의 모든 종교 전통에서 강조되는 덕목이다. 힌두교 전통에 보면 세 가지 중요한 신이 있는데, '창조의 브라흐마, 파괴의 신 시바, 보존의 신 비슈누'이다. 주목할 점은 파괴의 신 시바 그리고 그와 짝을 이루는 여신 칼리가 가장 많은 신도로부터 경배를 받고 있으며, 파괴의 신이지만 이들이 파괴하는 것은 진리인 '새로운 자아'(새사람)를 위해 '옛 자아'(옛사람)를 죽이는 것이다. 따라서 자기와의 싸움이 얼마나 처절한가를 상징적으로 보여주고 있다.

바울은 "누구든지 그리스도 안에 있으면 새로운 피조물이라 이전 것은 지나갔으니 보라 새것이 되었도다"(大死一番 絕後蘇生, 고후 5:17)라고 하였다. '마음의 새 창조'(갈 6:15)에 의한 새사람(true Self)은 마음과 감정으로 측량키 어려운 새로운 전체성의 영역이며, 가로·세로·두께라는 3차원의 영역을 초월한 경지이다. 하나(One)인 '영적인 눈과 귀'(참나)를 가지게 되어 고통과 병을 초래하는 거짓 나(ego)의 이원성이 소멸해버린 것이다. 그는 사물의 본래 그러한 모습(본질, One)을 보기 때문에 어떠한 불행과 고통 속에서도 평정을 잃지 않는다.

99장
참된 부모와 형제

제자들이 이르되, "주님의 형제들과 어머니가 밖에 서 있나이다." 예수는 저들에게 말씀하셨다. "누구든지 내 아버지의 뜻대로 하는 자가 내 형제요 내 어머니, 저들이 내 아버지의 나라로 들어갈 자이니라."

피(거짓나)로써 맺어진 관계보다 더 강한 어떤 것이 있으며, 아버지의 뜻인 '영적 깨어남, 즉 진리(참나)와 하나 된 자'가 참된 '내 형제요 내 어머니이며, 천국으로 들어갈 자'라는 것이다. '현상적인 것'(假我)은 안개와 같이 헛되지만, '본질적인 것'(眞我)은 영원한 실상의 천국이다. 예수는 "모든 것이 근원인 하나님으로부터 나왔으므로 모든 사람이 나(I)요, 나(I)는 모든 사람이며, 온 우주가 나(참나)로 가득 차 있다"(自他一如, 믿음의 소피아)고 말씀하셨다.

현대 물리학은 '현상적인 것'이 헛되다는 것과 변화하는 육체가 '나'(ego)라는 것은 환영幻影이라는 것을 증명하고 있다. 현미경으로 모든 것을 관찰하면 입자들의 진동을 볼 수 있다. 모든 물질은 진동하는 에너지로 이루어졌고, 그 진동의 차이로 온갖 다양한 물질이 존재한다. 눈앞의 모든 현상은 분별하는 마음이 지은 환영幻影에 불과하며,

오직 진리(One)만 존재한다. 그러므로 예수는 이 세상에 하나님(天國) 외는 아무것도 없다고 말씀하셨다(막 12:32). 지금 여기서 무소부재無所不在한 하나님(참나)을 자각할 수 있는 방법은 끊임없이 생각(念)하는 것이다. 하나님(참나)을 생각하는 자가 바로 하나님(참나)이며(요 10:34), 부처를 생각하는 자가 바로 부처이다(念佛是佛, 문수설반야경).

예수는 "너희를 위하여 보물을 땅(겉사람)에 쌓아 두지 말라. 거기는 좀과 도둑이 해하며 도적이 구멍을 뚫고 도적질하느니라"(마 6:19)고 말씀하시면서 '세상적인 것'(ego)의 집착을 버리고, 보물을 내면에 쌓도록 가르치고 있다. 즉, 좀먹고 도둑이 해하는 '유한 상대적인 것'(ego)들의 차원에서는 그 무엇도 '절대적인 것'(One)이 없다. 따라서 '상대적인 옛사람'(거짓 나)을 십자가에 못 박고(롬 6:6), '절대적인 새 사람'(참나)을 입어야만 천국의 생명을 보전하게 된다(요 12:25).

100장
황제에게 속한 것은 황제에게

제자들이 예수께 금화 한 닢을 보여 드리며 이르되 "카이사르의 사람들이 우리에게 세금을 내라고 하나이다"라고 말하자, 예수께서 제자들에게 "카이사르의 것은 카이사르에게, 하나님의 것은 하나님께, 나의 것은 나에게 바치라"고 말씀하셨다.

마태(22:15-22), 누가(20:20-26) 그리고 마가(12:13-17)의 구절과 유사하다. 예수는 그 당시 사람들이 각자 스스로가 식민지, 유대인 그리고 '나의 것'이라는 에고^{ego}가 존재한다는 착각에 빠져 있음을 알았다. 카이사르, '대상의 하나님'(창조주) 그리고 나(ego)는 사실 없는 것(허상)으로 너희들도 '나의 것'이라고 할 만한 것이 없으니 나에게 줄 것이 아무것도 없다고 말씀하신다(諸法本空 無我我所). 따라서 '내가 누구인가?'의 깨달음을 통하여 실상인 '참나'는 신(靈)임을 자각하여야 한다.

사도 바울은 "하나님은 한 분이시니라"(갈 3:20)고 말씀하셨다. 따라서 예수가 아버지라고 칭하셨던 둘이 아닌 진리의 하나님(One)은 주관과 객관으로 나누어지는 유대인의 이분법적인 대상의 야훼 하나님과 다르다. 예수는 율법에 따라서 복을 주거나 십일조와 각종 헌금을 즐겨 받으며, 순종하지 않을 때는 징벌하는 무서운 군주와 같은 야훼 하나님을 '아비마귀, 살인한 자, 거짓말쟁이 그리고 거짓의 아비'(요 8:44)라고 말씀하셨다. 또한 우리와 분리되어 존재하는 외부의 신은 없으며(마 23:9), 따라서 신의 시험도 없다.

온 우주에는 시공이 끊어진 보편적 하나님으로 충만하다. "마음이 청결한 자는 하나님을 보게 되며"(마 5:8), 형상을 본래 형상이 아닌 것을 알면 여래(神)의 모습을 보게 된다(금강경). 실상인 하나님(부처님) 외 '모든 것은 끊임없이 변화하는 헛되고 헛된 허상'(諸法空, 전 1:2)으로 꿈, 허깨비, 물거품 그리고 그림자와 같다(一切有爲法 如夢幻泡影, 금강경). 즉, 하나님은 오직 한(One) 생명으로 온 우주에 충만하며, 모든 것이 하나님(부처님)이다(佛身充滿於法界, 엡 4:6). 따라서 형상에 집착하지 않으면 성자聖者이지만, 형상에 집착하면 범부凡夫이다.

101장
진정한 어머니

예수께서 말씀하셨다. "누구든지 내가 그리한 것과 같이 자기 아비와 자기 어미를 향한 집착으로부터 자유롭지 않는 자는 나의 제자가 될 수 없느니라. 누구든지 내가 그리한 것과 같이 자기 아비와 자기 어미를 사랑하지 않으면 나의 제자가 될 수 없느니라. 왜냐하면 낳아준 나의 어머니는 아니지만, 나의 참 어머니는 나에게 생명을 주었느니라."

가족과의 집착된 삶은 '시공간의 상대적'(ego)인 사랑이지만, 예수와 같이 자타·주객의 이원성을 초월하여 '자기 아비와 어미를 사랑하는 하나(One) 된 삶'은 모든 사람을 같은 눈으로 보는 절대 사랑이다. '나의 어머니'는 한계 있는 육체의 '나'(거짓나, ego)를 낳았지만, 만물의 근원인 '나의 참 어머니(아버지)'는 나에게 불이^{不二}의 생명(神性, 참나)을 주었다.

내면의 참나(One)를 추구하는 고독한 영적 세계로 나아가려면, 한계를 가진 분별 시비하는 '이원성인 거짓 나'(ego)로부터 벗어남이 필요하다. 이러한 자기 부정(無我) 없이는 예수의 제자가 되지 못하며, 진리(참나)를 좇아 살아갈 수 없다. 모든 상대 견해(ego)를 초월하려면 헤아림이 없는 '모든 것의 참 어머니'(萬物之母, 도덕경 1장)로부터 출발해야 한다.

'예수의 살을 먹고 예수의 피를 마시는 자, 즉 예수를 외부적으로 추종하지 않고 내면적으로 소화한 자'는 마음의 빛인 '참 어머니'(참나)를 발견하여 죽음이 사라진다(요 6:54). 노자는 "나라를 소유한 어머니를 얻으면 오래갈 수 있으며, 이것은 뿌리를 깊게 하고 뿌리를 견고하게 한다. 또한 장구하게 살 수 있는 도리이다"(是謂深根固柢, 長生久視之道, 도덕경 59장)라고 하였다.

102장
자기도 먹지 않고

예수는 말씀하셨다. "바리새인들에게 화 있을지니, 저들은 소의 여물통에서 잠자는 개와 같아서 자기도 먹지 않고, 소들도 못 먹게 하느니라."

제39장과 중복되는 것이며, 큐Q복음서와 병행한다(Q44: 마 23:13; 눅 11:52). 그러나 39장보다 표현이 더 명료하고 쉽다. 소의 여물통에 누워서 자기도 먹지 않고, 소도 먹지 못하게 하는 개(犬)인 바리새인들이 오늘날에는 기독교 지도자들이라 할 수 있다. 왜냐하면 그들은 나누어질 수 없는 불가분不可分의 진리를 하나님과 인간, 이 세상과 저세상, 선과 악 등 이원적으로 나누고 대상화함으로써 하나님을 마귀, 살인자, 거짓말쟁이, 거짓의 아비로 만들었다(요 8:44). 또한 타고난 원죄 교리로 죄책감에 사로잡히게 하고, "예수 외에 구원의 길이 없다"고 하여 나눌 수 없는 보편적인 진리(One)로부터 벗어난 주장을 하고 있다.

예수는 "하나님은 한(One) 분이시고 그 외에 다른 것이 없다"(막 12:32)*고 또한 "하나님은 전체로서 한(One) 분이므로 모든 것이 하나님이며 모든 것이 그리스도이다"(마 23:9-10)라고 하나의 진리를 말씀하셨다. 천지만물은 오직 진리(One)이신 하나님과 예수 그리스도로 충만하다는 것이다. 하나님과 예수를 대상화하거나 주객으로 나누어 독점한다면, 시공을 초월하는 전체로서 하나(One)인 진리를 벗어난 것이다. 현대 물리학과 아인슈타인의 상대성이론(E=mc²)은 "모든 것이 에너지이다"라는 에너지 일원론으로 하나(One)의 진리를 증명하였다. 따라서 무소부재無所不在하신 하나님(神性)과 부처님(佛性)은 순수 에너지(One)라고 할 수 있다.

---

* "God is One and there is no other but Him"(막 12:32). 불교는 하나(One)의 법계法界를 강조하고, 힌두교의 베단타는 "온 우주에 오직 브라흐만(神) 이외에는 아무것도 존재하지 않으며, 그대는 그것이다"고 하여 이 세상을 환상幻想으로 본다. 존재하는 것은 무한한 공덕을 지닌 신(참나)뿐이므로 이 세상은 창조되지 않은 것이다. 우리의 본성(참나)도 생사生死가 없는 신의 형상이므로(요 17:21) 그리스 최초 철학자 탈레스는 "모든 물질은 신성으로 충만해 있다"고 하였다. 따라서 양자물리학은 "신 외의 모든 존재는 마치 그림자(energy)와 같은 것으로 사실은 존재하지 않는다"(眞空妙有)고 증명하였다.

103장
늘 깨어 있으라

예수는 말씀하셨다. "도적들이 언제 어디로 들어올지 아는 자는 복이 있나니, 저는 일어나 힘을 모으고 그들이 오기 전에 무장을 갖출 수 있음이라."

일반적으로 '예수의 재림을 위해 준비하라'는 종말론적 경고의 뜻'(마 24:44, 눅 12:40)으로 해석한다. 그러나 영원한 진리인 예수 그리스도(One)는 시간적 종말이라는 한계가 없으며, 시공간을 초월하고 불생불멸하여 가고 옴이 없다(不去不來, 요 8:58). 따라서 문자적인 승천과 재림(강림)은 하나 됨과 내면적 사건으로 재해석되어야 한다.

겉사람인 '내면의 도둑'(ego)이 속사람(천국, One)의 행복한 삶 속으로 언제, 어디로 들어올지 아는 자는 참으로 복되다. 에고(ego)의 소멸을 위한 '무장을 갖출 수 있는 자'(깨어있는 자)는 영원한 행복과 평화를 내면에서 찾을 수 있기 때문이다. 따라서 우리는 '내면의 영'(神性, 참나)이 잠든 상태에서는 '욕망과 두려움의 도둑'(ego)을 막아낼 수 없음을 알아야 한다.

마음이 안으로 향해지면 영적 참나(One)이지만, 바깥으로 향해지면 거짓 나(ego)이므로 진리(참나)의 깨달음을 통하여 장애물의 제거는 이루어진다. 이렇게 '제3의 눈(귀)'이 열리면, 지금 여기서 '하나님의 나라'(One)가 성취되는 것이다(요 3:3). '예수가 한적한 곳에서 기도하신 것'(눅 5:16)처럼 묵상을 통하여 진리를 깨닫게 되면 에고ego는 사라지고, 신(그리스도)을 체험한다(시 46:10).

지금 여기 시공간을 초월한 천국의 체험(깨어있음)에 대하여 주자어류朱子語類는 다음과 같이 말한다. "깨어 있음을 지니면 하나님의 진리가 항상 밝아서 자연히 인간의 비양심이 억제되어 사라질 것이다." 또한 채근담은 "완전히 깨어있어서 어둡지 않으면 도적들이 곧장 변화하여 집안 식구들이 될 것이다"고 하였다. 즉, 에고ego의 성품인 감정과 욕망이 내 안의 도적이다.

104장

신랑이 신방을 떠날 때

저들이 예수께 이르되, "이곳으로 오소서, 오늘 저희와 함께 기도하고 금식을
합시다." 예수께서 그들에게 이르시되, "내가 무슨 죄가 있기에 기도를 하며
또 내가 무엇이 부족하여 금식을 하라는 것이냐? 아니다. 신랑이 신방을
떠날 때야 저들이 금식하고 기도해야 하느니라."

마태(9:14-15), 누가(5:33-35) 그리고 마가(2:18-20) 자료와 함께 비교
하여 볼 수 있는 구절이다. 신랑이 하나(One)인 신방에 있다면 기도하
고 금식을 할 필요가 없다. 그러나 신랑이 신방(참나, One)을 벗어나면
거짓 나(ego)의 감각적 욕망이 침입하지 못하도록 기도와 금식을 해야
한다. 이렇게 신과 인간이 하나 되는 체험을 '신방에 든다'는 상징으로
표현했다. 따라서 죄(sin)*는 참나(One)의 깨달음으로 신과 하나가

---

* 죄(sin)는 하나의 진리인 예수(One)를 믿지 않는 무지無明이다(요 8:24, 16:9). 모든 것을 '진
리의 눈'(One)인 영안靈眼으로 바로 보지 못하고, 오직 육신의 눈에 보이는 형상만을 보면
서 본다고 하는 전도몽상이다(요 9:41). 하나의 진리를 깨닫지 못하고 있는 죄를 회개하고
(막 1:15), 모든 형상이 형상 아님을 자각하여 청결한 마음이 되었을 때 하나님(如來)을 볼
수 있다(若見諸相非相 卽見如來, 금강경). 또한 영적으로 거듭나게 되었을 때 천국을 볼
수 있는 것이다(요 3:3). 예수와 부처가 이 세상에 오신 목적은 우리가 바로 볼 수 있도록 영
원한 광명의 영안(佛眼)이 열리게 하는 것이다(요 9:39).

되지 못하는 무지이다(요 8:24).

이원성의 생각(ego)에서 벗어나 "나는 없으며"(我空), "만유의 실체도 없다"(法空)는 하나(One)의 진리를 깨달으면, 희비·고락 등의 분별 시비가 사라지고, 예수의 영원한 신적 본질인 내면의 신성(참나)이 드러난다. 그것은 '내 뜻이 아니라 아버지의 뜻대로의 삶'(눅 22:42)이며, 인연 따라 흐름에 거침이 없고 지나가는 빈 배같이 떠도는 '무위의 삶'(One)을 가리킨다. 이러한 무위의 세계(One)는 모든 경계가 사라지는 것이니 삶과 죽음도 마찬가지라고 할 수 있다.

세계는 나의 생각일 뿐이며, 생각으로 만들어 낸 일체가 외부의 상황을 만들기 때문에 내면이 중요하다(一切唯心造). '평화로운 마음'(참나)이 어떤 이유로 활동하게 되면 그것이 에너지(힘)를 현출한다. 그 안에 내재되어 있는 에너지가 지각-생각-감각들로 화하는데 그것이 현상(물질)들, 즉 우주이다. 각자가 창조한 외부 현상에서 교훈을 얻어 극복하지 못하면 비슷한 상황이 반복된다. 이것을 니체는 영겁회귀永劫回歸라고 하며, 한 번 있었던 일은 무한 회에 걸쳐서 반복된다는 것이다.

105장
아버지와 어머니를 아는 자는
창녀의 아들

예수는 말씀하셨다. "아버지와 어머니를 아는 자는 창녀의 아들이라 여겨지는 것이다."

영적인 아버지와 어머니를 아는 자, 즉 내면의 변화를 체험한 자는 '거듭난 창녀'(포르네, 진리)의 아들이라 여겨지며, 세속 혈통(ego)을 초월한 자(人子)이다. 이와 같이 예수는 우리의 죄를 대신하여 죽은 구속자救贖者가 아니라 집착(ego)을 버리고, '내면의 눈'(靈眼, 마 6:22)을 열어 참나(신성)의 깨달음에 이르게 하는 '지혜로운 영적 스승'이다(平等不二). 따라서 우리는 참나(One)의 자각을 통하여 실제 자신이 아닌 것들을 자신이라고 상상하기 때문에 생긴 고통을 치유하고, 천국을 누릴 수 있다. 치유의 방법으로는 "고요하라 그리고 내가 신임을 알라"(시 46:10)는 말로 요약된다. 고요하라는 것은 번뇌 망상의 이원성(ego)을 그치는 것이다.

예수는 "'나는 육체다'(I am the body)라고 하는 '나'(거짓 나)의 자기 목숨(ego)을 놓아 버리면, '모두가 하나다'라고 하는 진정한 '나'(참나)

를 찾는 구원의 환희를 얻는다"(막 8:35)고 말씀하셨다. '나와 신' 그리고 '나와 너'는 나누어질 수 없으며, '나와 모든 것'은 하나라는 것이다(萬物如我一切). 즉, 모든 사물은 신의 현현(顯現)인 단일성(unity)이다. 마하라지는 "신 외에는 아무것도 없다. 여러분은 신(神)일 뿐이다. 눈에 보이는 것은 모두 신이다. 이것을 확신하게 된 사람은 성자들 중에서 최고이고, 해탈자들 중에서 최고이다. 여러분이 신의 영(靈)이라는 것을 확신할 때는 신의 영광을 얻는다"고 하였다. 이러한 진리는 원자의 내부가 텅 빈 공간이라는 사실과 물질 자체가 에너지의 다른 형태라는 아인슈타인의 상대성이론과도 통한다.

번뇌 망상과 집착(ego)을 놓아 버린 천국(神性, One) 체험은 어디에도 머물거나 구속되지 않는 완전한 자유와 평안을 누리게 한다. 따라서 우리는 내면의 변화인 회개를 통하여 그림자 같은 마음(ego)의 이원론적 사유를 버리고, 절대 평등한 일원론적 사유인 신성(참나)의 자각을 통해 영원한 참 생명(One)을 누려야 한다(요 12:25). 이렇게 마음의 방향을 돌리는 회개(깨달음)를 불교에서는 "부처님에게 회향(廻向)한다"고 한다.

106장

둘을 하나로 만들면

예수는 말씀하셨다. "너희가 둘을 하나로 만들면 너희는 인자들이 되리니, 너희가 산더러 여기서 '산아 움직여라' 말하면 산이 움직일 것이다."

마태는 "너희에게 믿음이 겨자씨 한 알만 있어도 이 산을 명하여 여기서 저기로 옮겨지라 하면 옮겨질 것이요"(17:20)라고 구원을 위한 믿음을 강조한다. 그러나 도마는 "둘을 하나(One)로 만들면"(엡 2:14) 지금 여기서 '진리(One)를 깨닫는 자'(그리스도)가 되어 고통의 산(ego)이 천국의 산으로 바뀌는 구원을 말한다. 따라서 생멸生滅이 없는 불이不二의 진리를 '깨달은 사람'(人子)은 언제, 어느 곳으로 가든 그곳이 바로 고요한 낙원이다(生滅滅已 寂滅爲樂). 또한 육신의 속박에서 벗어나 진리를 알고 거듭났으므로 육신에 집착하는 범부들이 그러하듯이 좋고 싫음, 즐거움과 괴로움, 길함과 흉함에 의해 전혀 영향을 받지 않고 초연하다.

"둘을 하나로 만든다"는 것은 신과 나, 현세와 내세, 육체와 영혼 등으로 나누는 이원성인 에고ego의 소멸과 상대적 유무有無를 초월한 신(부처)과의 합일(One)을 의미하며, 불교의 목적과 동일하다. 또한 행복과 불행, 쾌락과 고통과 같은 양극단에 의해 영향을 받지 않는 '평등한 마음'(평정심)을 가지는 것이다. 과학적으로 실재하지 않는 '개별적 영靈'의 사유에서 벗어나 '보편적 영靈'인 참나(One)를 회복한 자(浩然之氣)는 참된 자유로운 마음이 된다. 즉, 이원적인 망상(ego)에 사로잡히면 고통 속에 있지만, 하나로 깨어있으면 절대적 평안과 축복 속에 있다.

구원은 '각자 안에 있는 예수의 피(One)로 속죄함을 얻어 영생을 이루는 것'(히 9:12)이며, 영적 어둠(ego)을 비움으로 감추어졌던 '하나님의 광명'(One)이 완전히 드러나 예수처럼 인자(참나)로 영생하게 되는 것이다(요 12:25). 인자는 예수의 전유물이 아니라 부처를 포함한 '깨달은 자'(부활한 자, 요 11:25)를 가리킨다. 신성(참나)의 깨달음으로 부활하여 우주적인 그리스도가 된 부활한 예수(One, 요 11:25)는 시공을 초월한 불생불멸의 '영원한 생명'(히 13:8, 요 8:58)이므로 역사적 예수와는 구분된다. 마찬가지로 불성의 깨달음으로 부활한 우주적인 부처(One)는 역사적인 석가모니와 구분된다. 따라서 불교에서는 고통을 일으키는 어둠(無知, ego)을 비우는 불성(참나)의 깨달음을 통하여 하나(One)의 부처가 되는 것을 목표로 하고 있다(成佛).

노자는 "이 문門으로 드나드는 것, 모든 것이 둘이 아니고(不二) 하나(One)의 문이니 어찌 묘妙하다 아니 하겠는가?"(衆妙之門, 도덕경 1장)라고 하였다. 예수는 이 현상을 아셨기에 나와 아버지는 하나라고 설명하신 것이다(萬物之宗, 요 17:21). 그 문 안에서는 아버지와 일체였는데 그 문을 나오니 아들로 사는 것이고 어디서 오며 어디로 가는 것을 알고 있다는 것이다(요 7:28, 8:14). 그러므로 내면의 참나(神, 부처)는 시간과 공간에 한정되지 않고 항상 도처에 있으며 모든 것이다(無所不在).

거짓 나(ego)는 주체와 대상을 나누고, 자고, 깨고, 먹고, 마시고, 생각하고, 죽고, 다시 태어난다. 그러나 참나(神性) 자체는 영원한 존재이며, 온갖 무지와 망상에서 벗어나 있다. 영화를 볼 때 어둠 속에서는 화면의 그림들이 보이지만, 불이 환하게 켜지면 스크린에 아무것도 보이지 않는다. 마찬가지로 영원한 참나(One)의 빛 속에서는 모든 대상(허상)이 사라진다. '이 몸이 나'라는 어둠의 생각(ego)을 소멸하는 것이 자아 탐구 수행의 목표이다. 그러므로 '신성(불성)만이 실재하며, 그 외 모든 것은 실재하지 않는다'는 하나의 깨달음을 위하여 수행하여야 한다(頓悟).

107장
가장 큰 한 마리

예수는 말씀하셨다. "하나님 나라는 양 백 마리를 가지고 있는 목자와 같으니라. 무리 중 가장 큰 한 마리가 길을 잃었다. 목자는 아흔아홉 마리의 양을 놓아두고 그 한 마리를 찾으러 나가 그것을 찾았더라… 그는 그 양에게 이르기를, 나는 아흔아홉 마리보다 너를 더 귀히 여기노라."

도마 자료가 마태(18:12-14)와 누가(15:4-7)의 '길 잃은 양을 찾는 것'으로 변형과 더불어 추가되었다. 예수는 '길 잃은 양'(죄인)을 찾으시는 구원자가 아니며, 우리의 정체성은 구원을 받아야 할 타고난 죄인이 아니다. '처음(근본, 아르케)부터 예수와 함께 있었던'(요 15:27) 구원을 이미 받은 신성(참나, 요 10:34)이며, 이것을 내면에서 찾아야 한다. 목자가 기뻐한 것은 이원성(ego)의 허상을 벗어난 '가장 큰 한 마리'(참나)를 찾은 깨달음(천국) 때문이며, 성경의 잃은 드라크마(참나)를 찾은 여인의 비유도 마찬가지이다(눅 15:8).

힘들게 발견한 '길 잃은 큰 양 한 마리'는 혼자 고독한 길로 간 '신성(진리)을 깨달은 자'(Christ)를 의미한다. 이렇게 '천국의 백성이 된 자'는 내재하는 광명의 참나(One)로 어둠의 이원적인 형상(ego)을 초월하여 '모든 것을 배설물로 여기는 자'(빌 3:8)이다. 따라서 "모든 형상이 형상 아닌 것을 알면, 실상(One)을 보는 것이며"(若見諸相非相即見如來, 금강경), 이때 복된 삶이 유희遊戱가 되어 내면에서 나오는 기쁨과 평화를 즐길 수 있다.

목자는 끊임없이 변화하는 이원성(ego)의 육적 자아(거짓 나)인 아흔아홉 마리를 버려두고, 불변하는 비이원성(One)의 영적 자아(참나)인 그 한 마리를 행해 고독한 여행을 떠난다. 이 모두가 버림·고독·방랑·무소유 등을 상징하고 있다. 불교의 원시 경전인 숫타니파타에도 다음과 같은 구절이 있다.

"어깨가 딱 벌어져 연꽃처럼 늠름한 거대한 코끼리가 그의 무리를 떠나가고 싶은 대로 숲속을 노닐 듯, 저 광야를 가는 코뿔소의 외뿔처럼 홀로 가거라."

엑카르트Eckhart는 인간과 우주 만물 속에 살아있는 불변의 광명을 아는 통합적 지식을 '여명黎明의 지식'(One)이라 부르고, 덧없는 피조 세계만을 아는 부분적 지식을 '황혼의 지식'(ego)이라 일컬었다. 또한 우주의 근본 원리인 범梵과 개인의 본체인 아我가 같다는 우파니샤드의 범아일여梵我一如 사상은 동트는 '여명黎明의 지식'(One)이다. 이러한 경지에서는 에고(ego)가 존재하지 않으므로 고통은 진흙 속의 연꽃처럼 내면의 평화가 주는 희열로 변형된다.

분석심리학의 기초를 세운 융Jung은 모든 신화에 나오는 정신적 영웅들이 궁극적으로 쟁취하려는 것은 '양극의 합일'이라는 하나의 진리를 체득하는 것이라고 하였다. 내면의 참나(One)를 찾기 위하여 거짓 나(ego)를 떨치고 나간 용기 있는 자를 불교의 '십우도十牛圖'에서는 소(One)를 찾아 집(ego)을 떠나는 소년으로, '갈매기의 꿈'에서는 갈매기가 지닌 '비상의 가능성'(신의 영역)을 탐구하기 위해 무리(ego)를 떠난 조나단 리빙스턴으로 묘사한다.

108장
나와 그대는 하나가 되리라

예수는 말씀하셨다. "내 입으로부터 나오는 것을 마시는 자는 누구든지 나와 같이 될 것이고 나도 그와 같이 되어, 감추어진 것들이 그에게 드러나게 되리라."

    예수의 말씀을 듣고 불이不二의 진리를 깨닫는 자는 예수(독생자)와 동일하게 되며, 전 우주와 하나(One) 되어 내면에 감추어진 '진리의 신비'(참나)가 드러난다. '나는 누구인가'(Who am I?)의 질문으로 자신의 근원인 신성을 자각하면 모든 것을 알게 되고, 영원한 존재(참나)인 그리스도(진리)가 된다(요 15:27). 또한 누구나 신성을 덮고 있는 거짓 나(ego)를 벗겨 깨달음(인간 완성)에 이르면 천국(참나)은 마침내 드러난다. 따라서 지혜와 사랑은 모든 변화 속에서 상호 의존의 관계에 있는 궁극적 실재를 자각하는 것이다.

    '내면의 눈'(靈眼, 눅 10:23)*이 열려 예수와 하나(One) 되는 진리로

---

* 내면의 눈은 '보는 것을 보는 눈'(주시자)이다. 장자莊子는 '이른바 보는 것을 본다고 하는 것은 눈으로 저 밖의 사물을 보는 것이 아니라 스스로를 보는 것을 일컫는 것일 뿐이다'(외편)고 하였다. 세상 사람들 가운데 충분히 남을 이길 수 있는 사람은 힘이 세다고 하겠지만,

거듭나면 더 이상 진리에 목마르지 않고, 풍성한 삶을 체험한다. '문들이 닫혔는데 오사'(요 20:26)는 예수(One)께서 닫힌 마음(ego)의 문을 열고 진리(One)로 들어오신 것을 뜻한다. '와서 봄으로 영적 신비를 체험한 자'(요 1:39)는 자기가 남과 나누어져 있다는 에고(ego)의 관념에서 벗어나 진리와 하나(One)가 된 자이다. 즉, 종이 위에 인쇄되어 있는 글씨(ego)만을 보지 않고, 글씨의 바탕이 되는 종이(본바탕)를 봄으로 '무한한 생명의 신성'(One)까지 보게 된다(마 5:8). 예수는 "천국은 내면에 있다"(눅 17:21)고 하셨고, 종교의 의의는 내면을 향하도록 강조하는 데 있지, 다른 종교보다 더 우월하다는 일부 구성원의 믿음에 있지 않다.

우리는 예수처럼 세상의 빛이다(마 5:14). 예수는 "나를 믿는 자는 내가 하는 일을 그도 할 것이요 또한 그보다 큰일도 하며(요 14:12), 내가 내 아버지 곧 너희 아버지, 내 하나님 곧 너희 하나님께로 올라간다(요 20:17)"고 '하나 됨'을 말씀하셨다.

엑카르트는 "예수와 성령으로 태어난 '하나님의 아들'인 우리는 조금도 차이가 없다"고 하였다. 마찬가지로 바울도 "만일 우리가 그의 죽으심과⋯ 연합한 자가 되었으면 또한 그의 부활과 같은 모양으로 연합한(하나 됨) 자도 되리라"(롬 6:5)고 하였다. 불교의 궁극적인 목적은 중생이 헛된 분별을 벗어나 영원한 부처(神)임을 깨닫는 것이다(衆生卽佛). 따라서 우리는 잠깐 있다가 사라지는 '육체의 행복'(ego)이 아니라,

---

그보다 힘이 강한 이를 만나기 마련이므로 스스로를 이기는 사람의 건강함만 같지 못하다(도덕경 33장). 예수가 "귀 있는 자는 들을지어다"(마 11:15)고 종종 말씀하신 것도 듣는 기능을 밖으로 쏠리게 하지 말고 돌이켜서 자기 마음의 소리 없는 소리를 들으라고 하는 것이다(능엄경).

내적인 행복과 평화인 '자기를 아는 지식'(Atman, 참나)을 추구하여야 한다(바가바드 기따). 예수는 행복하게 하는 내면의 완전한 참나(神性)를 전하기 위하여 오셨기에 "내가 율법(ego)을 폐하러 온 것이 아니요 완전하게 하려 함이라"(마 5:17)고 말씀하셨다.

109장
숨겨진 하나의 진리

예수는 말씀하셨다. "천국은 자기 밭에 보물이 묻힌 것을 모르고 그 밭을 가지고 있던 사람과 같으니, 저가 죽으면서 그 밭을 자기 아들에게 물려주었느니라. 그 아들은 보물이 묻힌 것을 모르고, 자기가 유산으로 받은 밭을 팔았더라. 그 밭을 산 자가 밭을 갈다가 그 보물을 찾았더라. 저는 그 돈을 누구에게나 이자를 받고 돈을 빌려 주었느니라."

마태(13:44)는 보화를 발견한 사람의 욕심과 속임수를 나타내고 있다. 그러나 도마는 보물(참나)이 우리의 내면에 있지만(고전 3:9) 이를 찾지 못하는 사람이 있고, 반면에 진리를 찾아내는 사람이 있다는 것이다. 진리를 발견한 사람은 편재하는 천국을 자각하여 그 가르침을 원하는 모든 이에게 영적인 부요를 나누어 준다. 구원은 밭을 산 자와 같이 이원성인 거짓 나(ego)를 버리고 숨겨진 하나의 진리(근원)인 참나(神性)를 찾는 것이다(마 16:25). 그러므로 예수는 "네 보물(One)이 있는 그곳에 '네 마음'(true Self)도 있느니라"(마 6:21)고 하였고, "누스(true Self)가 있는 곳에 보물이 있도다"(마리아복음 10:16)라고 말씀하셨다.

구원은 맹목적인 믿음에 의해 얻어지는 것이 아니다(마 7:21). 신과 자신의 본성을 모르던 죄에서 벗어나 마음 밭에 있는 신성(성령)을 찾아 신과 하나(One) 되는 '절대의 즐거움'(寂滅樂)이다(마 16:25). 이러한 불이不二의 진리는 마치 목걸이를 잃어버렸다가 다시 되찾은 여인과 같다. 안개와 같은 육체(허상)인 '거짓 나'(ego)를 '진실한 참나'(실상)와 동일시(無知)하지 않으면, 지금 여기에서 하나인 생명(보물)이 바로 드러난다. 불경佛經에서도 "만약 마니보주와 같은 보물을 얻으려면 가죽 주머니 같은 이 몸뚱이를 버려야 한다"고 말한다.

신성(천국)은 선택하며, 분별하는 이원성인 에고ego를 버리고, '지켜보는 눈'(靈眼, 눅 10:23)*이 열려 창조주와 피조물, 이 세상과 저 세상, 천사와 마귀 등이 둘이 아니라 '하나의 진리'임을 인식할 때 지금 여기서 실현된다(막 12:32). 불교는 '부처의 눈'(佛眼)이 열려 불성(참나)을 깨달은 사람에게 이 세상은 열반涅槃인 극락(천국)이며, 현상(ego)과 실재(One) 사이에는 인식적 차이가 있을 뿐, 존재론적 차이는 없다고 한다. 이율곡은 "그 묻혀 있는 무한한 보물(참나)을 발굴한다면, 모두 자신의 소유가 될 것이다"(聖學輯要)라고 하였다.

---

* '지켜보는 눈'은 당신이 보는 것을 보는 눈인 높은 안목의 영적인 눈(靈眼, 佛眼)이다. 이러한 사물의 실상(One)을 보는 '주시자' 상태에 부단히 머무르는 수행에 의하여 에고ego의 뿌리를 소멸할 수 있다. 예수가 이 세상에 오신 것은 '천국을 보지 못하는 자들이 보고, 이른 바 스스로 본다는 자들을 보지 못하게 하며'(요 9:39), 아버지의 이름을 알게 하여(요 17:26) 영안靈眼으로 형상이 없는 천국을 자각하는 것이다. 이러한 영안을 노자는 '보아도 안 보이는 이 夷'(도덕경 14장)로서 표현한다. 우파니샤드는 '같은 나무에 함께 앉아 있는 두 마리의 새'를 설명하고 있다. 즉, 에고ego와 보편적 참나(One)이다. 전자는 경험자이고, 후자는 무관심한 주시자注視者이다.

110장
이 세상을 단념하게 하라

예수는 말씀하셨다. "이 세상을 발견하여 풍요로워진 자는 이 세상을 단념하게 하라."

'이 세상에는 무한한 진리(神)밖에 없다는 것'(막 12:32)을 발견한 '풍요로운 자'(참나)는 꿈과 그림자 같은 유한 상대적인 이 세상(ego)에 대한 집착을 버려야 한다(금강경). 텅 비고 밝아 저절로 비추는 '본래의 생명'(참나)을 회복하여 영원한 구원(One)을 이루었다면, '잠깐 있다가 없어지는 안개'(약 4:14)와 같은 '헛되고 헛된 이 세상'(ego, 전 1:2)에 조금도 가치를 두지 않아야 한다.

구원이란 상대 세계에 대한 집착을 제거하고, '절대적인 세상'(One)을 회복하여 이미 완전한 '내면의 진리'(神性)를 드러내는 영원한 기쁨이다. 동양 종교들과 같이 이기적인 에고(ego, 小我)를 벗어나 '본래적 근원'(One)을 실현함으로 전체를 아우르는 '참다운 인간'(大我)이 되는 것이다. 신에게 모든 것을 맡겨 '하나인 신성을 실현한 경지'는 행복을 바깥에서 찾지 않는 내면의 무욕無慾과 평화의 세계이다.

크리슈나는 그의 제자인 아르주나에게 "모든 것이 나(One)에게서 나오고, 모든 것이 내 안으로 녹아 들어간다. 너의 껍데기(ego)를 던져 버리고 내 발아래로 오라"(바가바드 기따)고 하였다. 인도의 성자^{聖者} 마하라지는 "살아 있는 동안 죽어야 하며, 그러면 천국을 얻는다"고 하였다. 지금 여기서 이원성인 거짓 나(ego)의 목숨이 죽어야 비이원 성인 영원한 천국(신성)을 얻는다는 것이다(마 10:39). 우리는 본래부터 둘이 아닌 영원한 신성(참나, One)임에도 불구하고 삶 속에서 자각하지 못하고 있다. 하나(One)의 진리를 자각할 때 이사야가 본 이리가 어린 양과 함께 살며… 젖 뗀 어린아이가 독사의 굴에 손을 넣는 천국이 이루어지는 것이다(사 11:6-8). 따라서 자신의 내면에 있는 불변하는 본성(神性)을 자각하고 닦아서 공덕^{功德}을 완수한 사람만이 하늘나라에 올라가 영원한 행복을 누릴 수 있다(三一神誥).

111장
죽음을 보지 아니하리라

예수는 말씀하셨다. "하늘과 땅이 너의 보는 앞에서 말려 올라갈 것이다. 그러나 살아 있는 분으로 인해 사는 자는 죽음을 보지 아니하리라."

어떠한 상황에서도 지금 시간성과 공간성(하늘과 땅)이 사라지는 거듭남으로 '살아 있는 신성(참나)을 깨달은 자'는 삶과 죽음을 초월한 '영원한 세계'(One)를 누린다. 즉, 거짓 나(ego)를 제거하고, 진리(One)를 체득하여 '그리스도와 같이 된 자'(참나, 요1서 3:2)는 죽음을 보지 않는 영생을 누린다(갈 2:20). 시공을 초월한 영생의 절대 세계는 꿈과 그림자처럼 일시적인 허상의 세계를 초월한 영원히 불변하는 '실상의 세계'(One)이다. 따라서 불교에서는 "통달하여 모든 것에 걸리고 막히지 않는 자를 일러 보살"(금강경)* 이라고 한다.

---

* 대승불교의 '보살'은 육바라밀六波羅蜜의 실천을 통해 자신의 완성을 이루어가는 동시에 다른 사람들도 완성시켜 정토淨土를 건설해 간다. 육바라밀은 보시布施·지계持戒·인욕忍辱·정진精進·선정禪定·지혜智慧의 여섯 가지를 말한다. 보시는 조건 없이 기꺼이 주는 것, 지계는 계율을 잘 지켜 악을 막고 선을 행하는 것, 인욕은 박해나 곤욕을 참고 용서하는 것, 정진은 꾸준하고 용기 있게 노력하는 것, 선정은 마음을 바로잡아 통일되고 고요한 정신 상태에 이르는 것, 지혜는 진상眞相을 바르게 보는 정신적 밝음이다. 따라서 생멸生滅을 떠난 육바라밀은 '자비의 실천'(下化衆生)과 '지혜를 추구하는'(上求菩提) 생활이다.

우리가 쓸데없는 데 마음을 쓰지 않아도 되는 것은 내면에 이미 갖추어져 있는 절대의 영원한 진리인 참나(神性) 때문이다. 고통을 일으키는 이원적 생각에 얽매여 고통을 일으키는 겉사람(ego)이 소멸되면, 대립해 보이는 것들이 저절로 '하나(One)인 조화와 광명'이 되어 비이원적인 영원한 생명(참나)이 저절로 나타난다. 진리(One)의 자각을 통해 얻어진 희열希悅의 영적 자리가 바로 '일용할 양식'(마 6:11)이다. '하나(One)인 생명 에너지(우주의 氣)'가 신성(참나)이므로 이원적인 물질주의의 수렁에서 이 세상을 구하는 유일한 길이다.

'나의 본래 모습'(참나)을 자각하면 환幻인 죽음은 존재하지 않는다. 죽음은 다만 외부에 국한된 것으로 내면의 생명은 계속 살아 있다. 육신이 소멸되는 그날 주인으로 있던 내면의 신성(그리스도)은 영원한 하나님 안으로 귀일歸一 한다. 혜능대사는 그의 죽음을 슬퍼하는 제자들에게 자기 성품은 생겨남(生)도 없고, 없어짐(滅)도 없다고 하였다. 인도의 성자 까비르는 자신이 죽으면 신을 보게 된다며, 죽음은 더 이상 죽음이 아니라고 하였다. 황제내경에서는 결코 죽음이 없는 것은 진리와 하나 되어 살기 때문이라고 하였다.

예수는 말씀하셨다. "자신을 발견한 누구라도 그에게 세상은 아무 가치가 없다."

'내가 누구인가?'(Who am I?)의 자기 탐구를 통해서 자기 자신의 진정한 성품(참나)을 아는 것이 바로 구원과 완전한 행복의 길이다. 성인聖人들은 개인적인 나(ego)가 죽으면 보편적인 참나(One)만이 남는 자기 탐구를 통하여 궁극적으로 깨달은 영혼이 될 수 있었다. 즉,

나는 본래 '육체이거나 마음'(거짓나)이 아니라 온 우주에 가득 차 있는 참나(神)이다(요 10:34). 예수가 '나는 모든 것이다'(도마복음 77)라고 한 것처럼 참나(Christ) 외에 아무것도 없고, 모두가 나 자신이므로 원수도 사랑하지 않을 수 없다(本來是佛). '이제는 내(ego)가 사는 것이 아니요, 오직 내 안에 그리스도(참나)께서 사시는 것'(갈 2:20)은 마음의 등불인 '내면의 눈'(마 13:16)을 떴다는 것이며 '육체와 영혼'*이 다르다는 착각(ego)은 사라지게 된다(吾喪我). '내가 누구인가?'를 통하여 절대적인 생명(Christ)을 '깨달은 자'(마 13:23)는 좋아함과 싫어함이 있는 상대적인 이 세상은 아무 가치가 없다. 따라서 성경과 불경의 모든 말씀은 마음(휘장) 때문에 가려져 있는 영원한 본래의 나, 즉 예수 차원의 참나(靈)를 찾는 내용이다.

'불이不二의 생명'(One)인 예수는 "나를 보내신 이의 뜻은… 마지막 날에 다시 살리는 이것이다"(요 6:39)고 말씀하셨다. 여기서 '마지막 날'은 시간적으로 세상이 끝난다는 뜻이 아니라 음양陰陽의 조화처럼 '새 것의 시작이며, 옛 것의 끝'(One)이고, 시공을 초월한 경지이다. 좋아하고 싫어하는 에고(ego, 我相)의 분별 시비가 사라진 새로운 영적 세계(神性, 佛性)인 '초월적 사랑과 자비가 지배하는 천국'**이 실현되는

---

* 기독교의 교리는 '육체와 영혼'이 서로 대립되어 있는 이원론적이다. 그러나 "만물이 주에게서 나왔으므로"(有生於無, 롬 11:36) 육체와 영혼 사이에는 본질적 차이가 없고, 다만 현상적 차이만 있을 뿐이다. 현대 양자역학의 입자와 파동(空)의 이중성은 동양 사상과 같이 물체는 스스로 독립적 실체를 가지고 있지 않음을 증명하고 있다(諸法空). 우주는 하나의 전체적인 유기체이므로 "육체와 영혼, 물질과 정신, 자연과 신은 나누어질 수 없으며"(全一性), 역동적인 에너지의 한 체계이다. 노자는 "물질과 정신은 분명히 별개로 인식하지만 근원(뿌리)은 같다"(此兩者同出而異名, 도덕경 1장)고, 장자는 "천지는 나와 더불어 한 뿌리이며, 모든 것들이 나와 하나(One)이다"(天地與我同根)고 하였다.

** 초월적 사랑과 자비가 지배하는 천국은 내면의 생명을 자각함으로써 풍성히 얻게 되며(요 10:10), 지금 여기서 맛볼 수 있는 영적 세계이다. 따라서 "내가 새 하늘과 새 땅을 보니 처음

'무 선택'(One)의 경지이다. 이러한 상대 세계의 '본질을 본 자'는 자신이 유한한 육체의 존재가 아니라, 무한한 '신적인 생명'(神性)임을 자각하여 자아중심주의(ego)에서 초월하여 절대적인 자유(One)를 즐기게 된다. 17세기 천문학자인 요하네스 케풀러는 천체의 운동을 묘사하는 법칙의 수학적 아름다움을 두고 "천국의 조화라는 성스러운 장관이 이루 형언할 수 없을 정도로 황홀하다"고 고백하였다.

하늘과 처음 땅이 없어졌고 바다도 다시 있지 않더라"(계 21:1)에서 '새 하늘과 새 땅'은 '새로운 세상'(One)의 상징이다. 천국은 우리들이 구름 속으로 끌어올려 공중에서 주를 영접하게 되는 물질적 현상이 아니다(살전 4:17). 휴거를 설명하는 '구름(네펠레) 속으로'는 시공을 초월한 '마음 안에서의 구름'이며, 공중에서(에이스 이에라)는 마음 안에서의 공중이다. 따라서 천국은 마음 안에서 낚아채임(할파조, 휴거), 즉 깨달음으로 주님과 하나가 되는 경지이다.

112장
육체에 의지하는 영혼의 슬픔

예수는 말씀하셨다. "영혼에 의존하는 육체는 화禍가 있을 것이다. 육체에 의존하는 영혼에게 화禍가 있을 것이다."

영혼과 육체의 양변兩邊을 여의지 못하고 이원성인 분별의 세계에 사는 자는 화禍가 있다. 영혼은 보이지 않는 육체요, 육체는 보이는 영혼으로 각각은 독립된 실체가 아니라 마야(幻影)이다. 둘이 아니고 하나이며, 하나의 두 존재 양식인 영혼과 육체*의 이원성을 초월하는 깨달음을 통하여 내면의 영혼(神性)과 하나(One) 되어야 한다. 이 진리 (One)의 세계는 광대하여 일체중생에 두루 미치며, 둘이 아닌 하나로

---

* 육체가 진실로 있다고 믿고 있는 것은 그것들이 마음의 환영幻影인 현상계(時空)의 필름 film 위에 비추어지기 때문이다(五蘊皆空). 즉, 생각(念)이라고 하는 필름을 스크린(현상계)에 갖다 대었기 때문이므로 우리들이 보는 것은 '물속에 비치는 달의 그림자'(水中月) 를 보는 것이나 다름이 없다. 그러므로 현대 물리학이 에너지의 진동이 곧 물질이요, 물질 이 곧 에너지라고 하는 것과 같이 우리 영혼이 곧 물질이요, 물질이 곧 영혼이다. 하나(One) 의 실체가 두 가지 다른 양식으로 나타나는 것이 영혼과 육체이다. 온 세상에는 보편적 영 혼(하나님)만 있으며, 현상계는 거울에 비친 허상(그림자)처럼 어두워진 중생의 마음에만 있다(대승기신론). 따라서 인간의 개별적 영혼(ego)이라는 것은 없다.

서 자유와 평화의 경지이다(平等無二, 대승기신론).

예수는 "만일 맹인이 맹인을 인도하면 둘이 다 구덩이에 빠지리라"(마 15:14)고 말씀하셨다. 여기서 맹인은 무지 때문에 눈이 먼 사람으로 실상을 바로 보지 못하는 자, 즉 '다양성의 통일성인 진리(One)를 자각하지 못한 자(눅 10:23)이며, '주관과 객관에 집착하는 자'(ego)이다. 이렇게 하나(One)의 진리를 모르고 자기의 종교만 진리라고 주장하는 자들은 문자주의(근본주의) 또는 맹목적 믿음을 가진 '무지한 자들(ego)이다.

이러한 교조주의와 문자주의*는 하나님을 유한하고 조건적인 대상(ego)의 수준으로 끌어내린다.

진리는 말, 문자 등 가르침(敎)을 떠나 있으며(不立文字 敎外別傳), 분별하는 마음이 가라앉을 때 집착의 세계는 사라지고, 내면의 신성을 깨닫게 된다. 바로 자신의 마음(본성)을 보고, 즉 직관하여 불성(참나)의 깨달음에 도달하는 것이다(直指人心 見性成佛).

장자莊子는 제물론齊物論에서 '하나(One)의 진리'를 다음과 같이 표현하였다. "자연의 법칙에 따르게 되어(乘天地之正), 천지가 나와 함께 생겨나고(天地與我幷生), 만물이 나와 더불어 하나(One)가 되며"(萬物與我一切), 주관과 객관의 모든 대립과 한계를 초월하여 전체성(All)의 조화 속에서 시간의 흐름을 잊는 삶이다(無古今). 우리는 이원적 사유의

---

* 가톨릭 당국은 "태양아 너는 기브온 위에 머무르라… 태양이 머물고"(수 10:12-13)의 구절 해석에서 갈릴레오의 지동설地動說이 옳았고, 문자적 해석이 틀렸다는 것을 1991년에 인정하였다. 이 구절의 의미는 '내면의 전쟁'을 이야기하고 있는 것이며, 아모리 사람은 속사람을 대적하는 집착을 의미한다. 또한 태양은 여호와 하나님을 뜻하며, 달은 태양의 빛을 받아서 비추기 때문에 태양을 지향하는 것이다. 따라서 우리는 하나(One)인 진리와 과학에 반대되는 문자주의를 벗어나 진리(One)는 글로써는 온전히 표현할 수 없고(不立文字), 율법조문(문자)은 죽이는 것이요, 영靈은 살리는 것임을 인식하여야 한다(고후 3:6).

집착과 분별(ego)에 잡혀 있으면 과학적이며, 영적인 '하나(One)의 진리'를 부정함을 자각하여야 한다.

113장
아버지 왕국은
이 땅 위에 펼쳐져 있느라

제자들이 예수께 물었다. "언제 그 나라가 오겠습니까?" 예수는 말씀하셨다. "그 나라는 너희가 기다린다고 오는 것이 아니다. 사람들이 여기 있다, 저기 있다 할 성질이 아니니라. 아버지의 나라는 온 세상에 두루 펴져 있지만 사람들은 그것을 보지 못하느니라."

'심판하실 그리스도 예수'(딤후 4:1)의 구절은 종말에 예수의 재림과 심판으로 해석되어진다. 그러나 종말은 거짓 나(ego)의 종말이며, 부활한 예수(One)는 탄생과 죽음, 옴도 감도 없으므로 재림이라는 것이 있을 수 없다(요 8:58). 예수가 심판자가 될 수 없는 것은 주객과 시공을 초월한 영靈(고후 3:17)이시며, 전체로서 하나(One)이기 때문이다(요 8:58, 갈 3:28). 심판은 각 사람의 행위대로 되며(벧전 1:17), 인과율因果律인 우주의 법칙에 따른다.

천국(One)은 시간이나 공간 안에 존재하는 것이 아니라(눅 17:23), 마치 번개 빛과 같이 거기에도 여기에도 어디에도 있으며(눅 17:24),

천국에 다녀온 사람들의 체험 이야기는 무지의 소산이다. "나는 신(부처)이다, 나는 불변이다, 나는 무한하다"(요 10:34)는 것을 '깨달은 자'(Self-realization)에게 천국은 지금 여기서 체험되어진다(눅 17:21). 늘 매 순간 청정하고 깨어있는 마음을 간직하면, 바로 그 자리가 안락한 극락(천국)이다(念念普提心 處處安樂國, 화엄경).

바울은 "모든 것이 하나님께로 났나니 저가 그리스도로 말미암아 우리를 자기와 화목하게 하셨다"(고후 5:18)고 하였다. 천국(구원)이란 거짓 나(ego)를 소멸하고 참나(그리스도, One)의 창조적인 원리와 조화를 이루는 것이다(막 8:35). 지금 여기에 편재함으로 '내면의 빛'(고후 4:6)이 열린 사람은 지극히 작은 자 하나에게도 본다(마 25:40).

시공을 초월한 천국을 영적으로 볼 수 있는 자는 바로 천국과 세속, 영혼과 육체가 둘이 아닌 하나임을 '깨달은 자'(One)이다. 천국은 묵시의 비전이나 시간의 종말이 아니라 지금 여기 모든 이원론적 분별이 사라진 새로운 주체 인식 속에서만 드러난다. 우리는 '존재하는 것이 보는 것'이라고 말하지만, 성자聖者들은 "모든 것은 참되지 않고 그대가 볼 수 없는 것이 참되다"고 한다. 그러므로 바울은 "보이는 것은 잠깐이요 보이지 않는 것은 영원함이라"(고후 4:18)고 하였다. 불교에서는 '이원성을 벗어난 본래 마음이 곧 부처'(心卽是佛)이며, '하나의 미세한 먼지 속에 온 세상이 다 담겨 있다'(一微塵中含十方, 화엄경)고 천국(道)의 전일성全一性을 설명하고 있다.

따라서 구원이란 처음부터 하나님(부처님)과 내가 하나였고 지금도 하나라는 사실을 깨닫는 것(요 17:21), 즉 이미 구원받은 존재라는 사실을 깨닫고 거짓 나(ego)를 벗어난 참나(One)로서 기쁘고 감사하게 살아가는 것이다(요 5:25).

114장
여성을 남성으로 만들리라

시몬 베드로가 그들에게 말했다. "마리아를 우리에게서 떠나가게 하시오. 왜냐하면 여인들은 생명을 받기에 합당하지 않기 때문입니다." 예수께서 말씀하셨다. "보라, 내가 그녀를 인도해 남성으로 만들리라. 그리하여 그녀 역시 너희 남성들처럼 살아있는 영靈이 되게 하리라. 어떠한 여성이라도 자신을 남성으로 만드는 자는 천국에 들어갈 것이니라."

마리아를 "남성들처럼 영靈이 되게 하리라"는 것은 상대적 남성성과 여성성을 통합하는 절대 하나의 진리(靈)로 거듭나게 하는 것이다. 어떤 여성이라도 자신을 남성으로 만드는 자는 진리와 하나가 된 자(요 17:21)이며, '절대 세계인 천국'(One)*에 들어간다. '하나(One)의

---

* 절대 세계인 천국(One)을 빌립복음에서는 다음과 같이 기록하고 있다: "이브가 아담 속에 있을 때는 죽음이 없었다. 이브가 아담에게서 분리되었을 때 죽음이 생겨났다. 아담이 과거의 자신으로 들어가서 자기 속에 이브를 온전히 받아들인다면 죽음은 사라질 것이다." 주객으로 분리되었을 때는 '육적 차원'(ego)인 생生과 사死의 구분이 있지만, 그러나 진리(One)를 자각하면 이원성의 구분인 생과 사가 사라지는 '절대 세계인 천국'이 된다. 현대 물리학이 주객의 구분은 헛된 것이라고 증명한 것과 같이 신과 인간, 물질과 영혼, 생과 사의 이원성(ego)의 구분을 초월하여 살아간다면, 그것이 바로 '온전한 인간'(true Self)의 천국

진리'를 깨달은 마리아는 "그분(예수)이 우리를 준비시키시고 '참된 사람'(참나)이 되게 하셨으니, 그분의 위대함을 찬양합시다"(마리아복음)라고 하였다. 영적인 세계에서는 물리적인 세계에서와 같이 여성과 남성의 구별이 없는 하나(One)이다.

바울은 "온전한 것이 올 때에는 '부분적으로 하던 것'(分別智)이 폐하리라"(고전 13:10)고 하였다. '부분적으로 아는 것'(ego)에서 '전체적으로 아는 것'(천국, One), 즉, '하나(One)인 진리'의 확장만으로도 훌륭한 종교와 사회가 성립된다. "남성(陽)을 알고, 여성(陰)을 지키면 천하의 계곡이 되는 온전한 삶이 되며"(爲天下谷 常德乃足, 도덕경 28장), 생태학적 위기는 창조주와 피조물의 구별이 사라질 때 이루어진다. 창조주의 관념은 모든 사람 속에 내재되어 있는 신(One)을 깨닫지 못하도록 가로막는 이원성의 장애물(ego)에 지나지 않는다. 그러므로 마하르쉬는 '존재의 성품에 있어서 창조주와 피조물은 근본적으로 하나이니 그들의 차이라면 단지 부수적인 것들과 지각의 정도 차이뿐'이라고 하였다. 또한 "창조주와 피조물은 하나의 생각이다. 지(知)와 무지는 동전의 양면이며, 그 동전은 참되지 않고, 참나(Christ, One)를 잊어버렸을 때만 등장한다"고 하였다. 이 세계는 진리(생명)의 광명(환희)이 충만한 거룩한 장소이지만, 이것을 '따르는 자'(true Self)와 '따르지 않는 자'(ego)의 차이가 있을 따름이다.

적인 삶이다.

간디/이현주 옮김. 『바가바드 기타』. 당대, 2003.

감산/오진탁 옮김. 『감산의 금강경풀이』. 서광사, 1992.

_____. 『감산의 기신론풀이』. 서광사, 1992.

_____. 『감산의 노자풀이』. 서광사, 1990.

_____. 『감산의 장자풀이』. 서광사, 1990.

_____. 『감산의 중용풀이』. 서광사, 1991.

_____. 『한글세대를 위한 법화경』. 세계사, 1993.

강영계. 『기독교 신비주의 철학』. 철학과현실사, 1992.

고범서. 『미래기독교의 여명』. 소화, 1996.

관음. 『진리는 바로 지금, 바로 여기 있다』. 북랩 book, 2019.

김기태. 『종교 밖으로 나온 성경』. 침묵의 향기, 2016.

김상일. 『수운과 화이트헤드』. 지식 산업사, 2001.

김성구. 『아인슈타인의 우주적 종교와 불교』. 불광출판사, 2018.

김승철. 『종교 다원주의와 기독교』. 나단, 2001.

김송호. 『신의 존재를 과학으로 입증하다』. 물냉자리, 2016.

김용옥. 『도마복음서 연구』. 대한기독교출판사, 1983.

_____. 『도마복음 이야기』. 통나무, 2008.

_____. 『도마복음 한글역주 2』. 통나무, 1019.

_____. 『도마복음 한글역주 3』. 통나무, 1019.

김하풍. 『신을 보는 길, 부처를 보는 길』. 한양대학교출판부, 2007.

길희성. 『마이스터 엑카르트의 영성 사상』. 분도출판사, 2004.

_____. 『길은 달라도 같은 산을 오른다』. 휴, 2013.

김태항. 『영지주의 복음서와 카발라』. 하모니, 2017.

_____. 『도마복음과 카발라』. 하모니, 2016.

_____.『슬픈 예수』. 하모니, 2011.

_____.『4복음서와 예수의 영지주의 가르침』. 하모니, 2019.

남진각.『현대세계사에서의 기독교와 불교』. 불교 정신문화원, 2001.

남희근/송찬문 번역.『원각경 강의』. 이하연, 2015.

_____.『능엄경 대의풀이』. 마하연, 2020.

무비.『반야심경』. 조계종출판사, 2018.

문광.『탄허선사의 사교 회통 사상』. 민족사, 2020.

민희식.『법화경과 신약성서』. 블루리본, 2010.

배철현.『인간의 위대한 질문』. 21세기북스, 2017.

변선환.『종교간 대화와 아시아신학』. 한국신학연구소, 1999.

서산대사.『선가구감, 보광사』. 4323.

석지현.『바가바드 기따』. 일지사, 2011.

_____.『라마 크리슈나가 남긴 말』. 하남출판사, 2005.

_____.『우파니샤드』. 일지사, 2006.

성철.『백일법문 上, 下』. 백련암, 2009.

_____.『신심명 · 증도가 강설』. 장경각, 2008.

_____.『영원한 자유』. 장경각, 2008.

_____.『자기를 바로 봅시다』. 백련암, 2009.

소광섭.『물리학과 대승기신론』. 서울대학교출판부, 2005.

스와미 벤까떼사난다/김병채 옮김.『바시슈타요가』. 슈리 크리슈나다스 아쉬람, 2009.

염기석.『나는 아무것도 할 필요가 없다』. Oneness, 2019.

오강남.『살아계신 예수의 비밀의 말씀』. 김영사, 2022.

_____.『또 다른 예수』. 예담, 2009.

유동식.『풍류도와 예술신학』. 한들출판사, 2006.

윤홍식.『도마복음』. 봉황동래, 2021.

은정희.『대승기신론』. 예문서원, 2010.

이강석.『노자 성경의 도』. 예랑, 2022.

이기동.『기독교와 동양사상』. 동신서원, 1999.

이명권.『예수, 석가를 만나다』. 코나투스, 2006.

이문균.『포스트모더니즘과 기독교 신학』. 대한기독교서회, 2000.

이세형.『道의 신학』. 한들출판사, 2002.

이시다 미즈마로/이원섭 옮김.『반야·유마경』. 현암사, 2010.

이신.『돌의 소리』. 동연, 2012.

이영석.『예수처럼 부처처럼』. 성바오로, 2017.

이재길.『성서밖의 복음서』. 정신세계사, 2007.

이정배.『켄 윌버와 신학』. 시와진실, 2008.

이정용/이세형 옮김.『易의 신학』. 대한기독교서회, 1999.

_____/정진홍 옮김.『易과 기독교 사상』. 한국신학연구소, 1980.

이중표.『불교란 무엇인가』. 불광출판사, 2019.

이현주.『길에서 주운 생각들』. 삼인, 2003.

_____.『노자 이야기』. 삼인, 2008.

_____.『장자산책』. 삼인, 2004.

_____.『금강경읽기』. 호미, 2001.

_____.『예수에게 도를 묻다』. 삼인, 2001.

임파.『비유로 풀어본 성경』. 예랑, 2021.

장왕식.『종교적 상대주의를 넘어서』. 대한기독교서회, 2002.

존 C. H. 우/김영수 옮김.『禪의 황금시대』. 한문화, 2006.

주우.『예수의 발견』. 빛, 2019.

_____.『천부경의 발견』. 빛, 2017.

최인식.『다원주의 시대의 교회와 신학』. 한국신학연구소, 1996.

청원 무이.『도마복음 선해, 좋은 땅』. 2018.

청화.『원통불법의 요체』. 광륜출판사, 2015.

_____.『마음의 고향』. 상상예찬, 2008.

_____.『진리의 길』. 사회문화원, 2016.

톨스토이/염낙준 옮김.『요약 복음서와 도마복음서』. 홍익재, 1988.

틱낫한/오강남 옮김.『살아계신 붓다 살아계신 예수』. 솔바람, 1995.

한국조직신학회 엮음.『과학과 신학의 대화』. 2003.

혜국.『신심명』. 모과나무, 2006.

혜능/청화 역주.『육조단경』. 광륜출판사, 2011.

_____/법지 역주.『법보단경』. 운주사, 2008.

황경환.『불교는 깨달음의 과학』. 현대불교신문사, 2020.

Amor Roy C./류시화 옮김.『성서속의 붓다, 정신세계사』. 1988.

Capra Fritjof/이성범 외 옮김.『현대 물리학과 동양사상』. 범양사 출판부, 1975.

Clarke. J.J./장세룡 옮김.『동양은 어떻게 서양을 계몽했는가』. 우물이있는집, 2004.

Cobb, John B./김상일 옮김.『과정신학과 불교』. 대한기독교출판사, 1993.

Cohen Sulaiman Samuel/대성(大晟) 옮김.『구루 라마나』. 탐구사, 2001.

_____/대성(大晟) 옮김.『구루 라마나와 대담에 대한 성찰』. 탐구사, 2022.

Dikahit Sudhakar S/대성(大晟) 옮김.『I AM THAT』. 탐구사, 2004.

Frawley David/김병채 옮김.『베다 입문』. 슈리 크리슈나다스 아쉬람, 2009.

Freke Timothy & Peter Gandy/승영조 옮김.『예수는 신화다』. 미지북스, 2009.

_____/유승종 옮김.『웃고 있는 예수』. 어문학사, 2009.

Godman David/대성(대성) 옮김.『무심-나는 진아다』. 탐구사, 2008.

_____/대성(大晟) 옮김.『바가반의 말씀을 따른 삶』. 탐구사, 2003.

_____/정창영 옮김.『있는 그대로』. 한문화, 1998.

Hariharanands Paramahamsa.『수행의 왕도 크리야』. 한길, 2015.

Hick John/김승철 옮김.『새로운 기독교』. 도서출판 나단, 1991.

Johnston William/이원석 옮김.『禪과 기독교 신비주의』. 다원정사, 1999.

Krosney Herbert/김환영 옮김.『유다의 사라진 금서』. YBM, 2006.

Leloup Jean-Yves/박미영 옮김.『막달라 마리아 복음서』. 루비박스, 2006.

Leong Kenneth S./진현종 옮김.『예수, 선을 말하다』. 지식의 숲, 2005.

Maharaj Shri Sadguru Siddharameshwar/대성(大晟) 옮김.『그대가 그것이다』. 탐구사, 2010.

Maharshi Bhagavan Sri Ramana/김병체 옮김.『그대 자신을 알라』. 슈리 크리슈나다스 아쉬람, 2012.

_____/김병채 옮김.『천상의 노래』. 슈리 크리슈나다스 아쉬람, 2017.

McFarlane Thomas J./강주현 옮김.『아인슈타인과 부처』. 황소걸음, 2002.

Meyer Marvin 외 2명/김환영 옮김.『예수와 유다의 밀약』. YBM, 2006.

Mudaliar Devaraja/대성(大晟) 옮김,『바가반과 함께 한 나날』, 탐구사, 2004.

Muktananda, Swami/김병채 옮김,『당신은 어디로 가고 있는가?』. 슈리 크리슈나다스
        아쉬람, 2006.

Nagamma Suri/대성(大晟) 옮김,『라마나스라맘에서 보낸 편지』, 탐구사, 2005

Om Sri Sadhu/대성(大晟) 옮김,『스리 라마나의 길』, 탐구사, 2012.

Osbome Arthur/대성(대성) 옮김.『라마나 마하르쉬 저작 전집』. 탐구사, 2001.

_____/대성(大晟) 옮김.『라마나 마하라쉬와 진아지의 길』. 탐구사, 2005.

Osho/류시화 옮김.『도마복음 강의』. 청아출판사, 2008.

_____.『나는 이렇게 들었다』. 제일출판사, 1999.

_____.『달마』. 정신세계사, 2010.

_____/이여명 옮김.『기독교와 선』. 정신문화사, 1995.

_____/손민규 · 백운 옮김.『소중한 비밀』. 태일출판사, 2012.

_____/손민규 옮김.『생명의 에너지를 일깨워라 I, II』. 젠토피아, 2014.

_____/류시화 옮김.『달마』. 정신세계사, 2010.

_____/김병채 옮김.『지금 여기의 신 크리슈나』. 슈리 크리슈나 다스 아쉬람, 2010.

Pagels Elaine/방건웅 · 박희순 옮김.『성서 밖의 예수』. 정신세계사, 2003.

Patanjali/정창영 · 송방호 편역.『요가 수트라』. 시공사, 1997.

Paul F. Knitter/정경일 · 이창엽 옮김.『붓다 없이 나는 그리스도인 일 수 없었다』. 클리어마
        인드, 2011.

Pierce Brian J./박문성 옮김.『깨어있음』. 불광출판사, 2021.

Ramana Maharshi 외/대성 옮김.『마하르쉬의 복된 가르침』. 탐구사, 2019.

Ramanasramam Sri/대성 옮김.『마하르쉬의 복음』. 탐구사, 2001.

Rolland Romain/박임, 박종택 옮김.『라마크리슈나』. 정신세계사, 2006.

Sankara/이종철 옮김.『천 가지 가르침』. 소명출판, 2006.

Spong John Shelby/변영권 옮김.『마태복음』. 한국기독교연구소, 2020.

_____/변영권 옮김.『요한복음』. 한국기독교연구소, 2018.

_____/김준우 옮김.『기독교 변하지 않으면 죽는다』. 한국기독교연구소, 2005.

_____/최종수 옮김.『예수를 해방시켜라』. 한국기독교연구소, 2004.

Sri Nisargadatta Maharaj/대성 옮김.『I AM THAT』. 탐구사, 2004.

Steiner Rudolf/양역관 옮김.『요한복음 강의』. 물병자리, 2016.

Swami Sri karapatra/대성(大晟) 옮김.『불이해탈(不二解脫)』. 탐구사, 2007.

Swami Annamalai/대성 옮김.『마음은 없다』. 탐구사, 2002.

Tolstoi/강주현 옮김.『톨스토이 성경』. 작가정신, 1999.

Ventaramiah Munagala S./대성(大晟) 옮김,『라마나 마하르쉬와이 대담』. 탐구사, 2003.

Wehr Gerhard/조원규 옮김.『유럽의 신비주의』. 자작, 2001.

Yogananda Paramahansa/김정우 옮김.『요가난다. 영혼의 자서전』. 뜨란, 2017.

西谷啓治/정병조 옮김.『종교란 무엇인가』. 대원정사, 1993.

久松眞一 외/정변조·김승철 옮김.『무신론과 유신론』. 대원정사, 1994.

八木誠一/김승철 옮김.『바울과 정토불교, 예수와 禪』. 대원정사, 1998.

谷口雅春/김해룡 옮김.『생명의 실상』. 한국교문사, 2010.

長谷川洋三/이동형 옮김.『기독교와 불교의 동질성』. 붓다의 마음, 2005.

Christan Amundsen. *MYH, MA, The Secret Teachings of Jesus: The Gospel of Thomas.*
　　　Sunstar Pubishing, Ltd, 1998.

Davies Stevan. *The Gospel of Thomas.* SKYLIGHT PAYHS, 2006.

Ross By Hugh McGregor. *Jesus untouched by the Church.* Willian sessions Limited,
　　　1998.

Kennedy Robert E. *Zen Spirit, Christian Spirit.* continuum, 1995.

Leloup Jean-Yves. *the GOSPEL of THOMAS.* Lake Book Manufacturing, Inc, 1986.

Malachi Tau. *the GNOSTIC GOSPEL OF ST. THOMAS.* Llewwllyn
　　　PublicationWoodbury, Minnesota, 2008.

Patterson Stephen J. *The Gospel of Thomas and Jesus.* Polebridge PressSonoma, CA.

Powell, Robert. *Christian Zen: The Essential Teachings of Jesus Christ. The Secret*

Sayings of Jesus As Related in the Gospel of Thomas. NorthAtlantic books, 1918.

Ross Hugh McGregor Ross. *a Thirty Essays on the Gospel of Thomas.* Lightning Source, 2008.

Lee Jung Young. *THE TRINITY IN ASIAN PERSPECTIVE.* Abingdon Press, 1996.